Klaus Haberkern

Pflege in Europa

Klaus Haberkern

Pflege in Europa

Familie und Wohlfahrtsstaat

Bibliografische Information der Deutschen Nationalbibliothek
Die Deutsche Nationalbibliothek verzeichnet diese Publikation in der
Deutschen Nationalbibliografie; detaillierte bibliografische Daten sind im Internet über
<http://dnb.d-nb.de> abrufbar.

1. Auflage 2009

Alle Rechte vorbehalten
© VS Verlag für Sozialwissenschaften | GWV Fachverlage GmbH, Wiesbaden 2009

Lektorat: Katrin Emmerich / Marianne Schultheis

VS Verlag für Sozialwissenschaften ist Teil der Fachverlagsgruppe
Springer Science+Business Media.
www.vs-verlag.de

Das Werk einschließlich aller seiner Teile ist urheberrechtlich geschützt. Jede Verwertung außerhalb der engen Grenzen des Urheberrechtsgesetzes ist ohne Zustimmung des Verlags unzulässig und strafbar. Das gilt insbesondere für Vervielfältigungen, Übersetzungen, Mikroverfilmungen und die Einspeicherung und Verarbeitung in elektronischen Systemen.

Die Wiedergabe von Gebrauchsnamen, Handelsnamen, Warenbezeichnungen usw. in diesem Werk berechtigt auch ohne besondere Kennzeichnung nicht zu der Annahme, dass solche Namen im Sinne der Warenzeichen- und Markenschutz-Gesetzgebung als frei zu betrachten wären und daher von jedermann benutzt werden dürften.

Umschlaggestaltung: KünkelLopka Medienentwicklung, Heidelberg
Druck und buchbinderische Verarbeitung: Krips b.v., Meppel
Gedruckt auf säurefreiem und chlorfrei gebleichtem Papier
Printed in the Netherlands

ISBN 978-3-531-16646-9

Danksagung

Die Dissertation „Pflege in Europa" hat mich in den vergangenen drei Jahren intensiv beschäftigt und begleitet, auf dem täglichen Weg zum Institut, in die Mensa, zu Konferenzen und sogar in die Ferien. Es war eine gute, spannende und lehrreiche Zeit. Freilich war es nicht immer einfach, und die Arbeit verlangte Verständnis und Zugeständnisse von meiner lieben Partnerin, meiner Tochter und meinen Kolleginnen und Kollegen. Und dennoch, sie haben meiner Arbeit an diesem Projekt viel Platz eingeräumt, sie in jeder Hinsicht unterstützt und schließlich mein Interesse und meine Faszination daran geteilt. Ohne diese Unterstützung hätten nun wohl alle etwas weniger Freude an diesem Buch, eine gekürzte Fassung der Dissertation. Mein ehrlicher Dank gilt meiner Familie, Silvia Thieme, Eliza, Charlotte und Susanne Haberkern, meinem Doktorvater und Gutachter, Marc Szydlik und François Höpflinger, sowie meinen Kolleginnen, Kollegen und Freunden, Martina Brandt, Christian Deindl, Corinne Igel, Bettina Isengard, Philipp Klages, Moritz Reininghaus, Alexia Walther, Anne Weihe sowie Lukas und Simon Wortmann, die mir alle während dieser Zeit zur Seite standen und meine Arbeit geschätzt und gefördert haben.

Neben diesen Personen haben auch Institutionen entscheidend zum Gelingen beigetragen. Als erstes sind die Universität Zürich, das Soziologische Institut und die Forschungsgruppe AGES zu nennen. Hier habe ich viele Stunden verbracht, was nicht zuletzt an den ausgezeichneten Arbeitsbedingungen und den immer hilfsbereiten und anregenden Menschen gelegen hat. Zweitens hat der Schweizerische Nationalfonds im Voraus dem Vorhaben Vertrauen geschenkt und es finanziell gefördert, auch hierfür: vielen Dank.

Inhalt

Tabellenverzeichnis 9

Abbildungsverzeichnis 10

Vorwort 11

1 Einleitung 13

2 Theoretische Grundlagen 19
    2.1 Pflege in der Familie, ambulante und stationäre Pflege 21
    2.2 Zum Verhältnis von familialer und staatlicher Pflege 29
    2.3 Intergenerationale Pflege 37
    2.4 Konzepte des Ländervergleichs 52

3 Pflegesysteme und ihr gesellschaftlicher und historischer Kontext:
Vier Länderportraits 58
    3.1 Dänemark 60
    3.2 Deutschland 63
    3.3 Schweiz 67
    3.4 Italien 70
    3.5 Pflegesysteme im Vergleich 74
    3.6 Kurzfazit 76

4 Daten, Operationalisierung und Methoden 77
    4.1 Daten: Survey of Health, Ageing and Retirement in Europe 77
    4.2 Operationalisierung 79
    4.3 Methoden 81

5 Pflege in Europa: Ein Überblick 84
    5.1 Pflegebedürftigkeit 85
    5.2 Pflegerische Versorgung und Pflegesysteme 94
    5.3 Informelle und familiale Pflege 98
    5.4 Kurzfazit 105

6	Pflege durch Kinder	107
	6.1 Forschungsstand	109
	6.2 Warum Eltern von ihren Kindern gepflegt werden	113
	6.3 Kurzfazit	132
7	Pflegearrangements: Pflege durch Kinder und/oder Pflegekräfte	134
	7.1 Forschungsstand	135
	7.2 Warum Eltern Unterstützung von Pflegediensten beziehen	137
	7.3 Kurzfazit	146
8	Fazit	148
	Literaturverzeichnis	156

Tabellenverzeichnis

2.1: Gesetzliche Verpflichtungen, professionelle Pflege und kulturelle Norm 34
3.1: Pflegesysteme im Vergleich 75
5.1: Informelle Pflege und gesetzliche Verpflichtungen 98
5.2: Gesetzliche Verpflichtungen und familiale Pflege 102
6.1: Gesetzliche Verpflichtungen und intergenerationale Pflege 117
6.2: Pflege durch Kind: Logistische Regressionsmodelle 123
6.3: Pflege durch Kind: Logistische Mehrebenenmodelle 126
7.1: Pflegearrangements und ihre Einflussfaktoren 140
7.2: Pflegearrangements: Multinomiale logistische Regressionsmodelle 144

Abbildungsverzeichnis

4.1	Familiale Generationen und Pflege im SHARE	78
5.1	Funktionale Einschränkungen	86
5.2	Pflegebedürftigkeit und Alter	87
5.3	Pflegebedürftigkeit, Familie und Sozialstruktur	88
5.4	Pflegebedürftigkeit nach Land in Prozent	90
5.5	Pflegebedürftigkeit und stationäre Pflege	91
5.6	Pflegebedürftigkeit, Familie und Sozialstruktur nach Land	92
5.7	Pflegerische Versorgung in Europa	95
5.8	Pflegepersonen – Die Rolle von Privatpersonen und Staat	96
5.9	Informelle Pflege und Alter	100
5.10	Informelle Pflege und Geschlecht	101
5.11	Familiale, ambulante und stationäre Pflege	103
5.12	Familiale Pflege und kulturelle Normen	104
6.1	Pflege durch PartnerIn und Kind(er)	113
6.2	Pflege durch Kind(er) und Pflegebedürftigkeit	115
6.3	Pflege durch Kinder, ambulante und stationäre Pflege	116
6.4	Pflege durch Kinder und kulturelle Normen	118
6.5	Pflege durch Kinder, Familie und Sozialstruktur nach Land	120
6.6	Pflege durch Kinder, Familie und Sozialstruktur	122
7.1	Pflegearrangements und Pflegebedürftigkeit	138
7.2	Pflegearrangements nach Land	142

Vorwort

Pflege ist ein vieldiskutiertes, hochaktuelles Thema in alternden Gesellschaften. Bis heute sind die europäischen Länder jedoch nur unzureichend auf die weitere demographische Alterung und den entsprechend hohen Pflegebedarf vorbereitet. Gleichzeitig wissen wir noch viel zu wenig darüber, wie sich vor allem kulturell-kontextuelle Strukturen auf die Situation pflegebedürftiger Menschen und ihrer Angehörigen auswirken. Hierbei spielen Pflegesysteme (ambulante, stationäre Pflege, gesetzliche und normative Verpflichtung zur Pflege von Angehörigen) eine wichtige Rolle.

Klaus Haberkern setzt an dieser Stelle an und nimmt in seinem Buch sowohl die familiale als auch die gesellschaftliche Organisation der Pflege in den Blick. In einem Elf-Länder-Vergleich wird gezeigt, dass sich Pflegesysteme in Europa erheblich unterscheiden, wobei die Pflege in den mediterranen Staaten (familien-basierte Pflegesysteme) fast ausschließlich von der Familie geleistet wird, während in den skandinavischen Wohlfahrtsstaaten (servicebasierte Pflegesysteme) die meisten älteren Personen professionell gepflegt werden. Diese Unterschiede lassen sich anhand von Mehrebenenanalysen sowohl auf individuelle und familiale Faktoren als auch auf institutionelle Strukturen und kulturelle Normen zurückführen.

Die Untersuchung ist dabei in vielerlei Hinsicht innovativ, und zwar aufgrund der Abgrenzung des Themas im Rahmen der „care"-Diskussion, der theoretischen und empirischen Ausrichtung, der methodischen Herangehensweise und nicht zuletzt aufgrund des internationalen Vergleichs, durch den sowohl Wohlfahrtsstaatsdifferenzen als auch länderspezifische Eigenarten herausgestellt werden.

Die Studie ist Teil des vom Schweizerischen Nationalfonds geförderten Forschungsprojektes „Generationen in Europa" an der Universität Zürich, einer umfassenden Untersuchung intergenerationaler Beziehungen unter Erwachsenen. Die Analysen von Klaus Haberkern zur Pflege in Europa bieten damit auch einen wertvollen Beitrag zur Soziologie der Generationen insgesamt. Gleichzeitig liefern sie neue, wichtige Erkenntnisse für die Alters-, Ungleichheits- und Sozialpolitikforschung. Ich wünsche dem Buch eine breite Leserschaft.

Zürich, Februar 2009   Marc Szydlik

1 Einleitung

„Wohin mit Oma?" Diese hilflose und verzweifelte Frage beschäftigt zahlreiche Familien und brachte es bis auf die Titelseite eines deutschen Nachrichtenmagazins (Der Spiegel 2005, siehe auch Das Magazin 2008). Eine plötzlich eintretende Pflegebedürftigkeit der eigenen Eltern kann für die Kinder einen regelrechten Schock bedeuten. Sie werden mit gravierenden gesundheitlichen Einschränkungen und damit auch dem nahenden Tod und Verlust der Eltern konfrontiert und fühlen sich verpflichtet, ihnen in dieser schwierigen Zeit beizustehen. Gleichzeitig wissen sie, dass die Pflege viel Kraft erfordert und sich über Jahre hinziehen kann. Häufig bedeutet die Pflege eine ‚Rund-um-die-Uhr-Betreuung', die Nachtdienste genauso ein- wie Urlaubstage ausschließt. Eine Anpassung des Lebenswandels ist also unumgänglich und eine Erwerbsarbeit muss unter Umständen aufgegeben werden, an Freizeit ist kaum zu denken. Eine Pflegebedürftigkeit der älteren Angehörigen kann die Familie damit sowohl zeitlich als auch finanziell überfordern.

Wie soll die Pflege der hochbetagten (Groß-) Eltern organisiert und bewältigt werden? Wer ist dafür verantwortlich und wer kann diese Unterstützung überhaupt leisten? Können, dürfen oder müssen Pflegedienste hinzugezogen werden? In vielen Ländern wird die Pflege in der Familie idealisiert, Pflegediensten dagegen Profitgier vorgeworfen, gute Qualität und menschliche Wärme abgesprochen (vgl. Dittmann 2008). Das darf jedoch nicht darüber hinwegtäuschen, dass die Pflege von Angehörigen eine immense physische und psychische Belastung darstellen und sich zu Lasten der Gesundheit aller beteiligten Familienmitglieder auswirken kann. Professionelle Pflegedienste können hier eine erhebliche Entlastung bringen und als Alternative oder Unterstützung der Pflege in der Familie in Anspruch genommen werden. Oft ist die professionelle Unterstützung (der pflegenden Angehörigen) für ältere Menschen sogar die einzige Möglichkeit, länger in ihrer Wohnung bleiben zu können. Eine umfassende ambulante oder stationäre Pflege ist jedoch sehr teuer und viele können sie sich auch bei staatlichen Zuschüssen nicht leisten. Wohin also mit Oma?

Diese Frage stellt sich nicht nur in Familien, sie ist auch von höchster Relevanz für die alternden Gesellschaften. Die soziologische Untersuchung der Pflege von älteren Menschen ist damit wichtiger denn je. Deren Anteil an der

Bevölkerung ist in den industrialisierten Ländern in den letzten Jahrzehnten bereits beträchtlich gestiegen und wird in den kommenden Jahrzehnten sogar noch weiter rasant zunehmen. Am schnellsten steigt dabei der Anteil der über 80jährigen, die im Jahre 2050 bereits zwölf Prozent der Bevölkerung der Bundesrepublik ausmachen werden (Pötzsch und Sommer 2003). Gerade die Hochbetagten sind häufig auf eine vielfältige Unterstützung im Alltag angewiesen. Diese reicht von gelegentlicher Hilfe bei Haushaltsarbeiten bis hin zur körperlichen Pflege und ununterbrochenen Betreuung. Der Pflegebedarf – dies ist schon jetzt absehbar – wird mit der zunehmenden Anzahl älterer Menschen entsprechend stark ansteigen (Statistische Ämter des Bundes und der Länder 2008).

Vor allem die Angehörigen pflegen die ältere Generation (Bender 1994; Connidis 2001; Finch und Mason 1990; Höpflinger 2005). Sinkende Geburtenraten, instabile Paarbeziehungen, gestiegene und längere Erwerbsbeteiligungen von Frauen sowie zunehmende berufliche Flexibilitäts- und Mobilitätsanforderungen mit damit einhergehenden geringeren Zeitressourcen und größeren Wohnentfernungen verringern jedoch das familiale Unterstützungspotenzial. Während einerseits also immer mehr Menschen gepflegt werden müssen, stehen andererseits immer weniger Personen zur Verfügung, die diese Pflege übernehmen können oder wollen – zumindest in der Familie (vgl. Blinkert und Klie 2004; BMFSFJ 2006b: 142f.).

Diese gesellschaftlichen und demografischen Entwicklungen bedeuten damit nicht nur für die Familie eine große Herausforderung. Sie stellen auch die heutige gesellschaftliche Organisation der Pflege in Frage und den Wohlfahrtsstaat vor die große Aufgabe, die pflegerische Versorgung betagter Menschen auch in Zukunft sicher zu stellen. Wie sie letztlich gelöst, wer wen wann und wie oft pflegen wird, kann zwar heute nicht abschließend beantwortet werden. Dennoch lohnt der Blick auf die heutigen Pflegebeziehungen in Europa aus zwei Gründen: Erstens kann so festgestellt werden, welche allgemeinen Bedingungen eine Pflegebeziehung begünstigen und welche Faktoren sich nachteilig auf die Unterstützung von Angehörigen auswirken. Mit Blick auf die Zukunft ist zweitens der Vergleich europäischer Staaten von besonderem Interesse, da er Einblicke in die Wirkung wohlfahrtsstaatlicher Arrangements auf die familiale Pflege gewährt. Dies erlaubt der politischen Administration, die sich ändernde Rahmenbedingungen zu berücksichtigen und gegebenenfalls darauf zu reagieren.

Zwar werden in den europäischen Ländern nach wie vor die meisten alten Menschen von Privatpersonen, das heißt bis auf wenige Ausnahmen in der Familie gepflegt – mit entsprechend großen Belastungen für die Angehörigen (z.B. Zeman 2005b). Die Unterschiede zwischen den Ländern sind dennoch beträchtlich. In Deutschland werden 70 Prozent der Pflegeempfänger zu Hause von Familienmitgliedern versorgt (Blinkert und Klie 2004; Höpflinger und Hugentobler 2005; Statistisches Bundesamt 2003). In den südeuropäischen Ländern liegt der Anteil der privat gepflegten älteren Menschen mit über 80 Prozent sogar noch höher. In den nordeuropäischen Ländern werden Pflegebedürftige dagegen häufiger von professionellen Pflegekräften unterstützt. Nur etwa jeder zweite Pflegeempfänger wird in den skandinavischen Staaten (auch) in der Familie gepflegt (Mestheneos und Triantafillou 2006; Sundström et al. 2006).

Worauf können diese Unterschiede zurückgeführt werden? Die Entscheidung, ob und inwieweit die Pflege innerhalb der Familie stattfindet, hängt nicht nur von der individuellen und familialen Situation der Betroffenen ab. Institutionelle und kulturelle Rahmenbedingungen müssen gleichermaßen in Betracht gezogen werden (Attias-Donfut und Wolff 2000). Neben der Familie sind professionelle Pflegedienste eine wichtige Säule in der sozialmedizinischen Versorgung betagter Menschen, z.B. bei der Körperhygiene und Nahrungsaufnahme. In der Mehrzahl handelt es sich dabei um öffentlich finanzierte oder organisierte, kurz: staatliche Leistungen. Einerseits können ambulante und stationäre Einrichtungen als Alternativen oder Ergänzung zur Pflege in der Familie aufgefasst werden. Andererseits spiegeln wohlfahrtsstaatliche Arrangements kulturelle Normen wider, z.B. wer gesellschaftlich für die Pflege verantwortlich ist und welches Engagement von Angehörigen erwartet wird. Die Pflegeversicherung in Deutschland wurde beispielsweise explizit als Ergänzung zur familialen Pflege eingeführt (§4 SGB XI). Sie ermöglicht den Älteren, Familienmitglieder als PflegerInnen ‚anzustellen' und/oder Pflegedienstleistungen zu beziehen. In den nordeuropäischen Ländern wird dagegen stärker die professionelle (häusliche) Pflege gefördert, in Südeuropa die Unterstützung durch Angehörige schlicht vorausgesetzt (siehe hierzu: Mestheneos und Triantafillou 2006). Welchen Einfluss das staatliche Angebot, gesetzliche Verpflichtungen sowie kulturelle Normen auf die familiale Pflege haben, ist jedoch noch kaum untersucht worden. Zumindest liegen bis heute keine vergleichenden Studien vor, welche die Angehörigenpflege direkt auf institutionelle und kulturelle Rahmenbedingungen zurückgeführt haben.

Ob und inwieweit die genannten Faktoren tatsächlich einen Einfluss auf die familiale Pflege ausüben, lässt sich nur empirisch beantworten – dies ist auch das Ziel dieser Untersuchung. Im Zentrum stehen dabei ältere Menschen und ihre erwachsenen Kinder. Die forschungsleitenden Fragen lauten: Unter welchen Bedingungen werden Eltern von ihren Kindern gepflegt? Welche Unterschiede bestehen zwischen den Ländern? Welchen Einfluss haben institutionelle und kulturelle Rahmenbedingungen auf die familiale Pflege? Dabei ist es wichtig, neben institutionellen und kulturellen Faktoren auch individuelle und familiale Merkmale wie z.B. die Erwerbstätigkeit (von Frauen), das Einkommen und die

Anzahl der Kinder zu berücksichtigen, denn nur so kann die Frage beantwortet werden, ob Unterschiede zwischen den Ländern auf individuelle, familiale und/oder kulturell-kontextuelle Besonderheiten zurückzuführen sind.

Die Analyse eröffnet damit nicht nur Einblicke in die familiale und gesellschaftliche Organisation der Pflege. Darüberhinaus legt sie auch Strukturen der sozialen Ungleichheit frei, z.B. die Bedeutung finanzieller Ressourcen für die Inanspruchnahme professioneller Unterstützung oder die geschlechtsspezifischen Ungleichheiten in der familialen Pflege. Die Ergebnisse sind damit von hoher Relevanz für die Sozial-, Arbeitsmarkt- und Gesellschaftspolitik.

Die Studie gliedert sich wie folgt: In Kapitel 2 werden Begriffe und Grundlagen eingeführt sowie der theoretischen Rahmen für die folgenden Analysen ausgearbeitet. Erstens ist es notwendig, eine Definition der Pflege vorzulegen. Was genau ist Pflege? Welche Tätigkeiten fallen darunter und wie oft, regelmäßig oder umfangreich sind diese auszuführen, damit man von Pflege sprechen kann? Wie unterscheidet sich Pflege von anderen Hilfeleistungen? Zweitens werden verschiedene Pflegearten und -beziehungen systematisiert und deren Zusammenhänge beleuchtet. Grundlegend ist hierbei eine Unterscheidung von privater und professioneller aber auch von familialer, ambulanter und stationärer Pflege. Da Wohlfahrtsstaaten zunehmend finanzielle Leistungen wie z.B. Pflegebudgets gewähren, wird auch auf diese eingegangen. In der Familie sind neben den Partnern Kinder am häufigsten in der Pflege engagiert. Pflege ist deshalb, drittens, auch im Kontext familialer Generationenbeziehungen zu erfassen. Unter welchen Bedingungen sind bzw. fühlen sich Kinder zur Pflege der Eltern verpflichtet? In einem vierten Schritt wird der aktuelle Forschungsstand zur intergenerationalen Pflege wiedergegeben, wobei die Einflussfaktoren in individuelle, familiale sowie kulturelle und institutionelle Faktoren geordnet werden. Individuelle Faktoren können hier sowohl die Bedürfnisse der (potenziellen) Pflegeempfänger (Bedürfnisstrukturen) als auch die Möglichkeiten der (potenziell) Pflegenden (Opportunitätsstrukturen) sein. Familiale Faktoren umfassen die Familie als System, beispielsweise die Verwandtschaftsgröße und die Anzahl lebender Kinder und Geschwister (familiale Strukturen). Institutionelle Rahmenbedingungen sind z.B. gesetzliche Regelungen und das (staatliche) Angebot an ambulanten und stationären Pflegeleistungen, unter kulturelle Faktoren fallen die mehrheitlich in einer Gesellschaft vertretenen Normen zur Pflege (kulturell-kontextuelle Strukturen). Die Systematisierung der Einflussfaktoren hat einerseits zum Ziel, die Mechanismen auf der individuellen, der familialen und der gesellschaftlichen Ebene auseinander zu halten, andererseits Einblicke in deren Zusammenspiel zu gewinnen. Die gewonnen Erkenntnisse werden zu einem Modell der intergenerationalen Pflege zusammengeführt.

Schließlich und fünftens wird in diesem Kapitel auf die methodischen Besonderheiten – Vorzüge, Herausforderungen und Schwierigkeiten – von Ländervergleichen eingegangen. Dabei werden sowohl die Vor- und Nachteile der quantitativen („variable oriented-approach") als auch der qualitativen („case oriented-approach") empirischen Forschung beleuchtet – mit dem Ziel, beide Ansätze zu verbinden und so von ihren Stärken zu profitieren (vgl. Ragin 1987).

In Kapitel 3 wird die historische Entwicklung der Altenpflege in vier europäischen Ländern – Dänemark, Deutschland, Italien und Schweiz – nachgezeichnet. Wie haben sich die Pflegesysteme in diesen Ländern entwickelt? Wie lassen sich die unterschiedlichen Entwicklungspfade erklären? Neben den kulturellen und religiösen Voraussetzungen wird auch die Entwicklung der familialen, ambulanten und stationären Pflege untersucht. Die Länderportraits zeichnen damit nicht nur die Entwicklung der Pflegesysteme in den verschiedenen geografischen Regionen in (West-) Europa nach, sondern auch in unterschiedlichen Wohlfahrtsregimen.

Die methodischen Aspekte werden in Kapitel 4 behandelt. Dabei werden zunächst die verwendeten Daten – Survey of Health, Ageing and Retirement in Europe – beschrieben. Darauf aufbauend und unter Berücksichtigung der theoretischen Ausführungen erfolgt die Operationalisierung der (intergenerationalen) Pflege. Eine begründete Auswahl und kurze Schilderung der verwendeten statistischen Verfahren schließt die methodischen Überlegungen ab.

In Kapitel 5 wird ein Überblick über die Pflege älterer Menschen in (West-) Europa gegeben. Dabei werden sowohl die Unterschiede und Gemeinsamkeiten hinsichtlich des Pflegebedarfs als auch der tatsächlich geleisteten Pflege beleuchtet. Welche Unterschiede bestehen in Umfang, Häufigkeit und Struktur der familialen Pflege? Ein weiteres Ziel dieses Kapitels ist der Überblick über die staatliche bzw. öffentliche Pflege und die Unterstützung älterer Menschen. Wie weit ist die staatliche Pflege in den einzelnen Ländern verbreitet? Wer bezieht diese Unterstützungsleistungen, in welcher Form? Bereits hier finden sich Hinweise, dass länderspezifische Unterschiede in der familialen Pflege auch auf institutionelle und kulturelle Rahmenbedingungen zurückgeführt werden können. Die Länderspezifika werden dann in den folgenden Kapiteln einer vertiefenden Analyse unterzogen.

Kapitel 6 beinhaltet eine detaillierte Analyse der intergenerationalen Pflegebeziehungen aus Sicht der pflegebedürftigen Eltern unter Berücksichtigung des in Kapitel 2 aufgestellten theoretischen Modells. Neben der Überprüfung diese Modells und der Identifikation der zentralen Bedingungen der intergenerationalen Pflege werden auch die Einflüsse wohlfahrtsstaatlicher Institutionen und kultureller Normen analysiert.

Die formale, professionelle Pflege unterscheidet sich in wesentlichen Punkten von der familialen Pflege, gleichzeitig haben beide jedoch dieselbe Funktion: die pflegerische Versorgung. In welcher Beziehung stehen die verschiedenen Pflegearrangements? Unter welchen Bedingungen kommt es zu einer Kooperation zwischen pflegenden Kindern und ambulanten Pflegediensten? In Kapitel 7 werden die Pflegearrangements und ihre Einflussfaktoren untersucht, wobei vor allem die Frage interessiert, ob sich die familiale und professionelle ambulante Pflege wechselseitig ersetzen oder ergänzen.

Die Arbeit schließt mit einer Zusammenfassung und Diskussion der wichtigsten Befunde, die für die weitere soziologische Forschung sowie für gesellschaftliche und politische Akteure fruchtbar gemacht werden.

Die empirischen Ergebnisse basieren auf den Daten des Survey of Health, Ageing and Retirement in Europe (SHARE). Dabei handelt es sich um einen repräsentativen Datensatz mit detaillierten Informationen zu Familie und soziale Unterstützung, Gesundheit, ökonomische Situation sowie Erwartungen und Einstellungen der über 50jährigen (und ihren Partnerinnen/Partnern) in Belgien, Dänemark, Deutschland, Frankreich, Griechenland, Italien, Niederlande, Österreich, Schweden, Schweiz und Spanien. Damit sind mit Ausnahme von Osteuropa und Großbritannien die verschiedenen europäischen Regionen abgedeckt, von Skandinavien bis zum Mittelmeerraum. Ein Schwerpunkt von SHARE liegt auf den zeitlichen und finanziellen Austauschbeziehungen zwischen Familiengenerationen. Es handelt sich um einen Datensatz, der für internationale Vergleiche aufgrund desselben Erhebungsdesigns, der einbezogenen Befragungspersonen und derselben Frageformulierungen besser geeignet ist als Zwei- oder Dreiländervergleiche mit unterschiedlichen Instrumenten. Diese Daten werden zusätzlich mit Makroindikatoren von EUROSTAT und der OECD verknüpft. Insgesamt kann so ein umfassendes und detailliertes Bild der (familialen) Pflegebeziehungen und -systeme in Europa gezeichnet werden.

2 Theoretische Grundlagen

Pflege ist ein bedeutendes Thema. In der Politik, in der Wirtschaft und nicht zuletzt in der Wissenschaft werden die Auswirkungen der demografischen Alterung diskutiert. In der Politik interessieren vor allem der steigende Pflegebedarf und die institutionelle Absicherung der altersbedingten Risiken, jeweils mit dem Fokus auf drohende Finanzierungslücken. Aus Sicht der Wirtschaft stellt die ältere Generation hingegen sowohl eine spezifische und meist kaufkräftige Zielgruppe als auch eine besondere Arbeitnehmergruppe dar. Während ältere Arbeitnehmer heute aufgrund der wirtschaftlichen Lage, zahlreicher betrieblicher Umstrukturierungsprozesse und einer Präferenz für junge flexible Arbeitskräfte (‚Ageism') einem erhöhten Arbeitsplatzrisiko ausgesetzt sind, kann jedoch davon ausgegangen werden, dass bei einer anhaltenden demografischen Alterung bereits mittelfristig nicht mehr auf die älteren erwerbsfähigen Personen verzichtet werden kann (Schulz 2000).

In der Wissenschaft, insbesondere in der Soziologie, werden vorwiegend die Belastung der Pflegenden sowie die Umstände, die zu einer Pflege von Angehörigen oder Freunden führt bzw. diese vereiteln, untersucht. Da die Pflege der Angehörigen meist von Frauen übernommen wird, befassen sich viele SoziologInnen zudem mit den geschlechtsspezifischen Unterschieden und den Faktoren, die diese begünstigen (Arber und Ginn 1990; Gerstel und Gallagher 2001; Lewis 1998; Martin Matthews und Campbell 1995; Silverstein et al. 1995: 48ff.; Spitze und Logan 1990; Ungerson 2005).

Aber auch in Familien ist die Pflege ein präsentes und bedeutendes Thema. Welche Möglichkeiten der Pflege gibt es? Können institutionelle Pflegeleistungen in Anspruch genommen werden? Wer kann oder sollte in der Familie die Pflege übernehmen? Ist die Pflege der Eltern mit dem Familien- und Berufsleben vereinbar? Welche Spannungen können auftreten, wenn Eltern und Kinder wieder unter einem Dach wohnen? Wie auch immer diese Fragen im Einzelfall beantwortet werden und welches Pflegearrangement gewählt wird, das Zusammenspiel der höheren Lebenserwartung und der niedrigen Geburtenraten hat das Generationenverhältnis in Familie und Gesellschaft verändert. In den Industrienationen ist die Lebenserwartung in der Vergangenheit kontinuierlich gestiegen, dies gilt für Frauen wie für Männer (OECD 2005). Besonders deutlich wirkt sich dies auf die nunmehr längere gemeinsame Lebenszeit mit

Angehörigen einer anderen Generation, z.B. Kinder oder Enkelkinder, aus. Intensive und verbreitete Großeltern-Enkelkinder-Beziehungen sind so überhaupt erst möglich geworden (Lauterbach 1995). Vorwiegend ist die Langlebigkeit auf einen Anstieg gesunder Lebensjahre zurückzuführen (Höpflinger und Hugentobler 2003). Auf dieser Grundlage wird zunehmend auch der individuelle und gesellschaftliche Anspruch des aktiven Alterns formuliert. Allerdings umfasst die längere Lebenszeit heute meistens eine Altersphase, in Menschen überhaupt erst mit langfristigen körperlichen und geistigen Beeinträchtigungen konfrontiert werden (Höpflinger 2000: 67). Hilfe- und Unterstützungsbeziehungen von jüngeren an ältere Familienmitglieder, oder allgemeiner: an ältere Menschen, gehören damit zunehmend auch zum familialen und gesellschaftlichen Alltag.

Neben der Zunahme der gemeinsamen Lebensjahre ist die Abnahme der Familiengröße von Bedeutung für die familialen Generationenbeziehungen. Die sinkende und nunmehr beständig tiefe Geburtenrate schlägt sich in kleineren Familien nieder. Während früher oft eines der Kinder von den Eltern schon lange im Voraus auf die Unterstützung im Alter verpflichtet wurde, die Geschwister demnach nicht oder nicht vorwiegend mit der Pflege betraut waren, ist eine solche Entscheidung und Arbeitsteilung bei der heutigen (Kern-) Familiengröße oft nicht mehr möglich. Einerseits gibt es also – zumindest langfristig – immer weniger Nachkommen, die die Pflege übernehmen können. Andererseits sind immer mehr Menschen auf die Unterstützung (durch Angehörige) angewiesen. Für die folgende Generation wird es damit immer wahrscheinlicher, dass sie mit der Pflege von Familienmitgliedern konfrontiert wird.

Gerade vor diesem rein demografischen Hintergrund muss geklärt werden, inwieweit die Familie überhaupt dem wachsenden Pflegebedarf gerecht werden kann. Denn nicht nur das Verhältnis von jung zu alt hat sich verändert, auch die Institutionen Familie, Ehe und Partnerschaft haben sich hin zu einer Verstärkung der beiden Optionen „Voice" und „Exit" gewandelt (vgl. Peuckert 2005). Partnerschaften und Ehen sind heute weniger stabil, besser: kurzfristiger ausgerichtet als früher. Doch sie müssten stabiler sein, um die verlängerte gemeinsame Lebensspanne auch tatsächlich gemeinsam zu verbringen. Mit einer zunehmenden Erwerbstätigkeit der Frauen aber auch einer institutionellen Absicherung individueller Risiken fallen zudem die finanzielle Abhängigkeit und die finanziellen Folgen einer Trennung vom Partner oder der Familie geringer aus. Beides gewährleistet Alternativen auch außerhalb bestehender Beziehungen. Dennoch: Der Zusammenhalt zwischen Familiengenerationen ist nach wie vor beachtlich (Szydlik 2000). Es kann sogar argumentiert werden, dass die Bedeutung der intergenerationalen Beziehungen zugenommen hat. Erstens führt die niedrige Geburtenrate auch zu einer geringen Anzahl an

Geschwistern, Familienmitglieder der gleichen Generation. Zweitens kommen intergenerationale Beziehungen aufgrund der höheren Lebenserwartung und der damit einhergehenden längeren gemeinsamen Lebenszeit schlicht häufiger vor und sind von größerer Dauer. Und nicht zuletzt sind sie im Vergleich zu Partnerschaften stabiler und bleiben meist ein Leben lang bestehen.

Sind intergenerationale (Unterstützungs-) Beziehungen stabil, die Pflege von Eltern oder Kindern also eine natürliche Konstante? Die Antwort ist einfach: Nein. In einer historischen Betrachtungsweise zeigt sich recht deutlich, dass die Pflege zunehmend auch von Personen und Institutionen außerhalb der Familie übernommen wird. Professionelle ambulante Pflegedienste und Pflegeheime waren früher schlicht nicht oder nur selten vorhanden. Auch in jüngere Zeit lässt sich ein Trend zur professionellen Pflege feststellen (z.B. Statistisches Bundesamt 2007). Vergleicht man zudem europäische Länder, dann lassen sich ganz verschiedene Lösungen für die Pflege der älteren Bevölkerung ausmachen. Die Rolle von Familie, Staat und Markt unterscheidet sich zwischen den Ländern (z.B. Bode 2008). Von geringeren Raten der intergenerationalen Pflege darf jedoch nicht vorschnell auf einen Rückgang oder gar das Verschwinden der Solidarität zwischen Eltern und Kindern geschlossen werden. Denn diese ziehen sich bei entsprechenden institutionellen Alternativen zur familialen Pflege nicht unbedingt vollständig aus der Pflege und der Unterstützung Angehöriger zurück. Vielmehr gibt es Hinweise darauf, dass zwar medizinisch anspruchsvolle Aufgaben an professionelle Pflegedienste abgegeben werden, die ‚soziale Pflege' sowie Hilfe im Haushalt und bei bürokratischen Angelegenheiten werden jedoch nach wie vor von Familienmitgliedern übernommen (Brandt et al. 2009, Brandt und Haberkern 2008; Daatland und Lowenstein 2005; Litwak et al. 2003; Motel-Klingebiel und Tesch-Römer 2006).

In den folgenden Abschnitten wird die gesellschaftliche Organisation der Pflege näher beleuchtet. Dabei werden zunächst die verschiedenen Formen und Akteure in der Pflege, die staatliche Regulierung sowie der Zusammenhang zwischen der familialen und staatlichen Pflege beschrieben. Die Ausführungen schließen eine Kategorisierung der untersuchten Länder ein. Vor diesem Hintergrund wird das theoretische Modell für die Untersuchung der intergenerationalen Pflege formuliert.

2.1 Pflege in der Familie, ambulante und stationäre Pflege

Wenn Pflege verschiedene Formen annehmen kann, stellt sich die Frage, was ist überhaupt Pflege? Welche Tätigkeiten müssen und sollten als Pflege aufgefasst werden, welche nicht? Zunächst ist also eine Begriffsbestimmung notwendig.

Im Unterschied zu finanziellen Transfers – z.B. Erbschaften, Schenkungen oder regelmäßigen Zahlungen – ist die Pflege sehr zeitintensiv und wird entsprechend auch als zeitlicher Transfer aufgefasst (z.B. Attias-Donfut et al. 2005). Besonders wenn man sich für das gesamte Ausmaß der Unterstützung interessiert, können zu den Pflegeleistungen auch die Hilfe im Haushalt oder bei bürokratischen Angelegenheiten hinzugezählt werden. Dies ist vor allem im anglikanischen Sprachraum der Fall, wo es keine Entsprechung des Begriffs Pflege gibt. Das Konzept „care" umfasst nicht nur die köperbezogene Pflege, sondern auch die Sorge um eine Person und gelegentliche Unterstützungsleistungen. Entsprechend werden die diversen Hilfeleistungen nicht getrennt, sondern gemeinsam als „care", „support" oder „time tranfers" untersucht (Lowenstein und Ogg 2003; Qureshi 1996; Rosenthal et al. 2004; Spitze und Logan 1990).

Dies ist jedoch nicht immer unproblematisch, da implizit die Annahme getroffen wird, dass sich alltägliche Hilfeleistungen und Pflege nicht substantiell unterscheiden. Sowohl theoretisch als auch empirisch gibt es jedoch gute Gründe, Pflege von weiteren Unterstützungsformen analytisch zu trennen (Brandt et al. 2009). Pflege und Hilfe unterscheiden sich in Bezug auf die Art der Tätigkeit, die Häufigkeit bzw. Intensität der Leistung und die wechselseitige Abhängigkeit zwischen Geber und Leistungsempfänger (vgl. Walker et al. 1995). Während Hilfe verschiedene Haushaltstätigkeiten, die Unterstützung bei bürokratischen Angelegenheiten und die emotionale Unterstützung umfasst, ist Pflege körperbezogen und oft auch medizinisch anspruchsvoll. Sie wird zudem grundsätzlich an bedürftige Personen geleistet. Diese sind damit regelmäßig und meist auch dauerhaft auf die Unterstützung beim Verlassen des Bettes, der Nahrungsaufnahme, beim Toilettengang, bei Körperwaschungen, beim Anziehen und beim Durchqueren von Räumen angewiesen, den sogenannten ‚activities of daily living', lebensnotwendigen Aktivitäten. Die Pflege muss also vor Ort erfolgen, eine geringe Wohndistanz und viel verfügbare Zeit sind grundlegende Voraussetzungen. Hilfe hingegen kann auch sporadisch erfolgen. Und zumindest bürokratische Angelegenheiten sowie eine emotionale Unterstützung können auch telefonisch oder per Post über weite Distanzen geleistet werden. Pflege kann damit unbestreitbar als informelle Arbeit (auch „labour of love", z.B. Graham 1983) aufgefasst werden. Hilfeleistungen sind in ihrer individuellen, familialen und gesellschaftlichen Bedeutung wie die Pflege unverzichtbar, dennoch kann bei Hilfe nicht zwingend und in allen Fällen von Arbeit gesprochen werden, was insbesondere für die emotionale Unterstützung gilt.

Zu all dem ist das Wohlergehen eines Leistungsempfängers sehr viel stärker abhängig von der Pflege als von Hilfeleistungen. Aufgrund der Angewiesenheit auf die Unterstützung bei existentiellen Tätigkeiten und der verantwortungsvollen Aufgabe wirken in Pflegebeziehungen starke (wechselseitige) Abhängigkeiten und Verpflichtungen (Fine und Glendinning 2005). Die Pflege kann daher nicht einfach verwehrt werden, wenn die Belastung (zu) groß wird. In Hilfebeziehungen ist dies nicht unbedingt der Fall. Hilfeleistungen haben einen weniger verbindlichen Charakter. Ein Unterlassen ist meist weniger folgenschwer, weshalb individuelle Bedürfnisse und Möglichkeiten Hilfeleistungen stärker beeinflussen dürften (Brandt und Szydlik 2008). Pflege ist dagegen mehr von Notwendigkeiten wie dem Gesundheitszustand des Pflegeempfängers beeinflusst, und oft werden zugunsten der Pflege dramatische Einschnitte in der Lebensführung hingenommen, der Beruf wird aufgegeben und soziale Beziehungen werden vernachlässigt. Hilfeleistungen erfolgen hingegen eher aus freien Stücken, je nachdem wie sie in die alltägliche Lebensführung passen (Brandt et al. 2009).

Hilfe und Pflege sind demnach deutlich zu unterscheidende Tätigkeiten. Das heißt jedoch nicht, dass sie nicht von ein und derselben Person übernommen werden (können) (vgl. Litwak 1985). In Folge einer zunehmenden Bedürftigkeit im Alter wird alltägliche Hilfe durch Angehörige oft um Pflegeleistungen ergänzt. Pflege kann insofern als Intensivierung von Hilfemustern angesehen werden. Im Alltag übernehmen Pflegende oft auch weitere Aufgaben in der praktischen und finanziellen Haushaltsführung. Umgekehrt leisten Helfende jedoch nur in wenigen Fällen auch Pflege, sie wird schlicht seltener benötigt und in besonders schweren Fällen muss diese auch von medizinisch geschulten Personen durchgeführt werden.

Trotz dieser Unterschiede werden Hilfe und Pflege in der Generationenforschung häufig nicht getrennt, sondern gemeinsam (mit finanzieller Unterstützung) als funktionale Solidarität (Bengtson und Schrader 1982), instrumentelle Unterstützung (Klein Ikkink et al. 1999) oder als „care" untersucht (Lowenstein und Ogg 2003; Qureshi 1996; Rosenthal et al. 2004; Spitze und Logan 1990). Das tatsächliche Ausmaß der (intergenerationalen) Pflege sowie mögliche Unterschiede bei den Bedingungen und Auswirkungen für die Generationenbeziehung bleiben so verborgen. Um diesen Unterschieden gerecht zu werden, qualifiziert im Folgenden nur eine mindestens wöchentlich geleistete Unterstützung bei ‚activities of daily living' als Pflege. In der empirischen Analyse wird zudem die Bedürftigkeit des Pflegeempfängers berücksichtigt.

Die hier verwendete Definition der Pflege umfasst damit sowohl die private Pflege, beispielsweise von Familienmitgliedern oder Freunden, als auch professionelle Pflegeleistungen (vgl. Daly und Lewis 2000: 285). Die Familie ist damit ‚nur' ein Pflegeanbieter, wenn auch in den meisten Ländern der bedeutendste. Da die Familie, marktwirtschaftliche und staatliche bzw. kommunale Einrichtungen zumindest zu Teilen die gleichen Leistungen anbieten, erfüllen sie (in der Gesellschaft) dieselbe Funktion: die physische, psychische und bestenfalls auch emotionale Unterstützung älterer, bedürftiger Menschen. Sie erbringen diese Leistung jedoch nicht unabhängig voneinander. Ob, inwieweit und in welcher Form Angehörige in der Familie gepflegt oder unterstützt werden, hängt nicht zuletzt vom staatlichen (finanzierten) Pflegeangebot und gesetzlichen Verpflichtungen gegenüber Angehörigen ab. Umgekehrt gilt dies auch für marktwirtschaftliche Leistungen. Wenn Pflegeleistungen entweder innerhalb der Familie, und/oder von staatlichen Trägern erbracht werden, dann dürfte der Bedarf an marktvermittelten Lösungen eher gering sein. Die Anbieter – die Familie, der Markt und der Staat – sollten also gemeinsam als Pflegesystem betrachtet werden. Folglich müssen bei der Analyse der familialen Pflege das professionelle Pflegeangebot und die wohlfahrtsstaatlichen Rahmenbedingungen mit in den Blick genommen werden. Eine isolierte Betrachtung würde nicht nur die halbe Wahrheit zu Tage fördern, sie verstellt auch den Blick auf wesentliche Zusammenhänge zwischen Familie, Markt und Staat.

Wie diese Zusammenhänge im Einzelnen aussehen, ist von vielen Faktoren abhängig und nicht ohne weiteres zu beantworten. Eine Schlüsselrolle kommt jedoch der staatlichen Politik zu, da diese die Rahmenbedingungen für die familiale aber auch die marktwirtschaftlich und öffentlich organisierte Pflege festlegt.

Die Pflege älterer Menschen ist einer der dynamischsten Bereiche wohlfahrtsstaatlicher Politik und eines der wenigen, wenn nicht sogar das einzige Programm, indem in den letzten Jahren in vielen Ländern staatliche Leistungen ausgebaut wurden (Daly und Lewis 2000: 295). Die europäischen Staaten haben dabei unterschiedliche Wege eingeschlagen, um dem wachsenden Pflegebedarf gerecht zu werden.

Neben den institutionellen Voraussetzungen sind dabei auch kulturelle Besonderheiten mit ausschlaggebend dafür, wie die Lösungen im Einzelnen aussehen (vgl. Glaser et al. 2004; Pfau-Effinger 2005). Kultur, wie sie hier verstanden wird, ist ein System kollektiver Sinnkonstruktionen, die allgemeinen Vorstellungen darüber, was wichtig und unwichtig, richtig und unrichtig sowie gut und böse ist (Neidhardt 1986: 11). Zudem umfasst Kultur auch die entsprechenden Praktiken. Auf den Wohlfahrtsstaat und seine Politik bezogen sind dies Vorstellungen und Ideen darüber, welche Personen anspruchsberechtigt sind, wie Ressourcen und wie die Verantwortung zwischen Individuum, Familie und Staat verteilt werden sollen (vgl. Bode 2008). In den sogenannten „familialistischen Wohlfahrtsstaaten" (Dallinger und Theobald 2008; vgl. Esping-Andersen 1999; Leitner 2003b; Reher 1998) im Süden Europas sind ein enger Zusammenhalt und die Unterstützungsverpflichtung zwischen Angehörigen geteilte Normen, wobei die letztere gesetzlich festgeschrieben ist.

Staatliche Leistungen werden nur in geringem Umfang zugestanden. In der Wohlfahrtskultur der nordischen Länder übernimmt hingegen der Staat die Verantwortung für die Pflege der älteren Bevölkerung. Neben professionellen Pflegeleistungen werden meist auch eine Unterstützung und/oder finanzielle Entlohnung für pflegende Familienmitglieder angeboten. Die Angehörigenpflege wird folglich nicht als selbstverständlich angesehen.

Diese Vielfalt und Komplexität der gegenwärtigen Pflegesysteme erschwert den Ländervergleich. Mitunter sind staatliche Leistungen und Gesetze zu spezifisch und kaum miteinander vergleichbar. Im Folgenden werden deshalb zentrale Dimensionen wohlfahrtsstaatlicher Pflegesysteme identifiziert, um die Vergleichbarkeit zu gewährleisten.

In einem ersten Schritt werden verschiedene Formen der Pflege sowie die Unterstützung pflegender Angehöriger herausgearbeitet, kurzum: der institutionelle Kontext der familialen Pflege. Neben finanziellen Zuwendungen werden dabei auch ambulante und stationäre Serviceleistungen berücksichtigt. Welche finanziellen Zuwendungen und Serviceleistungen werden angeboten? Welche Zugangsvoraussetzung müssen jeweils erfüllt werden und wer profitiert davon? In einem weiteren Schritt wird der kulturelle Kontext beleuchtet, wobei zwei Fragen im Mittelpunkt stehen: Wer trägt die primäre gesellschaftliche Verantwortung für die Pflege der älteren Bevölkerung – die Familie, der Markt[1] oder der Staat? Welche Verpflichtungen bestehen zwischen Familienmitgliedern?

Esping-Andersens (1990, 1999) Wohlfahrtsstaatstypologie basiert nahezu ausschließlich auf der Klassifikation staatlicher Geldleistungen bzw. -ausgaben. Diese sind auch hier von Bedeutung. Der Ausbau der Pflegeprogramme in den vergangen Jahren wurde vor allem mittels verschiedenster Geldleistungen erreicht. In der Regel werden sie direkt an den Pflegeempfänger gezahlt. Im Vergleich zu Serviceleistungen wie ambulante oder stationäre Pflege sind diese Transfers kostengünstig und gleichzeitig hat der Pflegeempfänger einen größeren Einfluss darauf, wie der Pflegebedarf gedeckt werden soll. Häufig können solche Pflegebudgets/-gelder auch dazu verwendet werden, die Angehörigen für Ihre Unterstützung finanziell zu entschädigen, namentlich in Dänemark, Deutschland, Italien, den Niederlanden, Österreich und Schweden. Mitunter gehen Transfers auch direkt an die PflegerInnen (Lundsgaard 2006; Mestheneos und Triantafillou 2006). Beide Formen können auch als finanzieller Anreiz für die familiale Pflege gesehen werden. Oft ist der Betrag jedoch entweder so gering, dass ein

---

1   Bei dieser Aufzählung fehlt auf den ersten Blick das Individuum selbst. Auf den zweiten Blick kann eine individuelle, private Vorsorge für die eigene Pflege im Alter jedoch zu den marktvermittelten Lösungen gezählt werden, schließlich wird aus verschiedenen, konkurrierenden Angeboten ausgewählt und Ansprüche auf eine professionelle Unterstützung werden im Lebensverlauf akkumuliert.

Einkommensausfall aufgrund der Aufgabe der Erwerbsarbeit nicht kompensiert werden kann, oder die Zahlung ist bedarfsabhängig. Zudem unterscheiden sich die Länder deutlich in der Begründung solcher finanzieller Transfers an Pflegebedürftige oder deren Pfleger. In den skandinavischen Ländern dienten Geldleistungen dazu, die Kosten zu senken und den Pflegebedürftigen eine größere Wahl zu lassen, wie und in welcher Form sie ihren Pflegebedarf decken möchten. In Italien bleiben die Infrastruktur und das Angebot im Bereich der Pflege soweit hinter dem Bedarf zurück, dass Geldleistungen gegenwärtig die einzige Möglichkeit darstellen, die pflegebedürftigen älteren Menschen zu unterstützen. Von einer Wahl zwischen familialen und staatlichen Leistungen kann aufgrund der strukturellen Mängel in Italien jedoch nicht gesprochen werden. Vielmehr greifen die Pflegebedürftigen und ihre Angehörigen häufig auf den Schwarzmarkt mit ausländischen Pflegekräften zurück, sogenannte ‚badanti' (Lamura et al. 2006; Lyon 2006), deren niedrige Gehälter nicht zuletzt mit den Pflegegeldern finanziert werden. Insgesamt gibt es deutliche Hinweise, dass die illegale Beschäftigung von Pflegekräften an Bedeutung gewinnt, wenn das staatliche Angebot an professionellen Dienstleistungen gering ist und pflegebedürftige Personen vorwiegend finanziell unterstützt werden.

Zudem erhalten pflegende Angehörige z.B. in England und Finnland eine direkte finanzielle Unterstützung. Auch hier gilt, dass diese Transfers oft sehr niedrig sind und allenfalls eine symbolische Anerkennung der Pflegeleistungen darstellen. Von einer Entlohnung der umfangreichen Pflege – was gleichbedeutend mit der Anerkennung der Pflege als Arbeit wäre – sind diese Transfers noch weit entfernt. Eine Ausnahme stellen hier Schweden und Dänemark dar, wo Angehörige von den Kommunen als Pfleger sozialversicherungspflichtig angestellt und entsprechend entlohnt werden können (Lundsgaard 2006; Rostgaard und Fridberg 1998: 55).

Gerade im Bereich der Pflege würde ein Fokus auf finanzielle Leistungen jedoch zu kurz greifen (vgl. Jensen 2008). Denn in allen hier untersuchten Ländern werden auch öffentliche Pflegedienstleistungen angeboten. Dabei variieren Art, Umfang und Zugangsvoraussetzungen erheblich. In den nordischen Ländern werden großzügige ambulante Leistungen weitgehend unabhängig von der familiären Situation gewährt (Mestheneos und Triantafillou 2006; Millar und Warman 1996). In den südeuropäischen Ländern ist das Angebot hingegen knapp. Meist erhalten nur Personen mit erheblichen körperlichen Beeinträchtigungen, ohne familiäre Unterstützung und allenfalls geringen finanziellen Mitteln staatliche Pflegeleistungen (z.B. Gori 2000: 263f.).

Stationäre Lösungen können – rein funktional – am ehesten als eine vollständige Alternative zur Pflege in der Familie gesehen werden. Vor allem hochgradig pflegebedürftige Personen werden rund um die Uhr in Pflegeheimen untergebracht. Neben einer medizinischen Versorgung bieten diese Einrichtungen oft auch eine soziale Betreuung und Freizeitgestaltung für die Patienten an. Allerdings stellt die stationäre Pflege – auch aus Sicht der Angehörigen – nur in wenigen Ländern eine vorrangige oder akzeptable Lösung dar. Vor allem in Südeuropa wird die Unterbringung in Pflegeheimen noch eher als Verletzung der familiären Verpflichtungen angesehen (Alber und Köhler 2004; European Commission 2007). Zudem fallen dort hohe Kosten für die Familie an. In Italien wird von den Angehörigen mitunter sogar verlangt, dass sie mit eigenen Mitteln eine (illegale) Pflegekraft finanzieren, die auch in den Nachtstunden eine ununterbrochene Betreuung gewährleistet (Lamura et al. 2006; Polverini et al. 2004). Entsprechend gering ist auch das Angebot und nur wenige ältere Menschen sind dort in Pflegeheimen untergebracht. Umgekehrt weisen die skandinavischen Länder und die Schweiz eine hohe Institutionalisierungsrate auf, während die Pflege in der Familie weniger weit verbreitet ist (vgl. Daatland 2001; Höpflinger und Hugentobler 2005). Zumindest auf Basis dieser Befunde scheinen institutionelle Pflegeleistungen damit die Pflege durch Angehörige zu ersetzten bzw. eine äquivalente Alternative darzustellen („crowding out'), wenn auch der Zusammenhang erst unter Berücksichtigung der kulturellen Voraussetzungen und individueller und familialer Faktoren vollständig erfasst werden kann.

Während das Ausmaß der familialen Pflege demnach in einer engen Beziehung zum stationären Pflegeangebot steht, ist ihre Beziehung zur ambulanten Pflege weniger offensichtlich. Vor allem in einem frühen Pflegestadium können umfassende ambulante Pflegeleistungen den gesamten Bedarf decken. Mehrmals täglich stattfindende Hausbesuche sind dabei keine Seltenheit. Pflegeleistungen, wie die Körperwäsche, Nahrungsaufnahme, das Aufstehen und Verlassen des Bettes, können oft durch Hilfe im Haushalt ergänzt werden. Zumindest aus medizinischen Gründen ist eine pflegerische Unterstützung durch Verwandte und Bekannte damit nicht mehr unbedingt notwendig.

Im Unterschied zu einer solch intensiven Betreuung sind gelegentliche Hausbesuche durch Pfleger eher als Unterstützung und Entlastung und nicht als Ersatz für die Pflege durch Familienmitglieder zu sehen. Sobald eine Person bettlägerig ist, reichen auch tägliche ambulante Behandlungen meist nicht mehr aus, um der Situation gerecht zu werden. Gerade nachts ist die Anwesenheit von Pflegepersonen unverzichtbar – eine Aufgabe, die meist nur Familienmitglieder übernehmen können. Ambulante Dienste und Leistungen für Pflegende, z.B. Urlaubsvertretungen, schaffen Freiräume für die Angehörigen von Pflegefällen. Die oft große physische und psychische Belastung der Pflegepersonen kann so zumindest reduziert werden. In vielen Fällen ist sogar davon auszugehen, dass die intensive Pflege zuhause ohne eine professionelle medizinische Unterstützung von außen nicht möglich wäre. Ambulante Pflegeangebote würden demnach eine Pflege im Kreis der Familie begünstigen, wobei Angehörige vorwiegend einfachere aber zeitaufwendige Pflege- und Betreuungsaufgaben übernehmen, professionelle Dienstleister hingegen medizinisch anspruchsvolle Leistungen erbringen (vgl. Daatland und Herlofson 2003a; Litwak et al. 2003; Sundström et al. 2006). Ob ambulante und stationäre Pflegeleistungen tatsächlich die Pflege in der Familie ersetzen oder begünstigen, muss jedoch empirisch noch gezeigt werden – eine Aufgabe, der die folgenden Kapitel gewidmet sind.

Mit den ambulanten und stationären Leistungen sowie den finanziellen Zahlungen an Pflegeempfänger und Pflegende wurde bisher nur die ‚Angebotsseite' behandelt. Aus Perspektive der Familie sind diese Ergänzungen und Alternativen zur familialen Pflege zumindest eine willkommene (finanzielle) Unterstützung. Allen Leistungen ist zudem gemein, dass sie neue Möglichkeiten eröffnen und damit sowohl die Entscheidung für als auch gegen die Pflege der Angehörigen erleichtern sollten. Neben den zahlreichen Optionen, die Pflegesysteme bieten, muss jedoch auch die ‚Nachfrageseite' in den Blick genommen werden, denn Familienmitglieder sind in vielen Ländern gesetzlich dazu verpflichtet, bedürftige Angehörige (finanziell) zu unterstützen und sich gegebenenfalls in der Pflege zu engagieren. Manche Staaten nehmen sich jedoch auch selbst in die Pflicht und gewähren ihren Bürgern ein Recht auf Pflege.

Die (wechselseitigen) Verpflichtungen von Staat und pflegebedürftigen Personen sind meist finanzieller Natur. Während Pflegeempfänger einerseits oft einen Anspruch auf staatliche Unterstützung in einem gewissen Umfang haben, müssen sie sich bei anderen oder umfassenderen Leistungen oft an den Kosten beteiligen oder ganz dafür aufkommen. In den meisten Fällen fällt die Beteiligung an den Aufwendungen für medizinische Leistungen eher gering aus. Unterbringungskosten in Heimen oder eine soziale Betreuung sind hingegen oft von den Betroffenen in erheblichem Umfang selbst zu tragen (z.B. Blackman 2000; Gori 2000: 262).

Da die Pflege und die Unterbringung in Institutionen sehr teuer sind, kann dies schnell zur Verarmung führen. Vor allem in den süd- und kontinentaleuropäischen Ländern werden in diesem Fall die nahen Verwandten, die Partner, Kinder und Eltern, teilweise auch Geschwister und Enkel in die Pflicht genommen. Nur in den skandinavischen Staaten bestehen kaum gesetzliche Verpflichtungen gegenüber Eltern. Öffentliche Pflegeleistungen werden weitgehend unabhängig von der finanziellen Situation der Angehörigen gewährt (Mestheneos und Triantafillou 2006; Millar und Warman 1996). Das Recht auf Pflege, wie es in den meisten Ländern besteht, ist damit zwar ein Recht gegenüber dem Staat. Dieser greift jedoch oft erst als letzter ein, wenn die eigenen Mittel aufgebraucht sind und die engen Verwandten die Pflege weder finanzieren noch selbst übernehmen können (Gori 2000). Insgesamt sind die familialen Verpflichtungen in den nordischen Staaten am schwächsten und in den mediterranen Ländern am stärksten ausgeprägt. In Italien haben pflegebedürftige Personen zudem explizit das Recht, Angehörige um deren Unterstützung anzuhalten, was zusätzlich die gesellschaftliche Verantwortung der Familie für die Pflege der älteren Bevölkerung unterstreicht.

Neben der Familie sind der Markt und die öffentliche Hand wichtige Anbieter von Pflegeleistungen. Eine Untersuchung der familialen Pflege bleibt deshalb grundsätzlich unvollständig, wenn sie nicht das gesamte Pflegesystem aus (erweiterter) Familie, Markt und Staat berücksichtigt. Eine besondere Rolle kommt hierbei dem Staat zu, da dieser die Rahmenbedingungen für die familiale aber auch marktvermittelte und öffentliche Pflege setzt. Staatliche Leistungen können je nach Art und Umfang als Alternative zur familialen Pflege oder als Unterstützung angesehen werden. Insgesamt dürften sie also eine Entlastung der Familie darstellen. Zudem bestehen vor allem in den süd- und kontinentaleuropäischen Ländern klare gesetzliche Verpflichtungen gegenüber pflegebedürftigen Familienmitgliedern. Insoweit kann für diese Staaten durchaus von einem Vorrang der Unterstützung durch Angehörige gesprochen werden.

2.2 Zum Verhältnis von familialer und staatlicher Pflege

Vergleichende Analysen zum Einfluss staatlicher und gesellschaftlicher Faktoren auf Unterstützungsleistungen in der Familie sind ein junges Forschungsgebiet. Bevor umfassende empirische Untersuchungen durchgeführt werden konnten, wurden die handlungsrelevanten Rahmenbedingungen vor allem theoretisch und in einer historischen Perspektive untersucht (z.B. Bahle 1995). Demzufolge hat der Staat zentrale (Unterstützungs-) Aufgaben und damit auch eine Funktion der Familie übernommen (Sussman 1991). In Bezug auf finanzielle Transfers wurde z.B. argumentiert, dass der Aufbau eines generösen Rentensystems die finanziellen Risiken der älteren Bevölkerung beträchtlich reduziert hat. Entsprechend ist die ältere Generation heute seltener auf eine finanzielle Unterstützung von ihren Nachkommen angewiesen. Zudem sind die Rentenbezieher heute oft selbst in der Lage, ihre Kinder finanziell in der Ausbildung oder bei der Familiengründung zu unterstützen. In dieser Sichtweise werden staatliche Leistungen nicht nur als Absicherung individueller Risiken des Leistungsempfängers verstanden, sondern auch als Ressource der Solidarität zwischen familialen Generationen (Kohli 1999).

Die Absicherung altersbedingter Risiken, wie der Verlust des Erwerbseinkommens, wird zuweilen jedoch auch kritisch gesehen. Insbesondere die

Kritiker wohlfahrtsstaatlicher Leistungen argumentieren, dass diese Programme mehr dazu beitragen, Abhängigkeiten zu schaffen als zu lösen (Goodin 1988: 323). Zudem würden staatliche Leistungen in das Familienleben eingreifen und die Moral, zu helfen, untergraben (Wolfe 1989). Sie gefährden so die Solidarität zwischen Angehörigen und fördern damit die Abhängigkeit vom Staat.

Für beide Argumente werden immer wieder Beispiele angeführt (Künemund und Rein 1999; Prisching 1996). Dennoch darf dabei nicht übersehen werden, dass auch in Familien in Folge eines erhöhten Bedarfs dauerhafte Abhängigkeiten zwischen Angehörigen entstehen können (Prisching 1996: 74f.). Dies ist vor allem dann der Fall, wenn die Verpflichtung zur Unterstützung von Familienmitgliedern gesetzlich festgeschrieben ist. Staatliche Leistungen gefährden jedoch nicht zwingend den Zusammenhalt in der Familie. Wohlfahrtsstaatliche Transfers und Dienstleistungen können durchaus eine Entlastung der Familie darstellen. Gerade die staatliche bzw. staatlich finanzierte Altenpflege erlaubt es jüngeren Angehörigen, ihre Erwerbstätigkeit fortzusetzen und damit selbst finanziell und zeitlich unabhängig zu bleiben oder zeitweise in Abstand zu den emotional fordernden Beziehungen zu treten, z.B. bei der Pflege von Demenzkranken (Höpflinger und Hugentobler 2005: 92f.). Die Prominenz des Themas der Misshandlung älterer Personen in der Familie (Görgen und Nägele 2005; Graß 2006) zeigt zudem, dass es unter bestimmten Voraussetzungen (z.B. konfliktreichen Beziehungen) besser sein kann, wenn die Pflege und Unterstützung nicht von Angehörigen übernommen werden muss. Staatliche und institutionelle Pflegeleistungen können demnach Rahmenbedingungen und Freiräume schaffen, so dass für alle Beteiligten eine günstige Betreuungssituation zumindest wahrscheinlicher wird. Ohne weiteres lässt sich die Frage nach dem Einfluss staatlicher Leistungen also nicht beantworten. Vor dem Hintergrund der demografischen Alterung wird eine Antwort jedoch immer dringender benötigt.

Hierzu gehört auch eine empirische Überprüfung der drei konkurrierenden Hypothesen einer Substitution („crowding out'), einer Verstärkung („crowding in') und der Komplementarität bzw. gemeinsamen Verantwortung von Staat und Familie. Vertreter der Substitutionsthese gehen (implizit) davon aus, dass staatliche und familiale Pflegeleistungen funktional äquivalent sind, und dass der Pflegebedarf nicht steigt, wenn es ein größeres Unterstützungsangebot gibt (Lingsom 1997). Eine Ausweitung der staatlichen Pflege würde demnach zu einem Rückgang der familialen Pflege führen – und umgekehrt (vgl. Johansson et al. 2003). Für diese Argumentation werden zwei theoretische Grundlagen angeführt: Dem Modell von Cantor (1979) folgend, wird eine Hierarchie der Unterstützungsquellen angenommen. Die größte Bedeutung in der Unterstützung alter Menschen kommt der Familie zu. Der Staat greift erst dann ein, wenn

Familienangehörige nicht zur Verfügung stehen. Dieser Ansatz erklärt eine Ausweitung staatlicher Leistungen durch einen Rückgang der familialen Unterstützung. Die Argumentation, dass staatliche Leistungen die Solidarität und Unterstützung in der Familie verdrängen, geht dagegen davon aus, dass Familienmitglieder sich aufgrund einer moralischen Verpflichtung gegenseitig helfen. Ein Ausbau staatlicher Leistungen ersetzt in diesem Fall die familiale Unterstützung. Aufgrund der geringeren Notwendigkeit erodiert langfristig die Verpflichtung und Bereitschaft zur privaten Hilfe, während Ansprüche zunehmend an den Staat gestellt werden. Wolfe (1989) bezeichnet dies als das moralische Risiko des Wohlfahrtsstaates.

Befürworter der Verstärkungsthese („crowding in") nehmen an, dass staatliche Leistungen auch günstige Bedingungen für die familiale Pflege schaffen (z.B. Attias-Donfut und Wolff 2000; Daatland und Herlofson 2003a). Die Familienmitglieder werden weniger belastet und sind nicht mehr vor die Aufgabe gestellt, entweder die Pflege vollumfänglich zu übernehmen und gegebenenfalls die Erwerbstätigkeit aufzugeben oder eine stationäre Betreuung zu organisieren. Vielmehr haben sie durch die staatliche Unterstützung auch die Möglichkeit, verschiedenen Anforderungen gerecht zu werden. Trotz einer Erwerbsarbeit können die älteren Angehörigen dann regelmäßig, aber weniger intensiv gepflegt werden (Chappell und Blandford 1991). Bereits bei dieser Argumentation wird von einem Ineinandergreifen von informellen und formellen Leistungen ausgegangen.

In jüngeren Publikationen wird das Zusammenspiel von privaten und öffentlichen Leistungen noch stärker betont, wobei eine Komplementarität zwischen Staat und Familie angenommen wird. Ausgehend von Litwaks (1985) „task-specifity model" wird dabei angenommen, dass informelle und professionelle Pfleger den Pflegebedarf nicht nur gemeinsam bedienen, sondern auch unterschiedliche Leistungen erbringen, zumindest jedoch unterschiedliche Aspekte in der Pflege betonen. Zunehmend wird in diesem Zusammenhang deshalb von der gemischten Verantwortung oder funktionalen Differenzierung gesprochen (Motel-Klingebiel et al. 2005). Der Staat übernimmt eher langfristige, gut planbare und medizinisch anspruchsvolle Aufgaben wie die Pflege, während die Familie sich auf sporadische alltägliche Hilfeleistungen und die emotionale Unterstützung konzentriert (Brandt et al. 2009; Litwak et al. 2003).

Gerade der Vergleich von Ländern, die sich in Art und Umfang der staatlichen Rahmenbedingungen deutlich unterscheiden aber dennoch aus demselben Kulturkreis stammen, ist für empirische Studien besonders geeignet. Häufig werden dabei nach Esping-Andersen (1990) drei Ländergruppen unterschieden: „Sozialdemokratische Staaten" wie die skandinavischen Länder zeichnen sich durch eine umfassende Unterstützung und großzügige Leistungen für Individuen und Familien aus. Länder wie Belgien, Deutschland, Frankreich und Österreich können dem „konservativen Regime" zugeordnet werden. Leistungsansprüche der Bürger bestehen hier vor allem auf Basis von Versicherungssystemen wie der Pflegeversicherung. In einem „liberalen Wohlfahrtsstaat", beispielsweise Großbritannien und die USA, werden eher geringfügige Leistungen bedarfsorientiert gewährt. Darüber hinaus können südeuropäische Länder wie Italien, Spanien und Griechenland als eigener Typus, die sogenannten „familialistischen Wohlfahrtsstaaten" aufgefasst werden (z.B. Arts und Gelissen 2002; Ferrara 1998). Staatliche Leistungen werden dort eher selten und in geringem Ausmaß angeboten. Daneben bestehen ausgeprägte gesetzliche Verpflichtungen zwischen Angehörigen.

Diese Typologien stellen zwar einen fruchtbaren Ausgangspunkt für die Analyse von Pflegesystemen dar. Allerdings sind sie eher breit und nicht auf die Unterstützung pflegebedürftiger Älterer fokussiert, wichtige Kriterien zum Ländervergleich von Pflegesystemen werden nicht erfasst. Im Folgenden wird daher eine alternative Einteilung auf Basis der institutionellen und kulturellen Strukturen der gesellschaftlichen Organisation der Pflege vorgeschlagen: Erstens ist zu unterscheiden, ob und inwieweit im Bedarfsfall eine Verpflichtung zur Unterstützung von Angehörigen besteht. Diese Unterstützung kann sowohl praktisch als auch finanziell sein. In den skandinavischen Staaten bestehen solche Verpflichtungen faktisch nicht. Bedürftige Personen erhalten öffentliche Leistungen unabhängig davon, ob sie Angehörige haben, die Hilfe- oder Pflegeleistungen übernehmen oder finanzieren können. In den südeuropäischen Ländern – und oft auch in „konservativen Wohlfahrtsstaaten" – sind enge Angehörige, teilweise auch Geschwister, hingegen zur (Teil-) Finanzierung der Pflegekosten verpflichtet, wenn die bedürftige Person dies nicht selbst übernehmen kann. Staatliche Leistungen sind erst dann verfügbar, wenn Angehörige die Unterstützung nicht gewährleisten können (Gori 2000: 263f.). Entziehen sich die Familienmitglieder ihrer Verpflichtung, kann der Staat die Beteiligung an der Pflegefinanzierung einklagen bzw. im Todesfall der bedürftigen Person das Erbe einbehalten, um Pflegekosten (rückwirkend) zu decken (Millar und Warman 1996).

Zweitens sind die Länder nach den gewährten Leistungen zu unterscheiden. Staatlich finanzierte oder organisierte Angebote umfassen Leistungen für Pflegebedürftige – die häusliche Pflege durch ambulante Pflegedienste und die stationäre Betreuung in Pflegeheimen – sowie die professionelle Unterstützung der Pflegepersonen. Zudem werden immer häufiger auch finanzielle Leistungen in Form von individuellen Pflegebudgets zugestanden (z.B. Deutschland, Niederlande). Die Pflegebudgets erlauben es den Leistungsbeziehern, selbst zu entscheiden, wie der Pflegebedarf gedeckt werden soll. Hierbei ist es auch möglich, Angehörige für ihre Unterstützung zu entlohnen. Wie das Beispiel der deutschen Pflegeversicherung zeigt, führt ein hoher finanzieller Aufwand seitens des Staates damit nicht zwangsläufig zu einem gleichermaßen hohen Angebot an professionellen Dienstleistungen. Denn öffentliche Gelder oder Versicherungsleistungen, die auch dazu eingesetzt werden können, die Hilfe der Angehörigen zu honorieren, stellen einen Anreiz zur familialen Pflege dar – dementsprechend werden in Deutschland viele ältere Menschen in der Familie gepflegt. Die staatlichen Ausgaben für die Pflege älterer Personen sind somit zwar ein geeigneter Indikator, um das Niveau wohlfahrtsstaatlicher Leistungen für diese Personengruppe einzuschätzen. Der Einfluss staatlicher Leistungen auf die familiale Unterstützung lässt sich damit jedoch nicht untersuchen, da die finanziellen Mittel von Land zu Land ganz unterschiedlich eingesetzt werden. Besser geeignet sind hierfür Indikatoren über die Verfügbarkeit von Ergänzungen und Alternativen zur familialen Pflege, namentlich ambulante oder stationäre Pflegeleistungen. Damit ist es möglich, die Substitutions- und Komplementaritätsthese am Beispiel vergleichbarer Leistungen von Staat und Familie zu untersuchen.

In Dänemark, Schweden, den Niederlanden und der Schweiz besteht ein dichtes, flächendeckendes Netz an Pflegedienstleistern – entsprechend umfassend ist auch die Versorgung mit häuslichen und stationären Pflegeleistungen. Mehr als 15 Prozent der über 64jährigen erhalten in diesen Ländern professionelle Pflege. In Deutschland und Österreich, wo die professionelle Pflege seit Einführung der Pflegeversicherung 1995 bzw. des Pflegegeldes 1993 über ein Versicherungssystem finanziert wird, sinkt der Anteil auf 10 Prozent der über 64jährigen. Belgien und Frankreich weisen das gleiche Niveau auf. Am wenigsten verbreitet ist die professionelle Pflege jedoch in den südeuropäischen Ländern wie Griechenland, Italien und Spanien, wo traditionell die Pflege in den Aufgabenbereich der Familie fällt. Das Angebot an ambulanten und stationären Leistungen ist entsprechend gering und die Inanspruchnahme mit unter 4 Prozent der Personen im Alter von mindestens 65 Jahren äußerst niedrig (Daatland 2001: 17f.; Pinnelli 2001: Tab. 10).

Drittens weisen die europäischen Länder neben institutionellen Besonderheiten deutliche kulturelle Unterschiede auf. So wird die Frage, ob für die Pflege der älteren Menschen die Familie oder der Staat verantwortlich sein soll, je nach Land und Region anders beantwortet. In den sogenannten individualistischen Staaten in Nordeuropa ist die Mehrheit der Bevölkerung der Ansicht, dass die Pflege in den Aufgabenbereich des Staates fällt. Die normativen Verpflichtungen zwischen Angehörigen sind gering, und Eltern wollen ihren Kindern im Alter nicht zur Last fallen. Zumindest erwarten sie von diesen keine umfassenden Unterstützungsleistungen wie die Pflege. In den süd- und den meisten

kontinentaleuropäischen Staaten wird die Pflege dagegen als Familienangelegenheit aufgefasst (Daatland und Herlofson 2003b: 137f.; Naldini 2000).
Tabelle 2.1 fasst die Ländergruppen anhand der drei institutionellen und kulturellen Dimensionen zusammen. In den kontinentaleuropäischen Ländern Belgien, Deutschland, Frankreich und Österreich sowie in den Mittelmeerstaaten sind zumindest die direkten Verwandten zu Unterstützungsleistungen älterer Angehöriger verpflichtet. Kinder müssen demnach auch dann Unterstützung leisten, wenn die Umstände eher ungünstig sind, sie einer Erwerbstätigkeit nachgehen oder eine konfliktreiche Beziehung zu den Eltern haben. In den mediterranen Ländern sowie Deutschland und Österreich ist zudem die Einstellung verbreitet, dass die Pflege der älteren Angehörigen in den Aufgabenbereich der Familie fällt. Aufgrund der institutionellen und kulturellen Prägung kann bei diesen Ländern von familienbasierten Pflegesystemen gesprochen werden. Die mediterranen Staaten können dabei als idealtypische Vertreter betrachtet werden, da hier große familiale Verpflichtungen mit einem sehr geringen professionellen Pflegeniveau zusammenfallen. In Belgien, Deutschland, Frankreich und Österreich werden die direkten Angehörigen in auf- und absteigender Linie zwar ebenfalls in die Pflicht genommen, gleichzeitig bestehen jedoch mehr Möglichkeiten, die Pflege an professionelle Pflegedienste abzugeben bzw. eine Unterstützung zur familialen Pflege hinzuzuziehen. In den nordischen Ländern, den Niederlanden und der Schweiz bestehen dagegen einerseits keine vergleichbaren Verpflichtungen zwischen Eltern und Kindern, andererseits kann das ambulante und stationäre Pflegeangebot als sehr gut bis hervorragend bezeichnet werden. Entsprechend häufig wird es genutzt und die Pflegeverantwortung wird primär beim Staat gesehen. Fast zwangsläufig schließt sich hier die Frage an, wie sich die institutionellen und kulturellen Rahmenbedingungen auf die gesellschaftliche Organisation im Allgemeinen und die familiale und intergenerationale Pflege im Besonderen auswirken.

Tabelle 2.1: Gesetzliche Verpflichtungen, professionelle Pflege und kulturelle Norm

Gesetzliche Verpflichtung zur Pflege der Eltern[1]	Niveau professioneller Pflegeleistungen[2,3,4]		
	niedrig	mittel	hoch
Ja	**ES, GR, IT**	**AU, BE, DE, FR**	
Nein/geringe Verpflichtung			**CH, DK, NL, SE**

Quelle: [1] Millar und Warman 1996, [2] Pinelli 2001, [3] Daatland 2001, [4] Leitner 2003a. **Fett** gedruckt – Norm: Familie ist verantwortlich für Pflege.

In Bezug auf die öffentlichen Pflegeleistungen und familiale Pflege sind drei Zusammenhänge denkbar – Substitution, Komplementarität und die gemeinsame Verantwortung von Staat und Familie: Zum einen können öffentliche Leistungen eine Alternative zur familialen Pflege darstellen, zum anderen als Unterstützung der pflegenden Angehörigen angesehen werden. Zumindest in Ländern mit einer Unterstützungspflicht gegenüber Familienmitgliedern können ambulante und stationäre Pflegedienste eine Option darstellen, die Verpflichtung zu umgehen. Entsprechend der Substitutionsthese würden Eltern demnach seltener von ihren Kindern gepflegt, wenn der Pflegesektor stärker ausgebaut wäre (,crowding out') – und umgekehrt.

Kinder pflegen ihre Eltern jedoch auch, weil sie sich mit ihnen verbunden und für ihr Wohlergehen verantwortlich fühlen (Finch und Mason 1990). Oft haben sie selbst eine lebenslange Unterstützung von den Eltern erhalten und möchten nun etwas davon zurückgeben (Hollstein und Bria 1998: 16) und im Hinblick auf den eigenen Lebensabend diese Unterstützung den eigenen Kinder vorleben (vgl. Cox und Stark 1994). Nach diesem Argument ist nicht davon auszugehen, dass sich Familienmitglieder aus der Pflege völlig zurückziehen, wenn sie entsprechende institutionelle Alternativen vorfinden. Vielmehr ist anzunehmen, dass ambulante Pflegedienste die Angehörigen entlasten und unterstützen. Entsprechend der Komplementaritätsthese würden sie somit eine (Teil-) Pflege durch die Kinder erlauben und begünstigen – auch dann, wenn diese erwerbstätig sind oder weitere Verpflichtungen haben (,crowding in'). Zumindest versetzen sie die Kinder in die Lage, eigene Lebensentwürfe zu verfolgen, und sie eröffnen einen größeren Entscheidungsspielraum für oder gegen die Pflege in der Familie.

Schließlich darf ein Rückzug aus der familialen Pflege nicht zwangsläufig als Erosion der Solidarität zwischen Angehörigen missverstanden werden. Bei einem entsprechenden Angebot wird die Pflege zwar häufig den professionellen Diensten übertragen. Die Angehörigen können jedoch weiterhin, wenn nicht sogar vermehrt Aufgaben übernehmen, die sie selbst am besten leisten können – die emotionale Unterstützung und die Hilfe im Haushalt. Insofern könnte von einer gemischten Verantwortung bzw. funktionalen Differenzierung von Staat und Familie gesprochen werden.

Diese Argumente beziehen sich allerdings nur auf das Angebot an ambulanten und stationären Pflegeleistungen. Der Zusammenhang zwischen der intergenerationalen Pflege einerseits und gesetzlichen Unterstützungsverpflichtungen bzw. der Präferenz für eine familiale oder staatliche Pflege andererseits wurde bisher weder theoretisch noch empirisch in einer vergleichenden Perspektive systematisch untersucht. Gesetzliche Verpflichtungen zur Unterstützung bedürftiger Eltern könnten einerseits einen Zwang auf die

Angehörigen ausüben, so dass diese auch ungewollt die Pflege übernehmen. Das Niveau der intergenerationalen Pflege wäre in diesem Fall höher. Andererseits könnte die gesetzliche Regelung der familialen Unterstützung freiwillige Hilfeleistungen gefährden. Die Pflege würde vorwiegend nur noch dann erfolgen, wenn es das Gesetz verlangt, und Kinder würden sich folglich seltener in der Pflege der Eltern engagieren.

Eine gesellschaftliche Präferenz für die staatliche Pflegeverantwortung kann ebenfalls verschiedene Ursachen haben. Eine hohe Pflegebelastung könnte den Wunsch nach öffentlich finanzierten, ambulanten und stationären Pflegeleistungen nähren. In den sogenannten familialistischen Staaten, in denen Verpflichtungen zwischen Angehörigen sehr ausgeprägt sind, die Pflege vorwiegend in der Familie erfolgt und pflegende Angehörige kaum unterstützt werden, würde demnach eine größere Verantwortung des Staates gefordert werden. In diesem Fall läge ein Missverhältnis zwischen der Organisation der Pflege und der gesellschaftlichen Präferenz vor, kurz: zwischen Institution und Kultur. Umgekehrt könnte die Präferenz für ein staatliches Engagement mit positiven Erfahrungen mit dem öffentlichen Pflegeangebot und geringen familialen Verpflichtungen einhergehen. Die Pflege durch Angehörige würde nicht vorausgesetzt werden und die Unterstützung wunschgemäß durch Pflegekräfte erfolgen. Insofern könnte von einer Entsprechung von Wunsch und Wirklichkeit gesprochen werden.

Insgesamt kann davon ausgegangen werden, dass es eine Wechselwirkung zwischen den Institutionen und der Kultur in Pflegesystemen gibt: Institutionen reflektieren die Werte und Normen in einer Gesellschaft und können umgekehrt einen Einfluss auf diese haben. Wie das Verhältnis dabei im Einzelnen aussieht, ob es eine Kongruenz oder eine Divergenz zwischen Institution und Kultur gibt, ist eine empirische Frage, die in den Kapiteln 6 bis 8 genauer überprüft wird. Dabei geht es nicht nur darum, ob professionelle Angebote, gesetzliche Verpflichtungen und kulturelle Normen unterschiedliche Effekte haben. Es wird auch untersucht, ob sich stationäre Pflegeangebote anders auswirken als ambulante Unterstützungsformen. Im Hinblick auf die Unterscheidung zwischen familien- und servicebasierten Pflegesystemen wird zudem geprüft, inwieweit es eine Entsprechung zwischen Pflegeverhalten, institutionellen Rahmenbedingungen und kulturellen Normen gibt. Reflektieren die Institutionen – die gesetzlichen Regelungen und das staatliche Engagement in der Pflege – die kulturell geteilten Werte, wer für die Pflege zuständig ist? Und: Inwieweit entspricht die gesellschaftliche Organisation – die Aufteilung der Pflege zwischen Familie und Staat – diesen Normen?

2.3 Intergenerationale Pflege

Bisher wurde auf die verschiedenen Formen der Pflege und ihre Zusammenhänge eingegangen. In diesem Abschnitt stehen die familiale und insbesondere die intergenerationale Pflege im Mittelpunkt. Dabei bestehen beträchtliche Unterschiede sowohl innerhalb als auch zwischen den untersuchten Ländern. Weitgehend ungeachtet der gesellschaftlichen Faktoren werden Entscheidungen für oder wider die Pflege oder Unterstützung der Angehörigen auch aufgrund von Beziehungs- und individuellen Eigenschaften sowie familialen Strukturen getroffen (Attias-Donfut et al. 2005; Finch 1989; Motel-Klingebiel et al. 2005; Pyke und Bengtson 1996; Qureshi und Walker 1989; Silverstein et al. 1995; Szydlik 2000). Warum werden Eltern und ältere Angehörige in bestimmten Familien zuhause gepflegt, in anderen nicht? Warum engagiert sich ein Kind in der Pflege der Eltern, seine Geschwister jedoch nicht? Allgemein: Welche Eigenschaften, Normen und Strukturen begünstigen die intergenerationale Pflege, welche stehen ihr eher im Weg?

Um diese Fragen zu beantworten, die Einflüsse auch verstehen und einordnen zu können – was in der quantitativen empirischen Sozialforschung durchaus ein Problem darstellt – bedarf es einer Handlungstheorie. Zuerst werden daher verschiedene prominente Angebote der Familiensoziologie kurz skizziert und im Hinblick auf ihre Stärken und Schwächen bewertet, um darauf folgend Ursula Dallingers (1998) an Alfred Schütz und Bourdieu angelehnte Handlungstheorie zu präsentieren. Vor diesem theoretischen Hintergrund werden die individuellen, familialen und kulturell-kontextuellen Einflussfaktoren in den empirischen Analysen plausibilisiert.

In der Familiensoziologie wird die Unterstützung zwischen familialen Generationen im Wesentlichen anhand von drei Konzepten erklärt: normative Verpflichtungen zwischen Angehörigen, sozialer Tausch und familienökonomische Modelle. Ansätze, die von normativ geleitetem Handeln ausgehen, führen die Pflege der Eltern auf die in Familie und Gesellschaft geltenden Normen zurück (z.B. Brody 1985). Diese werden hierbei quasi als verbindliche Verhaltensregeln aufgefasst. Mit dem Vorzug der daraus resultierenden sozialen ‚Ordnung' geht jedoch ein gravierender Nachteil einher: Das Konzept ist zu statisch. Es lässt weder Veränderungen noch abweichendes, besser: alternatives Verhalten zu. Individuellen und familialen Umständen wird genauso wenig Rechnung getragen wie sozialem Wandel. Allein mit dem Verweis auf soziale Normen lässt sich nicht erklären, warum ein Kind die Pflege der Eltern übernimmt, ein anderes jedoch nicht. Individuelle und familiale Umstände müssen genauso in Betracht gezogen werden, wenn man (Unterstützungs-)Beziehungen zwischen Familienmitgliedern verstehen möchte. Diese Kritik ist nicht neu. Gesellschaftliche Normen werden daher zunehmend als unverbindliche Handlungsgrundlage betrachtet, die eine individuelle und situative Aushandlung zulässt (Dallinger 1998; Finch und Mason 1993). Der Einfluss und die Verbindlichkeit von Normen werden so zugunsten des rationalen Akteurs relativiert.

Die genau entgegengesetzte Perspektive verfolgt das Konzept des sozialen Tauschs – im Zentrum der Argumentation steht der rationale Akteur (z.B. Blau 1968). Demzufolge unterstützen Eltern ihre noch jungen Kinder, weil sie sich später, im Alter, eine Gegenleistung erhoffen und umgekehrt. Sie gehen also davon aus, dass sich diese Hilfestellung einmal auszahlt und langfristig eine reziproke Beziehung zu den Kindern bzw. Eltern besteht. Damit läge dem Tausch ein individuelles Kalkül zugrunde. Der Ansatz kommt jedoch nicht ohne den Verweis auf soziale Normen aus. Denn ohne vertragliche Bindung sind ein Höchstmaß an Vertrauen und (Reziprozitäts-) Normen notwendig, damit es überhaupt zum Tausch kommt und nicht bei einer einseitigen Unterstützung bleibt (Becker und Murphy 1988). Die Familie bietet in dieser Hinsicht besonders günstige normative (und rechtliche) Voraussetzungen. Anders ist nicht zu erklären, warum sozialer Tausch in der Familie häufiger stattfindet als in anderen Sozialformen (Marbach 1994b). Als Untersuchungsrahmen wirft der soziale Tausch jedoch Probleme auf. Erstens ist völlig unklar, was alles als Nutzen und Kosten angesehen werden kann und wie es zu dieser Bewertung kommt. Schließlich können sowohl materielle als auch immaterielle ‚Güter' getauscht werden. Da es sich zudem nicht zwingend um gleichwertige ‚Güter' handeln muss, stellt sich zweitens die Frage, wann überhaupt von einem sozialen Tausch gesprochen werden kann. Oder handelt es sich nicht doch um eine einseitige Unterstützung?

Schließlich sind die familienökonomischen Ansätze zu nennen, die ebenfalls von rationalem Handeln ausgehen. Allerdings stehen hier nicht nur der individuelle, sondern vorwiegend der Haushalts- oder Familiennutzen im Vordergrund, genauer: die Verwendung von Zeit und Geld. Verschiedene Alternativen werden hinsichtlich ihres (ökonomischen) Nutzens und der Kosten für den Haushalt bzw. die Familie geprüft. Die Entscheidung zwischen Beruf und Pflege ist demzufolge eine Frage der Verteilung der knappen Ressourcen Zeit und Geld. Sobald die Kosten für eine professionelle Betreuung höher liegen als der Verdienst eines Haushaltsmitglieds, wäre es für den gesamten Haushalt ökonomisch rational, wenn diese Person – in der Regel die Frau – die Erwerbstätigkeit zu Gunsten der Pflege aufgibt (Becker 1995a, 1995b). Unter Umständen würden die individuellen, beruflichen Interessen der Frau damit übergangen werden. Der Ansatz weist zu Recht darauf hin, dass Generationenbeziehungen eine Familienangelegenheit sind, in der auch Geld eine Rolle spielt. Er greift jedoch zu kurz, wenn er die Gestaltung dieser Beziehungen auf den ökonomischen Aspekt reduziert und sämtliche moralische und normative Dimensionen ausklammert.

Alle drei theoretischen Konzepte liefern wertvolle Hinweise darauf, von welchen Motiven und Beweggründen ausgehend Kinder und Eltern ihre Beziehung zueinander gestalten. Tatsächlich führen normativ geleitete Ansätze die Generationenbeziehungen vorwiegend – wenn nicht sogar ausschließlich – auf gesellschaftliche Normen zurück. Dem gesellschaftlichen Kontext wird so ein zu starkes Gewicht zugestanden, individuelle Akteure haben dagegen allenfalls einen geringen Handlungsspielraum. In den ökonomischen Ansätzen wird dagegen von einem rational und frei entscheidenden Individuum oder Kollektiv ausgegangen. Gesellschaftliche Normen und Wertvorstellungen werden auf Hilfskonstruktionen reduziert. Beide Aspekte, individuelle Handlungsspielräume und normative Strukturierung von Handlungen, sind jedoch von großer Bedeutung. Einerseits prägen kulturelle Normen die Wertvorstellungen und Präferenzen der Akteure, andererseits entscheiden diese selbst oder in der Familie, ob eine Handlungsregel situativ angemessen ist und akzeptiert wird, und welche Handlungen jeweils adäquat sind. Dieser „pragmatische Moralist" bezieht seine Präferenzen, Einschätzungen und die Definition des ‚Gewinns' aus „einer konkreten, geregelten und selbstverständlich hingenommenen Sozialwelt" (Dallinger 1998: 109). Er weiß, dass normkonformes Verhalten erwartet wird und auch soziale Anerkennung bringt. Innerhalb dieser Strukturierung entscheidet er dann situativ und flexibel, ob der Preis der Moral und Wertschätzung von außen gerechtfertigt ist oder nicht. Die Pflege eines Elternteils wird also nicht um jeden Preis übernommen. Aus Sicht der Kinder ist sie nur dann eine ernsthafte Handlungsalternative gegenüber der Berufsausübung und professionellen Pflegearrangements, wenn sie kalkulierbar, überschaubar und revidierbar erscheint. Oder, wie es Dallinger (1998: 107) in Anlehnung an Bourdieu ausdrückt: es kann von einer Ökonomie der Moral gesprochen werden.

Die folgenden Ausführungen basieren auf diesem handlungstheoretischen Modell. Sowohl Kinder als auch Eltern haben gesellschaftliche Normen verinnerlicht, sie wissen was erwünscht ist und wodurch sie soziale Anerkennung erhalten. Aufgrund der individuellen und familialen Situation kann es jedoch zu einem Spannungsverhältnis zwischen der gesellschaftlichen Prägung und konkreten Handlungspräferenzen kommen, z.B. wenn die Pflege der Eltern einer beruflichen Karriere der Kinder im Weg steht. Grundsätzlich steht folglich eine strategische Entscheidung als distanzierter und kalkulierender Umgang mit geltenden Normen an, und insofern ist der Umgang mit Moral strategisch und auch abhängig von der spezifischen und allgemeinen Situation der Eltern und Kinder (Dallinger 1998: 106).

Um sowohl die individuellen und familialen als auch die kulturell-kontextuellen Faktoren als Rahmenbedingung dieses pragmatischen Verhaltens zu fassen, wird im Folgenden auf ein allgemeines Solidaritätsmodell zurückgegriffen, das bereits in einer Reihe empirischer Studien Anwendung gefunden hat (Brandt et al. 2009; Brandt und Szydlik 2008; Haberkern und Szydlik 2008; Szydlik 2000, 2004, 2008). Pflegeleistungen an Eltern werden darin als Solidarleistung aufgefasst, schließlich erfordern sie ein hohes Maß an Aufopferung und eigene Ziele müssen häufig zurückgestellt werden. Diese Auffassung impliziert selbstverständlich nicht, dass die Unterstützung und die Beziehung zwischen Kindern und Eltern frei von Ambivalenzen sind (allgemein hierzu Lüscher und Pillemer 1998). Im Gegenteil, die Pflege kann durchaus mit anderen Interessen im Konflikt stehen, eine psychische Belastung darstellen und von großen Zweifeln begleitet werden – umso mehr muss eine erfolgte Pflege auch als Solidarleistung anerkannt werden.

Im Folgenden wird zwischen vier im Hinblick auf die Ausprägung von Pflegebeziehungen wichtigen Strukturelementen unterschieden. Auf der einen Seite sind der Hilfebedarf und auf der anderen die Unterstützungsmöglichkeiten wesentliche Voraussetzungen für familiale Solidarität. (1) Damit eine Pflegebeziehung zustande kommt, müssen die Helfer über finanzielle und zeitliche Ressourcen – Opportunitätsstrukturen – verfügen. (2) Bedürfnisstrukturen eines potenziellen Pflegeempfängers umfassen z.B. die Gesundheit und finanzielle Ressourcen aber auch Erwartungen. (3) Ob und inwieweit ein Kind seine Eltern pflegt, hängt zudem von den familialen Strukturen ab. Beispiele hierfür sind die Anzahl der Geschwister und das Geschlecht von Eltern und Kindern. (4) Schließlich sind sowohl die individuellen als auch die familialen Strukturen in einen gesellschaftlichen Kontext eingebettet – kulturell-kontextuelle Strukturen (Szydlik 2000: 43ff.). Die Grundsatzentscheidung, ob überhaupt in der Familie gepflegt wird, sollte wesentlich durch die gesetzlichen und die gesellschaftlich vorherrschenden familialen Verpflichtungen sowie den Zugang zur stationären und ambulanten Pflege beeinflusst werden.

Bedürfnisstrukturen

Eine grundlegende Voraussetzung für die familiale Pflege ist einerseits die physische oder psychische Bedürftigkeit einer Person und andererseits die Möglichkeit einer anderen Person oder Institution, Pflege leisten zu können. Sofern eine Pflegebedürftigkeit gegeben ist, können bedürftige Personen ihre Angehörigen oder Bekannten (in dieser Reihenfolge) darum bitten, sie bei alltäglichen Verrichtungen zu unterstützen. Mitunter werden die Erwartungen an die (Schwieger-) Kinder, insbesondere die (Schwieger-) Töchter auch im Vorfeld einer altersbedingten Bedürftigkeit geäußert. Je nach sozialer Beziehung werden dabei unterschiedlich hohe Erwartungen gestellt. In zahlreichen Untersuchungen konnte gezeigt werden, dass Partner – sofern vorhanden – die wichtigste Unterstützungsquelle darstellen. Ihre Unterstützungsleistungen stehen außer Frage (z.b. Arber und Ginn 1990; Künemund und Hollstein 2005; Schneekloth und Leven 2003). Bei Alleinlebenden füllen vorwiegend Kinder die Lücke eines fehlenden Lebensgefährten und übernehmen die Hauptpflege. Auch von ihnen wird in den meisten Ländern Unterstützung erwartet, teilweise ist diese sogar im Gesetz verankert (z.B. Mestheneos und Triantafillou 2006). Freunde und Bekannte werden dagegen erst dann in die regelmäßige und intensive Pflege miteinbezogen, wenn der Pflegebedarf die -leistungen übersteigt und die Unterstützung in der Familie nicht gedeckt werden kann. Sie sind weit weniger zur Unterstützung verpflichtet. Gerade bei Schwerstpflegefällen werden Bekannte meist nur dann um Unterstützung gebeten, wenn Familienglieder nicht vorhanden sind oder die Pflege nicht übernehmen können (Künemund und Hollstein 2005; Qureshi und Walker 1989). Oft nehmen die Pflegebedürftigen jedoch von solchen Bitten Abstand, da sie ihren Angehörigen und Freunden nicht zur Last fallen wollen oder auch die Augen vor der zunehmenden eigenen Hilfsbedürftigkeit verschließen. Umgekehrt greifen Verwandte, vor allem Partner und Kinder oft selbst ein, wenn sie das Gefühl haben, dass die Angehörigen auf körperliche Unterstützung angewiesen sind.

Ein Gefühl der moralischen Verpflichtung gründet zum einen in den durch Sozialisation und Erziehung vermittelten Ge- und Verboten, zum anderen in gesellschaftlichen Normen und Werten (vgl. Gräßel 2000; Schütze 1989; Walker 1996). Qualitative Studien haben gezeigt, dass Kinder sich aufgrund der Erziehung und oft lebenslangen Unterstützung in tiefer Schuld der Eltern sehen (Hollstein und Bria 1998). Oft werden die Kinder noch im erwachsenen Alter häufig und regelmäßig von ihren Eltern finanziell unterstützt (Attias-Donfut et al. 2005: 165; Szydlik 2000: 127ff.). Die Pflege wird dann als Möglichkeit und Pflicht verstanden, zumindest einen Teil dieser Schuld abzutragen. Es greift jedoch zu kurz, wenn die von gegenseitiger Unterstützung geprägten Eltern-Kind-Beziehung einfach als ein Aufrechnen von verschiedenen Leistungen, Nutzen oder Kosten aufgefasst wird (vgl. Jentzsch 2004). Die wechselseitige Unterstützung legt zwar nahe, dass Eltern-Kind-Beziehungen reziprok sind, und Reziprozität auch eine große Rolle in der Gestaltung dieser Beziehungen spielt (Brandt et al. 2008). So legen vor allem Mütter und Töchter großen Wert darauf, dass es keine einseitigen Unterstützungsbeziehungen sind. Sie bemühen sich, erhaltene Hilfe auch zu erwidern (Iacovou 2000; Walker et al. 1992). Es gibt jedoch auch Hinweise darauf, dass die zugrunde liegenden, handlungsleitenden Normen abstrakter sind: Eltern sind verpflichtet, ihren Kindern zu helfen und

Kinder ihren Eltern (vgl. Hollstein 2005; vgl. Hollstein und Bria 1998). Zumindest unterstützten Kinder oft auch dann ihre Eltern, wenn sie selbst kaum oder nur unzureichend unterstützt wurden, sei es aus Liebe, aufgrund sozialer Normen und Anerkennung oder Vorbildfunktion für die eigenen Kinder (vgl. Cox und Stark 1994; Parrott und Bengtson 1999). Das heißt nicht, dass Kinder bedingungslos die Pflege übernehmen und finanzielle Transfers oder Hilfeleistungen von den Eltern die Pflegebereitschaft der Kinder nicht fördern. Finanzielle Aspekte und (zukünftige) Unterstützungsleistungen von den Eltern sind jedoch keine unabdingbaren Voraussetzungen für die Pflege (vgl. Gräßel 2000).

Entscheidend dürfte zudem das Gefühl der Zuneigung sein (Björnberg und Ekbrand 2007; Schwarz et al. 2005). Die Pflege kann auch vor dem Hintergrund einer (positiven) emotionalen Verbundenheit geleistet werden, zumindest erfolgt sie auch aus freien Stücken und nicht nur aufgrund einer inneren oder von außen angetragenen Verpflichtung. Das Unterstützungsgebot wird dann selbstverständlich anerkannt und damit nicht mehr als Verpflichtung wahrgenommen. Insgesamt können Pflegepersonen viel besser mit der oft belastenden Situation umgehen, wenn ihre Entscheidung dem eigenen Bedürfnis entspricht und nicht aufgrund eines äußeren oder inneren Drucks zustande kommt. Dies kommt nicht zuletzt den alternden und hilfsbedürftigen Angehörigen zugute, die vor allem dann dem aggressivem Verhalten der Pfleger ausgesetzt sind, wenn diese gegen ihren Willen die Pflege übernehmen (müssen) (Gräßel 2000). Aufgrund der überwiegend engen emotionalen Beziehungen wird die Pflege der Eltern jedoch häufig als Selbstverständlichkeit erachtet – ‚Sie ist doch meine Mutter'.

Bisher wurde angenommen, dass Verpflichtungen einerseits und Zuneigung andererseits die Unterstützung bedürftiger Eltern begünstigen. Dies gilt jedoch nicht für alle Kinder in gleichem Maße (Künemund und Hollstein 2005; Qureshi und Walker 1989; Ungerson 1987). Zum einen werden nicht an alle Familienmitglieder die gleichen Erwartungen gestellt, zum anderen entscheidet auch die jeweilige Situation der Eltern und Kinder darüber, ob die Verpflichtungen erfüllt werden können oder müssen. Wer ist also wozu verpflichtet?

Gerade was die Pflege anbelangt, werden von Eltern unterschiedliche Ansprüche an Söhne und Töchter gestellt. Die Erwartungen an (Schwieger-)Töchter, sich in der Pflege zu engagieren, sind dabei viel höher. (Schwieger-)Söhne können sich dagegen mit dem Verweis auf ihre Erwerbsarbeit und -belastung weitgehend den Pflegeverpflichtungen entziehen. (Schwieger-) Töchter verfügen dagegen faktisch über keine legitimen Entschuldigungen, die einen Rückzug aus der Pflege rechtfertigen (Dressel und Clark 1990; Ungerson 1987). Sie können ihre Verantwortung kaum abgeben.

Umgekehrt verspüren Kinder selbst das Bedürfnis, die Eltern eigenhändig zu pflegen. Töchter fühlen sich dabei stärker für das Wohlergehen von Mutter und Vater verantwortlich als Söhne (Aronson 1990; Stein et al. 1998). Zudem nehmen sie die gesundheitlichen Beeinträchtigungen eher wahr und passen – im Unterschied zu Männern – ihre eigene Situation eher den Erfordernissen der Pflege an, z.B. geben sie ihre Erwerbstätigkeit auf oder reduzieren deren Umfang (Dressel und Clark 1990; Jegermalm 2006; Schneider et al. 2001). Es überrascht daher nicht, dass Töchter viel häufiger als Söhne als Hauptpflegepersonen auftreten (siehe auch Gröning 2007).

Wie stark die Verpflichtung ausgeprägt ist, ob ein Bedürfnis zu helfen besteht und gepflegt wird, hängt neben dem Geschlecht der Kinder auch von weiteren Umständen ab. Der entscheidendste Faktor ist der Gesundheitszustand der Eltern. Je gravierender die physischen und psychischen Beeinträchtigungen der Eltern sind, desto größer ist ihr Pflegebedarf. Kinder, die sich für das Wohlergehen ihrer Eltern verantwortlich fühlen, werden sich demnach eher und verstärkt um ihre Eltern kümmern, wenn deren körperlicher und geistiger Zustand besorgniserregend ist. Zudem ist wahrscheinlich, dass mit zunehmendem Alter ein höherer Bedarf assoziiert wird, Kinder also auch unabhängig vom Gesundheitszustand der Eltern ihre Hilfe z.B. bei der Körperwäsche und Arbeiten im Haushalt anbieten, nicht zuletzt aus Angst davor, dass die Eltern stürzen und sich verletzen könnten (zur Sturzgefahr im Alter: Höpflinger und Hugentobler 2003).

Opportunitätsstrukturen

Ob und wie stark die Eltern auf die Unterstützung der Kinder angewiesen sind, ist auch eine Frage der sonstigen Unterstützungsmöglichkeiten der Eltern, der verfügbaren Mittel und der Kenntnis über außerfamiliale Betreuungsangebote. Ob Kinder die Unterstützung leisten können, hängt dagegen von den verfügbaren Zeitressourcen und vor allem von der Wohnentfernung zwischen Eltern und Kindern ab.

Gerade bei pflegebedürftigen Personen sollte es entscheidend sein, ob sie auf die Unterstützung eines Partners zurückgreifen können oder nicht. Im Bedarfsfall werden ältere Menschen – sofern diese/r vorhanden und dazu in der Lage ist – von der/dem PartnerIn gepflegt, in den meisten Fällen also auch von älteren Menschen (Arber und Ginn 1990; Schneekloth und Leven 2003). Da Frauen durchschnittlich etwas jünger sind als ihre Partner und eine längere Lebenserwartung haben, übernehmen vor allem sie die Pflegerolle. Kinder fühlen sich stärker verpflichtet und engagieren sich meist erst dann intensiv in der Pflege, wenn der betreffende Elternteil nicht auf die Unterstützung eines Partners zurückgreifen kann (Künemund und Hollstein 2005; Qureshi und

Walker 1989: 123ff.; Stein et al. 1998; Stoller 1983). Alleinlebende Eltern können daher eher auf die Unterstützung ihrer Kinder zählen. Für Kinder kann ein Partner dagegen zeitliche und finanzielle Freiräume schaffen, eine so umfassende Aufgabe wie die Pflege der Eltern zu leisten. Es kann argumentiert werden, dass Söhne pflegebedürftiger Eltern von ihren Partnerinnen, den ‚Schwiegertöchtern', unterstützt werden. Diese übernehmen sogar häufiger als Söhne das Gros der Pflege (Schneekloth und Müller 2000). Mit dieser Hilfe können Söhne dann z.B. ihre Eltern zuhause bei sich aufnehmen und ihnen die notwendige Unterstützung zukommen lassen, was alleine so vielleicht nicht möglich wäre oder keine Option darstellen würde. Eine Frau an der Seite würde demnach die Söhne zur Pflege anhalten und motivieren, auch wenn deren Engagement meist hinter dem der Frauen zurückbleibt: In diesem Sinne kann eher von einer Komplementarität als von einer Substitution der Pflegearbeit zwischen Männern und Frauen gesprochen werden (Gerstel und Gallagher 2001). Umgekehrt können sich (Schwieger-) Töchter oft nur deshalb umfassend um die (Schwieger-) Eltern kümmern, weil sie in einer Partnerschaft leben, die ihnen ein ausreichendes Einkommen auch ohne (umfassende) Erwerbsarbeit ihrerseits sichert (Bender 1994: 235). Insgesamt bleibt die schwere, körperliche Pflege vorwiegend an den Frauen hängen, Männer unterstützen dagegen ihre Partnerinnen und übernehmen eher die praktische Hilfe. Sie kümmern sich um finanzielle Angelegenheiten und organisieren die professionelle Unterstützung (vgl. Anderson 2004; Campbell und Martin Matthews 2003; Gerstel und Gallagher 2001; Jegermalm 2006: 337).

Höhere Einkommen oder Vermögen ermöglichen zusätzlich, bezahlte Hilfeleistungen von professionellen Anbietern oder privaten Personen in Anspruch zu nehmen. Für Alleinlebende ist Geld unter Umständen die einzige Möglichkeit, die benötigte Pflege zu erhalten und auch darüber zu entscheiden, in welcher Form dies geschehen soll. Geld ist für ältere Menschen mit Angehörigen dagegen oft keine Voraussetzung dafür, dass sie ausreichend gepflegt werden, dennoch: es hilft. Finanzielle Rücklagen erlauben den bedürftigen Alten und ihren Angehörigen ein Stück Unabhängigkeit und Abstand von engen, mitunter auch belastenden Familien- und Pflegebeziehungen. Ein solches Bedürfnis nach Autonomie dürfte besonders in Bildungskreisen ausgeprägt sein. Personen aus höheren Bildungsschichten sind gut über Pflegeangebote und ihre Ansprüche gegenüber öffentlichen Anbietern informiert und dürften diese auch entsprechend geltend machen (Theobald 2005). Auf Seiten der Kinder stehen berufliche Ambitionen möglicherweise einer völligen Hinwendung zur Pflege der Eltern entgegen, die von den Eltern auch nicht unbedingt gewünscht und gefordert wird.

Die Kinder müssen sich unter Umständen auch die Frage stellen, ob und welche Pflege der Eltern sie (sich) leisten können. Einerseits benötigen sie dafür Zeit, andererseits kann die Pflege beträchtliche Kosten verursachen. Zumindest schränkt eine Vollzeit Erwerbstätigkeit die verfügbare Zeit soweit ein, dass eine intensive Pflege nicht mehr möglich ist. Genauso lässt eine umfassende Pflegetätigkeit keinen Raum für eine volle Erwerbstätigkeit. Eine weniger aufwendige und dennoch regelmäßige Pflege lässt sich hingegen durchaus mit einem Ganztagsjob verbinden. Grundsätzlich steht eine Erwerbstätigkeit der Pflege von Angehörigen also nicht im Weg (Robinson et al. 1995). Vieles spricht jedoch dafür, dass Abstriche entweder beim beruflichen Engagement oder der Pflegezeit gemacht werden müssen (Gerstel und Gallagher 1994). Frauen scheinen dabei eine größere Bereitschaft zu haben, die eigenen beruflichen Interessen der Pflege der Eltern unterzuordnen, zumindest verwenden sie erheblich mehr Zeit für die Pflege und arbeiten deutlich kürzer (vgl. Haberkern 2007; Jabsen und Blossfeld 2008; Rosenthal et al. 2004; Spiess und Schneider 2003). Gerade Frauen aus den unteren Einkommenssegmenten reduzieren die Erwerbstätigkeit oder geben sie gar auf (Schneider et al. 2001).

Ob die Pflege finanziell möglich, sinnvoll oder notwendig ist, ist nicht zuletzt eine Frage der verfügbaren Alternativen, z.B. der öffentlichen Unterstützung aber auch der Pflege durch illegale Migrantinnen. Sobald die Kosten für professionelle oder außerfamiliale Pflegeleistungen höher sind als der eigene Verdienst, ist eine Pflege der Eltern ökonomisch rational. Unter Umständen ist es sogar die einzige Möglichkeit, um mit dem verfügbaren Einkommen die laufenden Kosten zu bestreiten. Dies gilt insbesondere für die Pflege von Demenzkranken, die oft bei vollen körperlichen Kräften eine Rund-um-die-Uhr-Betreuung benötigen. Umgekehrt erfordert die Pflege oft eine Einschränkung oder gar den Verzicht auf Erwerbsarbeit, mit entsprechenden Folgen für das Haushaltsbudget. Ob und inwieweit auf den Verdienst verzichtet werden kann, ist damit auch eine Frage der aktuellen Höhe des Erwerbseinkommens und des vorhandenen Vermögens. Pflege erfolgt jedoch nicht aus rein ökonomischen Motiven, sonst würde sie allenfalls selten geleistet werden. Vielmehr ist davon auszugehen, dass sie geleistet wird, wenn es erforderlich und nicht wenn es ökonomisch sinnvoll ist. Demnach kann vermutet werden, dass – sofern vorhanden – finanzielle Rücklagen oder die gemeinsamen Ressourcen in einem Haushalt für die Pflege der Eltern benötigt und (teilweise) verwendet werden. Ob ein hohes Einkommen die Pflege der Eltern begünstigt oder vor allem zur Finanzierung professioneller Pflegedienste genutzt wird, ist eine empirische Frage, die in den folgenden Kapiteln aufgegriffen wird.

Das Hauptkriterium, das darüber entscheidet, ob und in welcher Form die betagten Familienmitglieder umsorgt werden, ist jedoch die Wohnentfernung

(Stoller et al. 1992). Zum einen erschwert oder verhindert eine große Distanz eine intensive Pflege der Eltern, zum andern gehen weite Wohnentfernungen oft mit einer geringen Beziehungsenge einher – unter Umständen also auch mit einer geringeren Verpflichtung gegenüber den Eltern (vgl. Goldscheider und Lawton 1998; Szydlik 1995, 2000).

Grundsätzlich ermöglicht eine moderate Entfernung erst, dass man sich intensiv um eine andere Person kümmern kann. Gerade in der Pflege sind oft mehrere aber kurze Besuche am Tag nötig, beispielsweise um beim Essen und den körperlichen Verrichtungen zu helfen. Bei Entfernungen von mehr als 50 oder 100 km können solche Leistungen nur schwer erbracht werden. Gerade eine spontane oder außerordentliche Betreuung ist dann nicht mehr gewährleistet. Neben der Familie muss also noch jemand anderes ‚nach dem Rechten sehen'. Anderenfalls wird bei einem anhaltenden Schwund der Kräfte das Alleinleben im Alter zunehmend zu einem Risiko, dass auch Angehörige nicht mehr tragen möchten. Neben der benötigten Fahrtzeit dürfen auch die Kosten für häufige Besuche nicht unterschätzt werden. Da die Pflege an sich bereits zeit- und kostenintensiv ist, schränken weite Wege die gemeinsame Zeit und die verfügbaren Mittel zusätzlich ein. Es überrascht daher nicht, dass bedürftige Eltern seltener oder weniger häufig von einem Kind umsorgt werden, wenn es weit entfernt wohnt (Hashimoto et al. 1992; vgl. Marbach 1994a: 100f.).

Zusätzlich zu den Faktoren Zeit und Geld müssen wiederum die Erwartungen und Verpflichtungen in den Blick genommen werden. Kinder mit einer sehr engen Beziehung zu ihren Eltern wohnen oft auch in deren Nähe. Mit einem emotional engen Verhältnis geht tendenziell also eine räumliche Nähe einher (Lawton et al. 1994). Hierbei kann durchaus auch die Hypothese aufgestellt werden, dass die räumliche Nähe im Zusammenhang mit den Verpflichtungen zwischen den Eltern und Kindern steht. Mit der Häufigkeit der Kontakte dürften einerseits die Erwartungen der Eltern an ein Kind steigen. Andererseits ist anzunehmen, dass sich die Kinder mit zunehmender Kontakthäufigkeit stärker für das Wohlergehen ihrer Eltern verantwortlich und zur Hilfe und Pflege verpflichtet fühlen. Der geringe Aufwand, häufige Kontakte und die emotionale Verbundenheit legen nahe, dass alltägliche Aufgaben und die Pflegearbeit zuerst von den am nächsten wohnenden Kindern übernommen werden.

Wie Studien gezeigt haben, geht es dabei nicht nur um die Beziehung zwischen Eltern und Kindern, sondern auch die Erwartungen und Verpflichtungen zwischen Geschwistern (Brody et al. 1989; Gerstel und Gallagher 2001; Matthews und Rosner 1988). In Familien mit eher lokalen Wohnstrukturen wird die Pflege oft zwischen den Geschwistern aufgeteilt, zumindest zwischen den Schwestern und Schwägerinnen. Gerade bei nahen Wohnentfernungen kann es dabei zu Unstimmigkeiten und Streit kommen, wenn die Belastung einseitig verteilt ist. Allerdings wird auch an Brüdern und Schwestern Kritik geübt, die eine große Wohnentfernung als Begründung oder Vorwand für die geringe Unterstützung anführen.

Eine große Wohndistanz zu den Eltern geht jedoch nicht notwendigerweise mit einer geringen Verpflichtung einher. Ein Kind, das recht weit von den Eltern entfernt wohnt, kann mitunter ebenfalls eine große Verpflichtung zur Pflege der Eltern empfinden, wenn es keine oder nur weiter entfernt lebende Geschwister hat. Bei einer zu großen Entfernung ist dann meist ein Umzug der Eltern zu den Kindern (oder umgekehrt) die einzige Möglichkeit, um die Unterstützung zu gewährleisten. Die Wohndistanz wird auf ein Minimum reduziert (vgl. Qureshi und Walker 1989: 124-127). Dies ist eine Lösung, die besonders häufig in den südeuropäischen Ländern präferiert wird. Zumindest sind dort die Koresidenzraten zwischen erwachsenen Kindern und Eltern im europäischen Vergleich am höchsten (Hank 2007). Als Begründung werden die starken normativen Verpflichtungen der Kinder, die gegenüber den nordeuropäischen Ländern geringere Bedeutung von individuellen Motiven und Lebensentwürfen sowie ökonomische Faktoren wie hohe Mietpreise und eine hohe Arbeitslosigkeit genannt. So ist die Präferenz für professionelle Lösungen in Schweden mitunter deshalb so stark ausgeprägt, weil die älteren und hilfsbedürftigen Eltern ihren Kindern nicht zur Last fallen wollen und gleichzeitig auf eine umfassendere öffentliche Unterstützung wie ambulante Pflegeleistungen zählen können (vgl. Daatland und Herlofson 2003b: 137f.).

Familiale Strukturen

Der Verweis auf die Bedeutung der gemeinsamen Finanzen unterstreicht nochmals, dass die Entscheidung für oder wider die Pflege zum einen keine rein individuelle Entscheidung ist und zum anderen nicht ohne Berücksichtigung des sozialen und gesellschaftlichen Umfeldes getroffen werden kann oder sollte (Aboderin 2005; Brody et al. 1989; Ingersoll-Dayton et al. 2003; Matthews und Rosner 1988; Pyke und Bengtson 1996). Die Pflege in der Familie wurde bisher von verschiedenen Opportunitäts- und Bedürfnisstrukturen abhängig gemacht. Neben dem Gesundheitszustand, der finanziellen Lage und der verfügbaren Zeit wurden auch die normativen Verpflichtungen diskutiert. Ferner sind die familialen Strukturen von Bedeutung. Dabei interessieren aus einer soziologischen Perspektive vor allem zwei Aspekte: die Familiengröße und die demografische Zusammensetzung.

Die sozialen Netzwerke werden ab einem bestimmten Alter wieder kleiner und es findet eine Intensivierung der (Unterstützungs-) Beziehung zu Angehörigen statt (Lang 2005). Gesundheitliche Beeinträchtigungen und Verluste im Freundeskreis schränken die eigene aber auch die Kontaktfähigkeit der ebenfalls alten Freunde und Bekannten ein. Besonders schwer wiegt dabei der Verlust eines langjährigen Partners. Vor dem Hintergrund der zunehmenden Bedürftigkeit werden die Kontakte zu Angehörigen intensiviert, bis hin zum Wiedereinzug bei den Kindern, die schließlich die Pflege der Eltern übernehmen. In kinderreichen Familien wird die Unterstützung oft auf mehrere Schultern aufgeteilt (Pyke 1999; Pyke und Bengtson 1996). Oft ist dies die einzige Möglichkeit, dass die Eltern weiterhin in ihrer Wohnung und dem gewohnten Lebensumfeld verbleiben können – was z.B. in Deutschland sowohl aus Sicht der älteren Menschen als auch der pflegenden Angehörigen die eindeutig bevorzugte Wohn- und Lebensform ist. Zudem kommt der Umzug in ein Pflegeheim auch für die Kinder meist nicht in Frage (Meyer 2006: 35f.; Schneekloth und Leven 2003: 33f.). Kinderreichtum ist damit fast schon ein Garant für enge soziale Kontakte und eine umfassende Unterstützung im Alter.

Nicht alle Kinder haben jedoch die Möglichkeiten, ihre Eltern intensiv zu betreuen (Ingersoll-Dayton et al. 2003), unter Umständen sind sie dazu gar nicht bereit. Vor allem Söhnen hat man unterstellt, dass sie die Pflegeverpflichtung vollständig an ihre Partnerinnen oder die Schwestern weitergeben. Eine Behauptung oder gar Anschuldigung, die nur zu Teilen berechtigt und deren Schärfe nicht gerechtfertigt ist. Zwar beteiligen sich Männer wesentlich seltener in der Pflege als Frauen. Wie der Vergleich von Studien zeigt, fällt der Unterschied jedoch geringer aus als oft angenommen wird, wenn erstens die längere Lebenserwartung von Frauen, zweitens nicht nur die Hauptpflegepersonen und drittens auch andere Unterstützungsleistungen berücksichtigt werden (Bender 1994; Gerstel und Gallagher 2001; Höpflinger und Hugentobler 2005: 15f.; Jegermalm 2006; Schupp und Künemund 2004). Zudem ist der Anteil pflegender Söhne in Folge demografischer Veränderungen gestiegen. Aufgrund der geringeren Familiengröße gibt es schlicht mehr Familien ohne Töchter. Nichtsdestotrotz beteiligen sich Söhne seltener und zu einem geringeren Ausmaß an der Pflege. Dies ist insbesondere dann der Fall, wenn sie Schwestern haben. Oft ziehen sie sich mit dem Verweis auf ihre Erwerbsarbeitsverpflichtungen aus der Pflege zurück (Gerstel und Gallagher 2001; Martin Matthews und Campbell 1995; Qureshi und Walker 1989). Diese Entschuldigung steht Frauen und besonders Müttern aufgrund ihrer sozialen Rolle aber auch aufgrund einer geringeren Erwerbsarbeitsbelastung sowie eines eher geringen Einkommens nicht offen (Ungerson 1987). Vielmehr wird von ihnen verlangt, dass sie ihre beruflichen Interessen den Verpflichtungen in der Familie unterordnen (allgemein zu Pflege und Geschlecht Backes et al. 2008).

Immer wieder wird in diesem Zusammenhang auch auf die Sandwich-Situation erwachsener Kinder verwiesen (Borchers 1997; Grundy und Henretta 2006). Hinter dem Begriff ‚Sandwich-Generation' verbergen sich verschiedene Konzepte. In der Regel wird damit die (potenzielle) Doppelbelastung von Personen im mittleren Alter bezeichnet, die sowohl noch unselbständige Kinder als auch zunehmend bedürftige Eltern haben. Um es vorweg zu nehmen: Aufgrund der hohen Lebenserwartung befinden sich nur wenige Personen in dieser Situation (Höpflinger 1999; Künemund 2006). Die Eltern werden meist erst dann pflegebedürftig, wenn die eigenen Kinder schon erwachsen und selbständig sind. Selbst dann, wenn man die Erwerbstätigkeit als weitere konkurrierende Verpflichtung zur Pflege älterer Menschen auffasst, kommt man nicht zu einem substantiell anderen Ergebnis, da die Kinder beim Eintritt der Pflegebedürftigkeit der Eltern oft schon das Rentenalter erreicht haben (vgl. Stone und Kemper 1989). Dennoch, es gibt Menschen in dieser Situation, und die mitunter großen Belastungen des Einzelnen und seiner Familie sollten trotz der eher geringen Anzahl an Betroffenen nicht übersehen werden. Mit einiger Berechtigung kann also gefragt werden: Stellen Ansprüche minderjähriger Kinder und fragiler Eltern konkurrierende Verpflichtungen dar? Können Angehörige dem Bedarf von ‚unten' und ‚oben' gleichzeitig gerecht werden? Werden Eltern gegenüber Kindern oder Kinder gegenüber Eltern bevorzugt behandelt?

Unbestritten sind die Betreuung und Erziehung von vor allem Kleinkindern sehr zeitaufwendig, das Gleiche gilt für die Pflege älterer Menschen. Es kann die Hypothese aufgestellt werden, dass insbesondere Kleinkinder und pflegebedürftige Eltern nicht gleichzeitig umfassend umsorgt werden können. Personen mit Kleinkindern im Haushalt würden demzufolge seltener ihre Eltern pflegen als Erwachsene ohne oder mit älteren Kindern. Genauso kann jedoch argumentiert werden, dass Eltern zuhause bei ihren Kindern gepflegt werden könnten. Es sollte dann möglich sein, sowohl die Eltern als auch den eigenen Nachwuchs zu betreuen (vgl. Becker 1981). Berücksichtigt man zudem, dass Kinder bereits ab 3-5 Jahren überwiegend tagsüber öffentliche Einrichtungen besuchen, könnte in dieser Situation damit auch den Bedürfnissen beider Seiten Rechnung getragen werden – vorausgesetzt es bestünden keine Erwerbsarbeitsverpflichtungen. Welche Argumentation zutrifft, muss in den folgenden Kapiteln geklärt werden. Bereits jetzt kann man festhalten, dass sich zwar nicht unbedingt mehr Frauen als Männer in der Sandwich-Situation befinden, dass sie jedoch sehr viel häufiger von ihr betroffen sind, schließlich leisten sie den Großteil der Kinderbetreuung und der Pflege.

Kulturell-kontextuelle Strukturen

Schließlich sind kulturell-kontextuelle Strukturen eine entscheidende Größe in der informellen Pflege. Ambulante und stationäre Pflegeleistungen sowie finanzielle Zuwendungen haben einerseits einen direkten Einfluss auf die Opportunitäts- und Bedürfnisstrukturen aller Beteiligten, andererseits stellen sie selbst wesentliche Rahmenbedingungen dar. Zudem müssen gesellschaftliche Normen und Werte in Betracht gezogen werden. Sie entscheiden darüber, ob professionelle Dienstleistungen eine Alternative zur familialen Pflege darstellen oder nicht.

Im Alter schwinden die Kräfte, oft sind mehrere Gebrechen zu beklagen. In dieser Situation sind Menschen ohne Zweifel bedürftig und auf Unterstützung angewiesen. Aus Sicht der Betroffenen und ihrer Kinder muss dies jedoch nicht zwangsläufig heißen, dass die Unterstützung der Kinder benötigt wird. Gerade bei geringeren Beeinträchtigungen mag es ausreichen, wenn ambulante Hilfs- oder Pflegedienste in Anspruch genommen werden oder Freunde und Nachbarn gelegentlich aushelfen. Umgekehrt können sehr schwerwiegende Behinderungen dazu führen, dass die Angehörigen mit der Pflege überfordert sind und dringend eine professionelle Unterstützung benötigen, damit sie die Pflege weiterhin leisten können. Dabei ist es gar nicht selten, dass sie selbst auf Hilfe, wie z.B. Urlaubsvertretungen und psychologische Betreuung, angewiesen sind (Pinquart und Sörensen 2005). Demnach könnte das ambulante Pflegeangebot die familiäre Pflege entweder (teilweise) ersetzen oder aber fördern.

Die stationäre Pflege steht meist am Ende einer (langen) Betreuungsphase. Bevor Personen in ein Pflegeheim ziehen, werden sie bis auf wenige Ausnahmen von privaten Personen oder professionellen Dienstleistern umsorgt (Geerlings et al. 2005). Mit einer entsprechenden Ausstattung, z.B. speziellen Sanitäreinrichtungen und Treppenaufzügen, können auch schwere Pflegefälle lange in ihren Wohnungen verbleiben. Um das Leben im eigenen Haushalt weiterhin zu ermöglichen, scheuen die Pflegebedürftigen und Angehörigen oft keine Mühen und Kosten. Mitunter werden die Wohnungen zu regelrechten Krankenstationen umgebaut. Ohne ein belastbares familiales Unterstützungsnetzwerk wäre die Pflege im eigenen Heim gar nicht mehr möglich (Schneekloth und Leven 2003). Bei allem Aufwand und aller Bereitschaft kann die Betreuung schwerer Pflegefälle jedoch medizinisch so anspruchsvoll werden, dass die Angehörigen einfach das Wissen, die Fähigkeiten und die technische Ausstattung dafür nicht besitzen. Ein Umzug in das Pflegeheim ist dann meist unausweichlich.

Vor diesem Hintergrund ist vorerst nicht davon auszugehen, dass ein Ausbau der stationären Einrichtungen auch eine entsprechend gesteigerte

Nachfrage nach Betreuungsplätzen nach sich zieht, dass pflegebedürftige ältere Menschen früher in ein Pflegeheim ziehen und Familien einen geringeren Anteil der intensiven Pflege übernehmen. Wie das Beispiel der skandinavischen Länder jedoch zeigt, teilen nicht alle Länder die Auffassung, dass die Pflege in der Familie erfolgen sollte.

In den meisten Ländern sind klassische Pflegeeinrichtungen nicht sehr beliebt. Sie haben einen schlechten Ruf und stehen auch immer wieder wegen mangelnder Betreuungsleistungen und Pflegemissständen in den Schlagzeilen, so dass vom Gesetzgeber vermehrt Anstrengungen zur Verbesserung der Qualität der Pflege in Alten- und Pflegeheimen unternommen werden (z.B. BMFSFJ 2006a). Wichtiger für das Ansehen der Pflegeeinrichtungen dürfte jedoch sein, dass die stationäre Unterbringung der Eltern als Verletzung der familiären Verpflichtungen gesehen wird. Dies trifft vor allem in den süd- und kontinentaleuropäischen Ländern zu (vgl. Berger-Schmitt 2003). Umgekehrt sind sozial-medizinische Einrichtungen für die Angehörigen oft die letzte Hoffnung, wenn sie der Pflegesituation nicht Herr werden. In den nordischen Ländern ist die Haltung gegenüber Pflegeheimen dagegen weniger ablehnend (Alber und Köhler 2004: 72f.). Insgesamt wird dort (in Familie und Sozialpolitik) ein größerer Wert auf Autonomie von und gegenüber Familienangehörigen gelegt, eine vollumfängliche und intensive Pflege wird deshalb von den Kindern nicht erwartet, und diese fühlen sich auch nicht dazu verpflichtet (vgl. Callegaro und Pasini 2007; European Commission 2007: 66ff.). Vielmehr liegt die Verantwortung für die Absicherung der älteren Bevölkerung beim Staat, der eine flächendeckende Infrastruktur zur Verfügung stellt.

Der Stellenwert und das Angebot an ambulanten und stationären Einrichtungen bemessen sich nicht zuletzt nach den kulturellen Voraussetzungen. Die nordischen Länder werden dabei immer wieder als Paradebeispiele für individualistische Staaten angeführt. Forderungen an und Verpflichtungen gegenüber Angehörigen sind weniger stark bzw. kaum ausgeprägt. Eine so intensive Unterstützung wie die Pflege fällt jedenfalls nicht darunter. Aufgrund der notwendigen Zugeständnisse lässt sich eine solche Verbindlichkeit einfach nicht mit dem Vorrang der individuellen Lebensführung vereinen. Der kulturell verankerte Individualismus spiegelt sich auch in staatlichen Regelungen wider. Sie gewährleisten bedürftigen Personen den Zugang zu sozialmedizinischen Diensten oder Einrichtungen, unabhängig davon, ob sie auf die Unterstützung der Familie zurückgreifen können oder nicht. Genau das entspricht jedoch der Situation in den südeuropäischen, den sogenannten familialistischen Staaten. Dort wird die Pflege in der Familie sowohl von Angehörigen erwartet als auch vom Staat schlicht vorausgesetzt. Staatliche Leistungen können meist nur dann bezogen werden, wenn keine Familie mehr vorhanden ist oder Angehörige die Pflege nicht leisten und auch nicht finanzieren können (Gori 2000). Vor diesem Hintergrund dürfte die Inanspruchnahme professioneller Dienstleistungen in den nordischen Ländern höher und in den mediterranen Staaten tiefer liegen. Damit kann in den südeuropäischen Ländern mit einer weiteren Verbreitung der intergenerationalen Pflege gerechnet werden.

Die Familien- und Wohlfahrtskulturen bestehen schon seit Jahrhunderten. Das heißt jedoch nicht, dass sie keinem Wandel unterliegen. Wie das Beispiel Italien zeigt, werden die Familiennormen bei Bedarf anders interpretiert und neuen Gegebenheiten angepasst. Da sich die familialen Verpflichtungen und eine zunehmende Erwerbsbeteiligung der Frauen nur schwer vereinbaren lassen, werden immer mehr (illegale) Migrantinnen in der häuslichen Pflege beschäftigt. Sie kümmern sich durchgängig, Tag und Nacht um den Patienten und werden bald zur Familie gezählt. Die Kinder ziehen sich dagegen weitgehend aus den Pflegeaufgaben zurück, übernehmen jedoch noch deren Organisation und Finanzierung („Fallmanager", Da Roit 2007; Daatland und Herlofson 2003a: 284).

2.4 Konzepte des Ländervergleichs

Für die Überprüfung der bisher angedeuteten Zusammenhänge ist ein Ländervergleich besonders geeignet, da private und wohlfahrtsstaatliche Leistungen erfasst und in Beziehung gesetzt werden können. Die ländervergleichende Forschung hat in den vergangenen Jahren einen extremen Auftrieb erfahren. Geeignete Datensätze und Analysetechniken sind verfügbar und vergleichende Untersuchungen en vogue. Dabei wird jedoch leicht übersehen, dass der Vergleich von Ländern kein einfaches Unterfangen ist. Der Forscher hat mit den gleichen Problemen wie bei der Analyse von Individualdaten in einem Land zu kämpfen – und noch mit einigen mehr. Häufig bestehen bei Ländervergleichen folgende methodische Probleme bzw. Voraussetzungen: (1) selektive Fallauswahl, (2) Konstruktäquivalenz, (3) Kausalität und (4) Variablen- vs. Fallorientierung (Mills et al. 2006).

(1) In der Regel werden die zu untersuchenden Länder nicht anhand eines Zufallsverfahrens ausgewählt, sondern schlicht aus pragmatischen Gründen. Neben organisatorischen und finanziellen folgt die Auswahl dabei auch inhaltlichen Gesichtspunkten. In der Soziologie werden Länder häufig nach Wohlfahrtsstaatstypologien auswählt (z.B. Lowenstein und Ogg 2003). In derart konstruierten Stichproben können Unterschiede zwischen den Ländern gut herausgearbeitet werden. Die theoretische Selektion beeinflusst jedoch häufig

das Ergebnis, mitunter werden die Forschungsfragen so in der gewünschten Richtung beantwortet (Ragin 2006: 636). Die Annahme, dass vorgefundene Zusammenhänge kontextunabhängig sind und damit generalisiert werden können, ist in selektiven Populationen fraglich und muss zumindest gut begründet werden. In den folgenden Analysen wird bewusst darauf verzichtet, vorgefundene Zusammenhänge als kontextunabhängige Gesetzmäßigkeiten zu verstehen. Vielmehr wird davon ausgegangen, dass Zusammenhänge zwischen gesellschaftlichen Institutionen und sozialen Verhaltensweisen nur dann auf andere Länder übertragen werden können, wenn diese ein Mindestmaß an politischen und kulturellen Institutionen mit den untersuchten Ländern gemein haben. Die SHARE-Länder werden daher als repräsentativ für die nord-, west- und südeuropäischen Staaten gesehen. Von einer Übertragung der Befunde auf andere Regionen oder Kontinente wird hingegen Abstand genommen.

(2) In allen Ländervergleichen stellt sich die Frage, ob die Daten überhaupt vergleichbar sind. Messen die Indikatoren dasselbe? Wie wurden die Daten erhoben, welche Datenbasis haben sie und mit welcher Methode wurden die Zahlen ermittelt (Lippl 2003: 29f.)? Ein Vergleich von Arbeitslosigkeitsindikatoren zeigt wie grundsätzlich dieses Problem ist. Je nach Land werden hier Arbeitslose in Aus- und Weiterbildungsmaßnahmen dazu gezählt oder nicht (Lippl 2003). Im Hinblick auf sozialwissenschaftliche Studien ist das Problem der Konstruktäquivalenz besonders gegeben, da die hierbei verwendeten Indikatoren oft kulturspezifisch konstruiert und deshalb kontextsensitiv sind (Crompton und Lyonette 2006). Auch wenn das Problem der Vergleichbarkeit von Indikatoren oder Konstrukten nie vollständig gelöst werden kann, so kann es doch weitgehend entschärft werden. Im hier verwendeten Survey of Health, Ageing and Retirement in Europe wurden besondere Anstrengungen bei der Übersetzung der Fragebögen und der Standardisierung der Messungen unternommen (Börsch-Supan und Jürges 2005; Harkness 2005). Zum Beispiel haben die Begriffe ‚Pflege' und ‚care' eine unterschiedliche Bedeutung. Um dennoch die Vergleichbarkeit der Pflege zu gewährleisten, wurden die Fragen nach geleisteter oder empfangener Pflege deshalb anhand von Tätigkeitsbeispielen präzisiert. Zudem wird in den empirischen Analysen aufgrund der besonderen Anfälligkeit für kulturell-kontextuelle Einflüsse weitgehend auf Einstellungs- und Überzeugungsfragen verzichtet.

(3) Sieht man einmal von diesen grundsätzlichen Problemen ab, dann bleibt immer noch die für Ländervergleiche zentrale Frage bestehen: Worauf sind Unterschiede und Gemeinsamkeiten zwischen Ländern zurückzuführen? Fragt man danach, warum in einem Land mehr Personen in der Familie gepflegt werden als in einem anderen, dann sind zahlreiche Antworten

möglich. Zum einen kann das an Eigenschaften der Befragten und ihrer Familien liegen (,Kompositionseffekte'), zum anderen an den kulturellen und institutionellen Rahmenbedingungen in einer Gesellschaft (,Kontexteffekte'). Um Länderunterschiede zu erklären, ist es demnach unumgänglich, sowohl individuelle und familiale als auch kulturell-kontextuelle Strukturen zu berücksichtigten.

Erschwerend kommt hinzu, dass diese Strukturen sich wechselseitig beeinflussen (z.B. Coleman 1995). Das Angebot an ambulanten und stationären Pflegediensten mag einen Einfluss darauf haben, wie hoch die Erwerbsbeteiligung der Frauen ist und wie häufig und intensiv Angehörige in der Familie gepflegt werden. Umgekehrt ist die Entstehung, Gestalt und Verfügbarkeit professioneller Pflegeangebote nicht unabhängig vom Ausmaß der Solidarität in Familien und der Arbeitsmarktpartizipation der Frauen. Die Frage, ob kulturell-kontextuelle Faktoren die Ursache oder die Folge individueller und sozialer Verhaltensweisen sind, lässt sich also nicht ohne weiteres beantworten (vgl. Hashimoto et al. 1992). Wünschenswert – aber leider nicht verfügbar – ist eine internationale Datenbasis, die einen Zeitraum von mehreren Jahrzehnten umfasst. Eine gangbare Alternative, um die Wechselwirkungen zwischen Verhalten einerseits und wohlfahrtsstaatlichen Institutionen andererseits besser zu verstehen, ist die detaillierte Analyse der Geschichte, Entstehungsbedingungen und des kulturellen Kontextes der sozialen Dienstleistungsinstitutionen. Dies ist auch der Weg, der hier weiter verfolgt wird.

(4)   Wie geht man also vor, um Unterschiede zwischen Ländern zu erklären? In der vergleichenden Forschung lassen sich zwei Strategien ausmachen. Zum einen sind das qualitative („case oriented-approaches") und zum anderen quantitative Ansätze („variable oriented-approaches", Ragin 1987).

Die qualitativen Ansätze zeichnen sich durch ihren ganzheitlichen und historischen Zugang und meist sehr kleine Untersuchungsgruppen aus. Der Untersuchungsgegenstand, hier ein Land, wird als System wahrgenommen, in dem alle Teile zueinander in Beziehung stehen. Das Land, seine Strukturen und sozialen Phänomene sind historisch gewachsen und können entsprechend nur unter Berücksichtigung der historischen Entwicklung verstanden werden. Dabei werden alle möglichen Facetten beleuchtet und in die Betrachtung mit einbezogen. Erst so ergibt sich ein vollständiges Bild und nur so kann der Forscher den Besonderheiten einer Gesellschaft gerecht werden und diese überhaupt verstehen. Eine derart intensive Forschung hat ohne Zweifel Vorteile gegenüber einer quantitativen Methode. Letztere kann zwar allgemeingültige Gesetzmäßigkeiten entdecken, allerdings ist sie weitgehend blind gegenüber spezifischen Eigenarten und Wirkungszusammenhängen.

Die Stärke der fallorientierten Ansätze ist jedoch gleichzeitig ihre Schwäche: Durch die umfassende und detailreiche Erfassung rücken die Besonderheiten eines Landes gegenüber seinen Gemeinsamkeiten mit anderen Ländern stärker in den Vordergrund – bisweilen sogar so sehr, dass eine Vergleichbarkeit in Frage gestellt werden muss. Die Befunde sind oft zu voraussetzungsvoll und lassen sich daher nur sehr eingeschränkt auf andere Länder übertragen und damit nicht generalisieren. Die Generalisierbarkeit der Befunde wird zudem durch die geringen Fallzahlen erschwert.

Umgekehrt besteht der Vorzug quantitativer Studien in der größeren Generalisierbarkeit der empirischen Befunde. Nicht zuletzt aufgrund der hohen Fallzahlen werden Länder nicht als Ganzes sondern über einzelne, eher grobe Indikatoren erfasst. Die Länder werden so zwar nur oberflächlich wahrgenommen und länderspezifische Besonderheiten übergangen. Die Reduktion auf einzelne Variablen ermöglicht jedoch den Vergleich von vielen Ländern. Zusammenhänge zwischen Ländereigenschaften können so festgestellt und bei einer ausreichend großen Fallzahl auch für weitere Länder verallgemeinert werden. Die Identifikation von kontextunabhängigen Gesetzmäßigkeiten ist damit die Stärke der „variable oriented-approaches" (vgl. Mills et al. 2006). Dabei ist es grundsätzlich auch möglich, die Wechselwirkungen zwischen Variablen zu erfassen. Doch auch hier gilt: Eine zu geringe Anzahl an Ländern setzt dem enge statistische Grenzen.

Zudem birgt dieser Ansatz die Gefahr, dass die Forscher ‚den Wald vor lauter Bäumen nicht mehr sehen'. Gesellschaften werden im variablenorientierten Ansatz als Ansammlung von Teilen wahrgenommen, nicht jedoch als zusammengehörendes System (Crompton und Lyonette 2006: 404; O'Reilly 1996). An einem Beispiel kann dies verdeutlicht werden: Länder mit einem hohen Anteil der innerfamilialen Pflege weisen meist gesetzliche Verpflichtungen der Kinder zur Unterstützung pflegebedürftiger Eltern auf und haben gleichzeitig ein geringes Angebot an ambulanten Pflegediensten. Umgekehrt übernehmen in den nordeuropäischen Ländern (weitgehend) der Staat bzw. die Kommunen die Verantwortung für die Pflege der älteren Bevölkerung. Ambulante und stationäre Pflegeeinrichtungen sind entsprechend zahlreich und filiale Verpflichtungen allenfalls schwach ausgeprägt. Beide Indikatoren – die gesetzliche Verpflichtung gegenüber Eltern und das professionelle Pflegeangebot – sind Pfeiler einer politischen Strategie zur gesundheitlichen Versorgung der älteren und alten Generation. Aufgrund des starken Zusammenhangs zwischen beiden Merkmalen lässt sich die Bedeutung der einzelnen Variablen statistisch nur schwer bestimmen, und das obwohl beide Faktoren einen gewichtigen Einfluss haben können. Mit dem Fokus auf einzelnen Indikatoren tendiert der Forscher zudem dazu, die unterschiedlichen Mechanismen isoliert voneinander zu betrachten. Dass bestimmte Merkmale häufig miteinander einhergehen und Länder ähnliche Strukturen aufweisen, wird bei den „variable orientedapproaches" deshalb leicht aus den Augen verloren und in multivariaten Analysen allenfalls als Multikollinearitätsproblem thematisiert. Die Konzentration auf die Wirkungsweisen einzelner Variablen, z.B. in Regressionsmodellen, fördert deshalb nur die halbe Wahrheit zu Tage.

Eine besondere Herausforderung stellt die Verallgemeinerung der vorgefundenen Einflüsse dar. In der strukturalistischen Theorie wird die Annahme vertreten, dass gleiche Strukturen und Rahmenbedingungen in allen Ländern gleiche oder zumindest ähnliche Folgen haben. Umgekehrt werden in kulturalistischen Ansätzen Unterschiede zwischen ähnlichen Ländern auf die kulturellen Voraussetzungen zurückgeführt (Gauthier 2000: 7). Mit der Mehrebenenanalyse gibt es nun eine Technik, die länderspezifische Zusammenhänge erfassen und bestenfalls auch plausibilisieren kann. Doch auch hier gilt: Ohne eine genauere Kenntnis der betreffenden Gesellschaften und ihrer Geschichte fehlt das nötige Verständnis dieser Zusammenhänge unter Umständen.

Aufgrund der jeweiligen Stärken und Schwächen des „case oriented-" und des „variable oriented-approach" liegt es nahe, beide Forschungsstrategien miteinander zu verbinden (Crompton und Lyonette 2006). Dabei hat es verschiedene und teilweise sehr fruchtbare Versuche gegeben, eine solche Verbindung von quantitativen und qualitativen Ansätzen mathematisch zu formalisieren (z.B. Ragin 1987). Diese sind jedoch voraussetzungsvoll. Zum einen können meist nur dichotome Informationen berücksichtigt werden und zum anderen ist eine analytische Trennung der Untersuchungsebenen nicht möglich. Individuelle, familiale und kulturell-kontextuelle Faktoren werden so allesamt als Eigenschaften der Untersuchungseinheit aufgefasst. Aufgrund der hier verfolgten Ziele und der gegebenen Daten kommt dieser Ansatz folglich nicht in Frage. Vielmehr bietet es sich an, zuerst einen genaueren Einblick in die länderspezifischen Strategien in der Pflege und ihrer historischen Bedingungen zu gewinnen. Vor diesem Hintergrund werden dann die statistischen Zusammenhänge zwischen der Pflege in der Familie und individuellen, familialen und Ländereigenschaften anhand der Mehrebenenanalyse bestimmt und interpretiert.

Aufgrund der Größe der Untersuchungsgruppe können jedoch nicht alle Länder in die vertiefenden Analysen einbezogen werden. Bereits die detaillierte Analyse einzelner Länder ermöglicht jedoch ein weitaus besseres Verständnis der Zusammenhänge zwischen gesellschaftlichen Rahmenbedingungen und individuellem Verhalten. Aus den elf zur Verfügung stehenden Ländern werden Dänemark, Deutschland, die Schweiz und Italien aufgrund ihrer kulturellkontextuellen Strukturen ausgewählt. In Dänemark wird die Verantwortung für die Pflege vollständig beim Staat gesehen. Angehörige werden entsprechend nicht rechtlich in die Pflicht genommen, ihre Pflege wird allerdings auch nicht besonders honoriert. Deutschland hat mit der Einführung der Pflegeversicherung zwar einen Ausbau ambulanter und institutioneller Pflegeeinrichtung (indirekt) gefördert, gleichzeitig wurden mit dem Pflegegeld auch Anreize für die Pflege in der Familie geschaffen. Diese werden zudem durch die gesetzliche Verpflichtung der Kinder zur finanziellen Unterstützung bedürftiger Eltern bekräftigt. Die Schweiz liegt zwischen den beiden erstgenannten Ländern. Die Infrastruktur in der Altenpflege ist gut ausgebaut und wird auch umfassend genutzt. In vielen Kantonen bestehen keine oder nur geringfügige Verpflichtungen gegenüber den Eltern und allenfalls geringe staatliche Anreize zur familialen Pflege. Das vierte Land, Italien, weist gegenüber den anderen Ländern große Unterschiede auf. Zum einen sind professionelle Pflegeleistungen in einem deutlich geringeren Ausmaß verfügbar und oft nur schwer zugänglich, zum anderen bestehen hier umfassendere Verpflichtungen von Kindern und anderen Verwandten gegenüber älteren Angehörigen. Eine weitere Besonderheit ist die weite Verbreitung illegaler Pflegekräfte, meist Frauen aus Niedriglohnländern.

3 Pflegesysteme und ihr gesellschaftlicher und historischer Kontext: Vier Länderportraits

In diesem Kapitel werden die vier Länder Dänemark, Deutschland, Schweiz und Italien in dieser Reihenfolge näher vorgestellt. Der Weg führt folglich von Norden nach Süden, von den generösen zu den residualen, von den individualistischen zu den familialistischen Wohlfahrtsstaaten. Die Länder wurden nach theoretischen Gesichtspunkten ausgewählt, um die gesamte Bandbreite der Pflegesysteme darzustellen. Die aktuellen Pflegesituationen in den Ländern wurden bereits am Rande gestreift, um einen Einblick in die verschiedenen Säulen von Pflegesystemen zu geben. Eine systematische Darstellung sowie ein Rückblick auf die institutionellen und kulturellen Bedingungen und Voraussetzungen sind bisher jedoch ausgeblieben, was nun für die vier Staaten nachgeholt wird. Damit wird eine geeignete Grundlage für die Interpretation der später folgenden quantitativen empirischen Analysen geschaffen.

Für die Auswahl des Länderquartetts sowie die detaillierte Beschreibung der Pflegesysteme wird vor allem auf die bereits eingeführten zentralen Kategorien des Vergleichs von Pflegesystemen zurückgegriffen – das staatliche Angebot an Sach- und Geldleistungen, die gesetzlichen Verpflichtungen und familiale Solidaritätsnormen und Werte. Weiter beleuchtet werden die Definitionen von Familie, denn auch hier gibt es bedeutende Unterschiede, die darüber entscheiden, wer gegenüber wem Rechte und Pflichten hat. Schließlich werden auch die politische Macht und die Bedeutung und Stoßrichtung von z.B. der Kirche und Frauenbewegungen angesprochen, da sie das Pflegeideal in einem Land maßgeblich prägen (können) (Kremer 2005: 236).

Das Angebot an öffentlichen Leistungen sowie gesetzliche Verpflichtungen lassen sich vergleichsweise gut erfassen, da sie kodifiziert sind. Auch wenn es mitunter zu einer Diskrepanz zwischen Anspruch und Leistung bzw. Gesetz und legaler Praxis kommen kann, z.B. wenn trotz des Rechts auf eine pflegerische Versorgung die benötigten öffentlichen Leistungen nicht gewährt werden (können), handelt es sich doch um harte Fakten. Normen und Werte sind dagegen schwieriger zu fassen. Das liegt zum einen daran, dass Kultur, hier: Familienwerte und Verpflichtungsnormen zwischen Angehörigen, nicht ohne weiteres messbar ist. Zum anderen – und möglicherweise eine Folge davon –

werden Familienkulturen und Verpflichtungsnormen nur in wenigen Studien explizit untersucht. Dies gilt umso mehr für die Beziehungen zwischen erwachsenen Kindern und ihren Eltern, wie sie hier im Zentrum des Interesses stehen.

Eine Untersuchung der Familienwerte und -normen ist dennoch notwendig. In fast allen Ländern kommen Familie und Staat gemeinsam für das Gros der Pflegeleistungen auf. Sie sind folglich die zentralen Pfeiler von Pflegesystemen und Unterschiede zwischen ihnen sollten sich in der Rolle der Familie, des Staates und deren Zusammenspiel zeigen. Wer trägt die Verantwortung für die Pflege der älteren Angehörigen? Wie werden die Pflegeaufgaben zwischen Familie und Staat aufgeteilt?

Diese Fragen sind nicht nur grundlegend für diese Arbeit. Sie stellen auch die Basis für die Regelung und Funktion der nationalen Pflegesysteme dar und kommen in Gesetzestexten implizit oder explizit zum Ausdruck. Kultur als gesellschaftlich weitgehend geteilte Normen und Werte findet so ihren Niederschlag im Recht. Dies gilt für Traditionen genauso wie für neuere Werte. Umgekehrt wirken sich im Gesetz vertretene Positionen auf individuelle Einstellungen und Ansichten sowie gesellschaftliche Normen aus: Sie können sie bestätigen oder eine Veränderung anstoßen. Das Verhältnis zwischen Gesetzen und Normen ist also ein wechselseitiges und kann eine Tradition genauso bekräftigen wie einem Wandel Vorschub leisten.

Für eine Untersuchung der Pflegesysteme lohnt daher nicht nur der Blick auf den gegenwärtigen Status quo. Vielversprechend ist zudem ein vergleichender Rückblick auf die Anfänge der Familienpolitik zu Beginn des 20. Jahrhunderts, da hier die kulturellen Grundlagen der staatlichen Unterstützung von Familien einerseits und des Verhältnisses zwischen familialer und staatlicher Unterstützung andererseits besonders deutlich hervortreten (z.B. Naldini 2000).

Neben den Ansprüchen auf der einen Seite und den Verpflichtungen auf der anderen interessieren vor allem die Definitionen von Familie und der Adressat familienpolitischer Maßnahmen. Die Frage, wer gehört zur (Kern-) Familie, ist nicht trivial. Im Gegenteil, denn wer zum engen Familienkreis gehört, hat andere Rechte und Pflichten als entfernte Verwandte und Bekannte. Dies zeigt sich besonders deutlich in der Familienpolitik der vier Länder.

In der vergleichenden Wohlfahrtsstaatsforschung werden Unterschiede zwischen den verschieden Wohlfahrts- und Sozialsicherungssystemen in der Regel auf zwei Faktoren zurückgeführt. 1) Soziale und ökonomische Rahmenbedingungen wie die Industrialisierung mit einer Verarmung weiter Bevölkerungsschichten, 2) das Gefüge und die Macht sozialer Akteure wie Parteien, die Kirche, Arbeitnehmervertretungen und Frauenbewegungen (Gauthier 1996: 4f.). Diese Faktoren können hier nicht im Detail behandelt werden, dies würde den Rahmen der Arbeit sprengen. Wo es notwendig ist, wird jedoch auf die spezifischen Besonderheiten der Länder verwiesen. Zusammenfassend werden in den Länderportraits damit folgende Fragen untersucht. Wie unterscheiden sich die nationalen Pflegesysteme? Welche sozioökonomischen, kulturellen und familien- und interessenpolitischen Faktoren erklären diese Unterschiede?

3.1 Dänemark

Dänemark kann als Vertreter eines spezifischen Wohlfahrtstaatstypus aufgefasst werden: der nordische Wohlfahrtsstaat, der auch als (skandinavisches) sozialdemokratisches Wohlfahrtsregime beschrieben wird (z.B. Arts und Gelissen 2002; Esping-Andersen 1990). Universalismus, Gleichheit und Individualismus sind grundlegende Werte in den wohlfahrtsstaatlichen Programmen, die meist steuerfinanziert sind und zahlreiche Serviceleistungen umfassen. Zwischen den nordischen Ländern gibt es zwar Unterschiede in der Gestaltung und Finanzierung der Sozial- und Familienpolitik (Greve 2000; Kvist 1999). Sie fallen jedoch deutlich geringer aus als die Unterschiede zu den Ländern aus den anderen europäischen Wohlfahrtsmodellen (Greve 2007; Kautto und Kvist 2002; vgl. Rauch 2007).

Heute zeichnet sich Dänemarks Pflegesystem insbesondere durch zwei Merkmale aus: sehr umfassende staatliche Serviceleistungen und die alleinige Verantwortung des Staates für die Pflege. Ältere Leute haben Anspruch auf eine staatliche Unterstützung im Pflegefall. Die häusliche Pflege und die medizinisch-pflegerischen Leistungen bei Heimaufenthalten sind nahezu kostenlos. Zudem steht es Anspruchsberechtigten weitgehend frei, sich für die ambulante oder stationäre Pflege zu entscheiden. Die Nachfrage nach diesen Angeboten ist groß. Bei den über 65jährigen liegt sowohl die Inanspruchnahme von ambulanten Pflegeleistungen als auch die Unterbringung in Pflegeheimen oder betreuten Wohneinrichtungen weit über dem europäischen Durchschnitt. Mitunter müssen Anspruchsberechtigte Wartezeiten von bis zu vier Monaten in Kauf nehmen bis Plätze in betreuten Wohneinrichtungen verfügbar sind (Christiansen und Petersen 2001; Csonka und Boll 2000; Knudsen 1997; Koch-Nielsen 1996; Leeson 2004).

In Dänemark leben traditionell sehr viele ältere Menschen in sozialmedizinischen Einrichtungen wie Pflegeheimen. Die hohe Institutionalisierungsrate wird jedoch seit einiger Zeit auch kritisch gesehen. Seit den 1980ern liegt die Präferenz von Seiten des Gesetzgebers auf der Pflege zuhause oder in betreuten Wohneinrichtungen. 1988 wurde der Bau neuer Pflegeheime schließlich untersagt. Die primären Beweggründe und Ziele der De-Institutionalisierung waren eine Kontinuität im Lebenslauf, Autonomie und Selbstbestimmung, kurzum: die Würde im Alter. Zusätzlich spielten die hohen Kosten der stationären Unterbringung eine Rolle (Koch-Nielsen 1996). Der politische Richtungswechsel blieb nicht ohne Erfolg. Von Anfang der 1980er bis in die 1990er Jahre ist der Anteil an älteren Personen in Pflegeheimen rückläufig, bei den über 80jährigen ist er von 20 auf 12 Prozent gefallen. Im gleichen Zeitraum erhielten zunehmend mehr Hochbetagte ambulante Leistungen. Der Anteil der Leistungsbezieher in dieser Altersgruppe stieg von 35 auf 49 Prozent. Berücksichtigt man zudem die wachsende Anzahl älterer Menschen, wird deutlich, wie massiv die ambulante Pflege ausgebaut wurde (Rostgaard und Fridberg 1998: 140f., 149).

Die informelle Pflege ist dagegen nicht so verbreitet wie in Kontinental- und Südeuropa. Die volle Pflegeverantwortung liegt beim Staat. Kinder sind gesetzlich weder verpflichtet ihre Eltern zu pflegen, noch müssen sie sich an den Kosten beteiligen (Koch-Nielsen 1996). Im dänischen Gesetz ist das Verhältnis zwischen individuellen Ansprüchen und familialen Verpflichtungen somit zweifelsfrei festgelegt. Wie am Beispiel Italien weiter unten gezeigt wird, ist dies keine Selbstverständlichkeit. Individuelle Ansprüche haben Vorrang vor den familialen Verpflichtungen. Dieses wohlfahrtsstaatliche Arrangement spiegelt sich auch in der Einstellung vieler Dänen zur Pflege älterer Angehöriger wider. Öffentliche Leistungen werden von einer großen Mehrheit der informellen Pflege vorgezogen. Die professionelle Pflege wird nicht als ‚kalt' wahrgenommen. Vielmehr werden die Vorzüge dieser Pflegearrangements und geschulter Pflegekräfte hervorgehoben (Kremer 2005: 230ff.). Dies gilt auch für Betroffene und ihre Familien. Einhergehend mit der Präferenz für die außerfamiliale Pflege wird von Kindern weder erwartet, dass sie die Pflege vollumfänglich übernehmen, noch fühlen sich diese für die (Vollzeit-) Pflege verantwortlich (Alber und Köhler 2004: 67ff.). Vielmehr verstehen sich Kinder als emotionale und soziale Unterstützung (Leeson 2004: 18).

Bei einem einseitigen Fokus auf staatliche Leistungen werden selbstverständlich auch kritische Stimmen laut. So wird argumentiert, dass die alleinige Konzentration auf die professionelle Pflege auch Nachteile mit sich bringt. Wertvolle familiale Ressourcen und die besonderen Qualitäten der familialen Pflege werden zu wenig genutzt (Leeson 1998). Dieses Argument erhält vor dem Hintergrund der demografischen Alterung noch mehr Gewicht. Gerade in den 1990er Jahren war diese Kritik durchaus berechtigt. Es gab faktisch keine Anreize oder Aufwandentschädigungen für die Pflege von Angehörigen. Die professionelle und informelle Pflege wurden folglich ungleich gefördert, zu Lasten der familialen Pflege. Von einer echten Entscheidungsfreiheit konnte also nicht gesprochen werden. In der Zwischenzeit können jedoch Familienpfleger von den Kommunen für die Pflege angestellt werden – was aufgrund der Lohnhöhe nicht nur eine finanzielle Anerkennung der Pflegearbeit bedeutet, sondern eine angemessene Entlohnung darstellt. Finanzielle Gründe sollten also keinen großen Einfluss mehr auf die Entscheidung zwischen familialer und professioneller Pflege haben.

Die Gründe für die weitgehende Pflegeverantwortung des Staates, die im europäischen Vergleich umfassenden staatlichen Leistungen und die geringe Verbreitung der familialen Pflege haben mehrere Ursachen: ein nur geringer Einfluss der katholischen Kirche, die agrarische Struktur und die Rolle der Frauenbewegung. Die (katholische) Kirche hatte in Dänemark nie den Einfluss auf die Politik gehabt, wie dies in Südeuropa der Fall war. Die Verpflichtung zwischen Familienangehörigen und das Prinzip der Subsidiarität waren deshalb nicht im gleichen Maße kulturell verankert wie in den katholisch geprägten Regionen Europas. Bereits im 19. Jahrhundert oblag die Bekämpfung von Armut eindeutig dem Staat und nicht der Kirche oder anderen sozialen Gemeinschaften. Am Ende des 19. und am Beginn des 20. Jahrhunderts wurden wichtige Sozialversicherungen wie die Rente eingeführt. Anders als in den meisten europäischen Ländern setzte sich das Prinzip der Universalität staatlicher Sozialleistungen von Anfang an durch. Grundsätzlich war damit jede/r Einzelne und nicht nur bestimmte Berufsgruppen anspruchsberechtigt. Da die wohlfahrtsstaatlichen Programme bis auf wenige Ausnahmen steuerfinanziert waren, mussten auch alle (Steuerzahler) für diese Leistungen indirekt aufkommen. Ein Merkmal, dass bis heute die dänische Sozialpolitik prägt.

Diese Organisation des Sozialversicherungssystems kann wesentlich auf den Einfluss der bürgerlichen Parteien und die agrarische Struktur der dänischen Gesellschaft zurückgeführt werden. Am Ende des 19. Jahrhunderts waren die liberalen Parteien eher städtischen Eliten verbunden. Auf die Wählerstimmen der zahlreichen ärmeren Landarbeiter und -besitzer konnten aber auch sie nicht verzichten. Letztere konnten sich schließlich mit der Forderung durchsetzen, dass die Sozialleistungen berufsunabhängig sind, Selbständige genauso einschließen wie Arbeiter und von allen – auch den reichen Städtern – finanziert werden (Nørgaard 2000).

Dänemark hat mit als erster Staat das Individuum und nicht die Familie als zentrale Einheit des modernen Staates und wohlfahrtsstaatlicher Programme anerkannt. Bereits 1920 wurden die vollen sozialen Rechte für alle Staatsbürger gefordert. Im folgenden Jahrzehnt wurden diese auch weitgehend umgesetzt. Jeder hatte das soziale Recht auf staatliche Unterstützung und Pflege. Gleichzeitig wurde der Staat verpflichtet, allen Bürgern ein Existenzminimum zu gewähren – was auch immer die Ursache für die Notsituation war. Zum einen wurde die soziale Sicherung auf Individuen ausgerichtet, die weitgehend unabhängig von der familiären Situation anspruchsberechtigt waren. Zum anderen wurden Frauen damit den Männern politisch gleichgestellt. Es dauerte nicht lange, bis Frauen nicht nur in der Erwerbsarbeit, sondern auch in der Familie die gleichen Rechte und Pflichten wie Männer hatten (Christiansen und Petersen 2001). Zwar übernehmen in Dänemark auch heute noch vorwiegend Frauen die Aufgaben in Haushalt und Familie. Die Unterschiede zwischen Männern und Frauen sind jedoch weitaus geringer als in kontinental- und südeuropäischen Ländern – nicht zuletzt, da viele Aufgaben wie die Kinderbetreuung und Pflege älterer Menschen weitgehend außerhalb der Familie stattfinden. Dies ist nicht nur, aber auch ein Verdienst der Frauenbewegungen, die sich je nach Standpunkt für das Recht auf staatliche Serviceleistungen bzw. eine Wahl zwischen familialer und öffentlicher Betreuung eingesetzt haben (Christiansen und Petersen 2001). Beide Positionen finden sich im gegenwärtigen Pflegesystem wieder: Ältere Menschen haben einerseits ein Recht auf öffentliche Serviceleistungen. Andererseits können Angehörige von den Kommunen als Pfleger/in eingestellt werden. Sowohl die Entlohnung als auch die soziale Absicherung entsprechen weitgehend der Situation professioneller Pflegekräfte.

Das dänische Modell stützt sich fast ausschließlich auf die professionelle Pflege und kann damit als servicebasiertes Pflegesystem bezeichnet werden: Der Staat hat die volle Verantwortung für die Pflege der älteren Generation, jeder körperlich Versehrte ist anspruchsberechtigt und kann zwischen verschiedenen Pflegeleistungen wählen, ob er lebende Angehörige hat oder nicht. Autonomie und Selbstbestimmung sollen so auch im Alter gewährleistet und eine (finanzielle) Abhängigkeit von Kindern oder Geschwistern vermieden werden.

3.2 Deutschland

Nach dem deutschen Sozialversicherungssystem wurde ein eigener Wohlfahrtsstaatstypus benannt: der Bismarcksche Sozialstaat bzw. das konservative Modell (z.B. Esping-Andersen 1990; Morel 2006). Dieses Modell zeichnet sich im Wesentlichen durch drei Merkmale aus: das Versicherungsprinzip, das männliche Familienernährermodell und das Subsidiaritätsprinzip. Da diese Kriterien das gesamte deutsche Sozialversicherungssystem und damit auch die Pflegeversicherung prägen, wird hierauf detailliert eingegangen.

Das Versicherungsprinzip stellt die Grundlage der sozialen Absicherung allgemeiner Lebensrisiken dar. Versicherungsansprüche werden dabei vorwiegend über eine Erwerbsarbeit erworben, wobei kürzere oder unterbrochene

Erwerbskarrieren zu geringeren Versicherungsleistungen führen können, z.B. zu einer niedrigeren Rente. Sozialpolitik zielt in diesem Modell daher weniger auf die Verringerung sozialer Unterschiede als vielmehr auf den Statuserhalt – was nicht zuletzt die Einführung der Sozialversicherungsgesetze von oben sowie den großen Einfluss der Gewerkschaften widerspiegelt.

Das männliche Familienernährermodell ist eine Art sozialpolitische Referenz in Deutschland. Steuerlich wird eine innerfamiliale Arbeitsteilung zwischen Mann und Frau begünstigt, wobei aufgrund von Lohnunterschieden und sozialen Normen indirekt dem Mann die Rolle als (alleiniger) Hauptverdiener zugewiesen wird, während die Frau vorwiegend für die Kinderbetreuung und Familienpflege zuständig ist. Diese Ausrichtung zeigt sich einerseits in der niedrigen Erwerbsrate von Frauen, zum anderen werden nur wenig öffentliche Serviceleistungen in der Kleinkinderbetreuung und Altenpflege angeboten. Die Familie wird vielmehr mit finanziellen Mitteln gefördert, so dass sie eine wechselseitige Unterstützung leisten kann.

Wie das Familienmodell ist das Subsidiaritätsprinzip dem Einfluss der katholischen Kirche geschuldet. Unterstützung sollte zuerst in der Familie, im sozialen Umfeld und in karitativen Einrichtungen gesucht werden. Der Staat übernimmt zuletzt die Verantwortung, wenn die Unterstützung auf den unteren Ebenen nicht ausreicht. Im Gesetz kommt dieser Grundsatz in der Unterstützungsverpflichtung der Kinder gegenüber ihren Eltern zum Ausdruck. Um diese solidarischen Leistungen erbringen zu können, erhalten Familien vorwiegend Geldleistungen, z.B. Kindergeld. Diese Transfers werden als Hilfe zur Selbsthilfe gesehen und haben daher ein größeres Gewicht als Sachleistungen (Morel 2006).

Alle drei Prinzipien finden sich auch im deutschen Pflegesystem wieder. Bis 1995 gab es praktisch keine gesonderten Ansprüche bei einer Pflegebedürftigkeit. Der altersbegründete Hilfe- und Pflegebedarf wurde nicht als allgemeines Risiko anerkannt, das weite Teile der älteren Bevölkerung betrifft. Eine geeignete Absicherung gab es daher nicht. Vielmehr wurde die Pflegebedürftigkeit als spezielles Risiko gesehen und im Rahmen von zuerst Siechenhäusern und später – im 20. Jahrhundert – von der Sozialhilfe aufgefangen (Irmak 1998). Gemäß dem Subsidiaritätsprinzip sollte erst die Familie – das männliche Familienernährermodell berücksichtigend: Frauen – die Pflege übernehmen. Nur wenn der/die Betroffene keine eigenen Mittel hatte und Angehörige die Unterstützung nicht leisten konnten, wurden Pflegeleistungen vom Staat finanziert. Aufgrund der hohen Pflegekosten führte die stationäre Pflege schnell in die Armut und eine Abhängigkeit von der stigmatisierenden Sozialhilfe.

Erst mit der Einführung der Pflegeversicherung 1995 wurde Pflegebedürftigkeit als allgemeines Risiko anerkannt. Für die Systemumstellung waren die Verbesserung der finanziellen Lage und der gesundheitlichen Versorgung älterer Menschen genauso Beweggründe wie finanzielle Probleme der öffentlichen Hand. Die Kommunen konnten die steigenden Sozialhilfekosten aufgrund der demografischen Alterung und veränderter Bevölkerungsstrukturen nicht mehr auffangen, eine Reorganisation des Pflegesystems war unabdingbar.

Die Frauenbewegung stellte keine treibende Kraft in diesem Prozess dar. Tatsächlich wurden die familiale Verantwortung und die Rolle der Frau nicht ernsthaft in Frage gestellt. Zwar wurde die Finanzierung von Steuern auf Versicherungsbeiträge umgestellt. Die bestehenden Pflegearrangements sollten jedoch nicht verändert, sondern stabilisiert werden. Der Familie und dem privaten sozialen Netzwerk wurde daher eine zentrale Rolle in der Pflege zugedacht (§4 SGB XI). Neben ambulanten und stationären Leistungen kann im Rahmen der Pflegeversicherung auch Geld zur Entlohnung informeller Pfleger bezogen werden. Diese Gelder stützen die familiale Pflege, vielleicht wirken sie sogar als Anreiz dafür. Zumindest stellen sie eine Anerkennung der mitunter schweren Pflegearbeit dar (vgl. Mika und Stegmann 2008).

Weder die Sachleistungen noch die finanziellen Leistungen sind jedoch bedarfsdeckend. Je nach Pflegestufe – erhebliche, Schwer- und Schwerstpflegebedürftigkeit – können Sachleistungen im Wert von max. 1918 Euro bzw. Geldbeträge von max. 665 Euro beansprucht werden (MISSOC 2006a). Dies reicht oft nicht aus, um die benötigten professionellen Pflegeleistungen vollständig zu finanzieren. Gerade bei Demenzerkrankungen oder einer stationären Pflege können die Kosten mitunter weit über Versicherungsleistungen liegen. Pflegefälle haben damit oft keine gänzlich freie Wahl zwischen verschiedenen Pflegevarianten, sondern müssen die Entscheidung in Abhängigkeit von vorhandenen Mitteln und den Angehörigen treffen. Sie sind also nach wie vor auf die Unterstützung ihrer Familie angewiesen. Da die Pflegeversicherung als Ergänzung zur Familienpflege konzipiert ist (§3 SGB XI), Leistungen jedoch unabhängig von der familialen Situation gewährt werden, kann es bei Familienlosen deshalb zu einer Unterversorgung kommen. Über 75 Prozent der Empfänger von Pflegeversicherungsleistungen erhalten mehrmals wöchentlich Hilfe von Angehörigen, Freunden oder Bekannten (Schneekloth und Leven 2003). Ohne diese Bereitschaft und Leistungsfähigkeit der Familie könnte die Mehrheit der Pflegebedürftigen nicht zuhause gepflegt werden, was viele jedoch wünschen (Schneekloth und Wahl 2005: 232f., 242).

Umgekehrt bestehen auch Unterstützungsverpflichtungen zwischen Eltern und Kindern, nicht jedoch zwischen Geschwistern und entfernten Verwandten. Kinder sind nach wie vor verpflichtet, die Pflege ihrer Eltern zu finanzieren, wenn diese für anfallende Kosten (jenseits der Leistungen der Pflegeversicherungen) nicht aufkommen können. Gleichzeitig sind die normativen Verpflichtungen zur Pflege der Eltern hoch: Die Bereitschaft zur Pflege ist also nicht „immer nur alleiniger Ausdruck einer gefühlten Solidarität. Sie kann auch eine gesetzliche und gesellschaftliche Verpflichtung sein. Dies gilt insbesondere für Frauen, für die die Pflege der Angehörigen praktisch unkündbar ist" (Schneekloth und Wahl 2005: 233).

Das deutsche Pflegesystem zeichnet sich folglich durch ein Recht auf Pflegeleistungen einerseits und eine gesetzliche Verpflichtung der Kinder gegenüber ihren Eltern andererseits aus. Das Verhältnis zwischen staatlicher und familialer Unterstützung ist dennoch zweifelsfrei geregelt, wobei das Recht auf eine (eingeschränkte) staatliche Unterstützung vorrangig ist. Jede in der Pflegeversicherung versicherte Person – faktisch die gesamte Bevölkerung – hat Anspruch auf bestimmte Leistungen. Alles was darüber hinaus geht, muss selbst oder von den Kindern finanziert werden. Ist auch dies nicht möglich, besteht ein Anspruch auf Sozialhilfe. Zwar zeichnet sich ein Trend zu vermehrter Inanspruchnahme von professionellen Dienstleistungen ab. Gegenwärtig werden (von Personen mit einem stabilen sozialen Netzwerk) jedoch fast ausschließlich Geldleistungen bezogen. Die Pflege wird von Angehörigen bestritten, obwohl in der Pflegeversicherung Sachleistungen von höherem Wert sind als Pflegegelder.

Für den Fokus auf Geldtransfers sprechen aus Sicht der Familien mehrere Gründe: Zum einen ist die geförderte private Pflege nicht so teuer, zum andern begünstigen Pflegegelder nicht nur die Unterstützung durch Angehörige. Sie schaffen auch eine günstige Voraussetzung für die Beschäftigung illegaler Pflegekräfte, insbesondere wenn ihre Verwendung nicht genau kontrolliert wird. In Deutschland können zwar auch Sachleistungen bezogen werden. Bei einem erhöhten Bedarf reichen diese jedoch nicht aus. Zusätzliche Leistungen können mitunter nicht finanziert werden, oder die Betroffenen und ihre Angehörigen sind nicht bereit dazu. Die illegale Pflege ist dagegen viel günstiger, so dass mit den Pflegegeldern auch eine Rund-um-die-Uhr-Pflege (mit-) finanziert werden kann.

Zusammenfassend zeichnet sich das Pflegesystem in Deutschland durch eine starke familiale Pflege aus. Finanzielle Anreize sind dafür genauso verantwortlich wie moralische und gesetzliche Verpflichtungen. Gleichzeitig besteht ein Recht auf pflegerische Unterstützung vom Staat. Der sich abzeichnende Trend zu mehr professioneller Pflege, zu einer Zunahme an außerfamilialen aber auch illegal beschäftigten Pflegekräften zeigt, dass in der pflegerischen Praxis dieses Recht vermehrt angenommen und gelebt wird und die familialen Verpflichtungen in Zukunft flexibler gehandhabt werden könnten.

3.3 Schweiz

Die Schweiz wird häufig als Sonderfall beschrieben. Dies gilt auch im Rahmen dieser Länderportraits. Zumindest lässt sich die Schweiz nicht wie die anderen Staaten zweifelsfrei einem bisher gängigen Wohlfahrtsstaatstypus zuordnen, wobei die Kategorisierungen meist zwischen liberal und konservativ-korporatistisch schwanken. Selbst wenn man sich auf die Familie bzw. die Familienpolitik im Allgemeinen und das Pflegesystem im Besonderen stützt, bestehen Widersprüche. Nicht zuletzt stellt auch der ausgeprägte helvetische Föderalismus einen Sonderfall dar, der dem Ländervergleich enge Grenzen setzt. Dennoch, trotz dieser Besonderheiten lässt sich auch am Beispiel Schweiz zeigen, wie das heutige Pflegesystem ein Kind seiner Geschichte ist und von sozialen, kulturellen und institutionellen Faktoren vorangehender Jahrhunderte abhängt.

Wie anderen Orts werden die meisten pflegebedürftigen Menschen von Angehörigen unterstützt, dies gilt insbesondere für die ländlichen und alpinen Regionen. Im städtischen Raum sind sowohl die ambulanten als auch die stationären Pflegeleistungen sehr gut ausgebaut. Ländervergleiche zeigen denn auch, dass in der Schweiz alte und pflegebedürftige Menschen vergleichsweise häufig in sozial-medizinischen Einrichtungen untergebracht sind. Einer Schätzung zufolge leben mindestens 40 Prozent der pflegebedürftigen Schweizer in Heimen, in Deutschland sind es weniger als 30 Prozent (Höpflinger und Hugentobler 2005: 55). Betrachtet man die gegenwärtigen Rahmenbedingungen, würde man hingegen eine geringere Institutionalisierungsrate erwarten – zumindest auf den ersten Blick. Alte Menschen möchten gerne in der eigenen Wohnung altern, die Kosten für einen Heimaufenthalt sind beträchtlich und auf Bundesebene gibt es eine gesetzliche Verpflichtung zur Unterstützung bedürftiger Eltern. Dies sind allesamt gute Gründe für die Pflege im Kreis der Familie. Bei genauerem Hinsehen wird jedoch deutlich, dass der erste Eindruck täuscht und dass es auch Anreize für die Heimpflege gibt.

Die meisten älteren Schweizer ziehen ein selbständiges Altern in der eigenen Wohnung einer Heimunterbringung vor. Der Wechsel in eine stationäre Einrichtung erfolgt daher meist erst dann, wenn kein Partner bzw. kein familiales Unterstützungsnetzwerk mehr vorhanden ist oder die Pflegebedürftigkeit stark ansteigt. Ambulante Pflegedienste können zwar das Leben zuhause erleichtern und einen Heimeintritt hinauszögern. Bei Demenzkranken, Schwer- und Schwerstpflegebedürftigen ist die Unterstützung durch Angehörige jedoch unabdingbar für den Verbleib in der eigenen Wohnung (Höpflinger und Hugentobler 2005: 98; Hugentobler 2003). Entgegen der Präferenzen der Betagten für die ambulante Pflege gibt es heute auch systemische Anreize für eine Heimunterbringung. Aufgrund von Tarifregelungen (bis 2006) zwischen Krankenkassen und Pflegedienstleistern ist die spitalinterne Pflege (Tagespauschale) für die Krankenkassen günstiger als eine umfassende spitalexterne Versorgung (Stundenpauschale). Die Krankenkassen haben somit ein Interesse an einer stationären Behandlung ihrer Klienten, was sie unter bestimmten Umständen auch durchsetzen können. Für Privatpersonen und die Volkswirtschaft war die stationäre Pflege meist jedoch teurer, so dass vermehrt private Mittel und Steuergelder aufgewendet werden müssen, um die Differenz zwischen eigentlichen Kosten und dem Tarif der Krankenkassen zu begleichen.

Die Kosten für die spitalinterne Pflege und Unterkunft werden nur zum Teil von den Krankenkassen gedeckt. Gerade die Unterbringungskosten, die nicht zu den Kassenleistungen zählen, sind beträchtlich und übersteigen in vielen Fällen die Renteneinkünfte (Alters- und Hinterbliebenenversicherung, Invaliditätsversicherung) bei weitem. Sofern die Ausgaben über den Einnahmen liegen, besteht ein Anspruch auf (begrenzte) Ergänzungsleistungen, dass heißt steuerfinanzierte Beiträge zu den Pflege- und Lebenshaltungskosten. Vermögenswerte müssen allerdings bis auf einen Restbetrag begleitend und allmählich verzehrt werden. Die Ergänzungsleistungen werden jedoch ohne Rückgriff auf das Einkommen oder Vermögen der Kinder gewährt. Ein wesentliches Ziel dieser öffentlichen Mittel ist es auch, dass Betagte und ihre Familien nicht auf die (stigmatisierende) Sozialhilfe angewiesen sind. Insofern erfüllen die Ergänzungsleistungen die Funktion einer Pflegeversicherung, auf die ein Rechtsanspruch besteht.

Von den gesamten Pflegekosten werden fast 50 Prozent aus der eigenen Tasche bezahlt. Die Krankenkassen kommen für etwa 20 Prozent auf, die Ergänzungsleistungen liegen mit 16 Prozent nur knapp darunter (Egerszegi-Obrist 2006; Zogg 2005). Bemerkenswert ist, dass ein beträchtlicher Teil privat finanziert wird, jedoch nur 2 Prozent der Kosten von der Sozialhilfe gedeckt werden. Grundsätzlich ist die Sozialhilfe gegenüber allen anderen Versicherungen und der Unterstützung durch Angehörige (PartnerIn, Kinder) subsidiär. Sie kommt für die Kosten auf, die weder durch die Krankenkassen, Rentenleistungen, private Versicherungen, die Ergänzungsleistungen und die Angehörigen abgedeckt werden. Allerdings ist dies keine bundesweit einheitliche Regelung. Auf kantonaler und Gemeindeebene gibt es mitunter noch weitere Unterstützungsmöglichkeiten, so dass ein Bezug von Sozialhilfe in vielen Fällen vermieden werden kann. Gegenwärtig wird im Hinblick auf zukünftig steigende Kosten die Diskussion geführt, ob ältere Menschen und deren Familien stärker an den Kosten beteiligt werden sollen.

Ferner gibt es rein formal gesehen eine Unterstützungspflicht der Kinder. Allerdings greift diese erst sehr spät, nachdem die Altersversicherungen,

Krankenkassen, Ergänzungsleistungen und gegebenenfalls weitere Unterstützungsformen auf subnationaler Ebene ausgeschöpft wurden (vgl. Leuba und Tritten 2006). Je nach lokalen Zusatzleistungen und dem Zusammenspiel zwischen öffentlichen und familialen pflegerelevanten Leistungen kann also kaum mehr von einer Verpflichtung zwischen Angehörigen gesprochen werden (vgl. Lucas und Giraud 2006). Im Gegensatz zu anderen Ländern spielen diese Unterhaltsverpflichtungen gegenüber pflegebedürftigen Eltern weder in der Medienberichterstattung noch in der wissenschaftlichen Diskussion eine bedeutende Rolle. Offensichtlich ist die Belastung für die Nachkommen so gering, dass sie nicht als Armutsfalle für erwachsene Kinder gesehen und problematisiert wird.

Die aktuellen Regelungen zeigen, dass auch im Hinblick auf das Pflegesystem von einem Sonderfall Schweiz gesprochen werden kann. Die Familie ist zwar die wichtigste Ressource für Betagte und Bedürftige, und Subsidiarität und familiale Verpflichtungen bestehen zumindest formal. Faktisch kann jedoch von einem umfassenden Sicherungssystem und einer sehr gut ausgebauten und genutzten ambulanten und stationären Pflege gesprochen werden, wobei die professionelle Pflege stärker gefördert wird als die informelle Unterstützung. Die hohe Institutionalisierungsrate bei Pflegebedürftigen ist jedoch nicht nur eine Folge der heutigen Gesetzgebung, sie ist auch historisch bedingt. Zum einen muss die spezifische Familientradition genannt werden. Gemeinsam mit den nordischen Ländern kann die Schweiz zu den Vertretern des „europäischen Ehe- und Familienmodells" gezählt werden (Höpflinger und Hugentobler 2005: 79f.). Charakteristisch für dieses Modell sind die eher lockeren intergenerationalen Beziehungen in Familien, was sich auch an dem geringen Anteil an Drei-Generationenhaushalten ablesen lässt. Außerfamiliale Versorgungs- und Betreuungseinrichtungen wurden daher früh gesellschaftlich anerkannt und zudem staatlich gefördert.

Zum anderen ist die Geschichte der Fürsorge aufschlussreich. Die Fürsorge als Vorläufer moderner Sozialversicherungen war an die Heimatgemeinde – den Geburtsort bzw. Heimatort der Eltern – gebunden. Selbst Anfang des 20. Jahrhunderts, wo nur noch ein Drittel der Schweizer im Heimatort wohnten, waren Sozialleistungen an diesen und nicht an den Wohnsitz gekoppelt. Aufgrund dieses Bürger-/Heimatortsprinzips in der Fürsorge – in der Bundesverfassung von 1848 verankert – wurden in nicht wenigen Fällen alte und invalide Menschen (zwangsweise) umplaziert (Höpflinger 2007). Um diesem Missstand zu begegnen, etablierte sich die freiwillige Armenpflege im 19. Jahrhundert. Gegen Ende des Jahrhunderts finanzierten zunehmend Privatiers, Gemeinden und Kantone zahlreiche Heime und Anstalten für die ‚Nichtbürger'. Zuerst wurden Arme, Kranke und Unzüchtige gemeinsam in den Anstalten untergebracht. Später bildeten sich dann spezielle Heime und Spitäler für Waisenkinder, Alkoholiker, Kranke, Alte etc. heraus. Gleichzeitig übernahm der Staat immer mehr die Kontrolle und Finanzierung der Einrichtungen (Christ 2006). In diesem historischen Kontext entstanden zahlreiche Institutionen, die auch heute noch die Pflegelandschaft prägen. Neben den Spitälern und Pflegeheimen ist vor allem die gut ausgebaute Spitex (spitalexterne Pflege) zu nennen.

Zusammenfassend zeichnet sich das schweizerische Pflegesystem durch eine im Vergleich zu den Nachbarländern weniger verbreitete familiale und eine sehr gut ausgebaute ambulante und stationäre Pflege aus. Gesetzliche filiale Verpflichtungen bestehen zwar, aufgrund von zahlreichen Regelungen auf Gemeinde- und kantonaler Ebene. Sie greifen jedoch – wenn überhaupt – meist erst spät. Insbesondere in der pflegerischen Praxis weist das Pflegesystem mehr Gemeinsamkeiten mit den nordischen Ländern als mit den Nachbarstaaten Deutschland, Frankreich, Italien und Österreich auf. In den kulturellen Normen zeigt sich – trotz des europäischen Ehe- und Familienmodells – jedoch auch eine Nähe zu den familienbasierten Pflegesystemen, denn die Pflege durch Angehörige wird von den älteren Personen oft erwartet und gewünscht. Auch wenn die gesellschaftliche Organisation der Pflege eher einem servicebasierten Pflegesystem entspricht, so kann unter Berücksichtigung der kulturellen Rahmenbedingungen auch von einer Mischform gesprochen werden.

3.4 Italien

Italien repräsentiert im Folgenden die mediterranen Staaten. Wiederum gilt, dass auch zwischen den südeuropäischen Ländern Unterschiede in der Organisation und Finanzierung der Pflege bestehen, sie sind jedoch weitaus geringer als die Differenzen zu den kontinental- und nordeuropäischen Ländern.

Wie die meisten anderen Länder in dieser Untersuchung ist Italien von einer andauernden demografischen Alterung betroffen. Der Fall Italien ist dennoch besonders. Während die Lebenserwartung in den letzten 60 Jahren um 22 Jahre gestiegen ist und nun zu den höchsten der westlichen Länder gehört, ist die Geburtenrate im historischen Vergleich zu anderen Staaten erst relativ spät, dafür jedoch um so stärker gesunken (Livi Bacci 1999: 121, 134; Sartor et al. 2007). Italien ist von der demografischen Alterung folglich besonders betroffen. Im Pflegefall kann demzufolge auf weniger Angehörige aus jüngeren Generationen zurückgegriffen werden. Gleichzeitig nimmt die Erwerbstätigkeit von Frauen zu. Zwar liegt Italien in dieser Hinsicht mit etwa 50 Prozent noch immer weit unter dem EU-Durchschnitt (OECD 2007a). Aufgrund der wenig verbreiteten Teilzeitarbeit (bei Frauen) und den geringen öffentlichen Pflegeleistungen stellt sich dennoch das strukturelle Problem, wie sich eine Erwerbsarbeit und die Pflege von Angehörigen vereinbaren lassen.

Vergleicht man die pflegerische Praxis Italiens mit mittel- und nordeuropäischen Ländern, zeigen sich bereits bei einer oberflächlichen Betrachtung deutliche Differenzen. Beim Blick auf die Angebotsseite, dass heißt auf staatliche und öffentliche Leistungen für ältere Menschen, fällt auf, dass nur sehr wenige Personen öffentliche Serviceleistungen beziehen (Eurostat 2003; Höpflinger und Hugentobler 2005; Pinnelli 2001). Viele Pflegebedürftige erhalten hingegen eine finanzielle Unterstützung. Diese reicht allerdings nicht aus, um professionelle Pflegeleistungen zu finanzieren. Aufgrund des Missverhältnisses zwischen Pflegebedarf einerseits und Pflegediensten und -geldern andererseits fallen die Pflegeaufgaben insbesondere der Familie zu, wobei die Pflegegelder einen zusätzlichen Anreiz zur Unterstützung in der Familie geben können (Gori 2000: 266). Vor dem Hintergrund der starken familialen Verpflichtungen (Barbagli 1997) übernehmen die Angehörigen die Betreuung jedoch meist selbstverständlich oder zumindest bereitwillig. Entsprechend viele Betagte werden daher in der Familie gepflegt.

Die Kombination aus finanziellen Transfers und fehlenden und teuren Serviceleistungen sowie der zunehmenden Erwerbsbeteiligung von Frauen hat zudem die Beschäftigung illegaler Pflegekräfte begünstigt (Gori 2000). Meist werden Migrantinnen aus Niedriglohnländern beschäftigt. Da weder Löhne auf italienischem Niveau noch Sozialbeiträge entrichtet werden, können sich viele Familien eine solche Rund-um-die-Uhr-Pflege leisten. Ein/e badante[2] ersetzt drei professionelle Pflegekräfte, bei deutlich niedrigeren Kosten. Häufig wohnen die Pflegerinnen im Haus, oft schlafen sie sogar im Zimmer des Pflegefalls. Sie essen mit am Tisch, und meist dauert es auch nicht lange, bis sie in die ‚Familie' aufgenommen werden – was den Weg für eine Veränderung der intergenerationalen Solidarität ebnet. Aus Sicht der Kinder, die zwar noch die Organisation und Bezahlung, nicht jedoch die eigentliche Pflege übernehmen, stellt die Beschäftigung der ‚badante' keine Verletzung der familialen Pflichten dar, schließlich werden die Angehörigen in der erweiterten Familie gepflegt (Da Roit 2007; Trifiletti 2007).

Die enge Anbindung an die Familien der Pflegebedürftigen darf jedoch nicht darüber hinwegtäuschen, dass sich die Pflegekräfte aus Osteuropa und Asien in einer prekären Lage befinden. Neben den extremen Arbeitszeiten und geringen Löhnen ist ihre Lage vorwiegend durch den gänzlich fehlenden

---

2 "The term badante is impossible to translate: it is referred to this kind of co-resident family assistant with no timetable limitation who, having no residence rights and no accommodation, accepts to work 'round-the-clock for low pay" (Trifiletti 2007: 5, FN 5).

sozialversicherungs- und arbeitsrechtlichen Schutz gekennzeichnet, oft besitzen sie nicht einmal eine Aufenthaltserlaubnis (Da Roit 2007).

Entgegen der pflegerischen Praxis sind die rechtlichen Unterschiede auf den ersten Blick nicht ersichtlich. Italien räumt – wie andere europäische Länder auch – pflegebedürftigen Menschen ein Recht auf die pflegerische Versorgung ein. Gleichzeitig sind Angehörige zur Unterstützung enger Familienmitglieder verpflichtet. Ungewöhnlich ist hingegen, dass ein Recht auf Unterstützungsleistungen von Angehörigen besteht. Ansprüchen gegenüber dem Staat stehen demnach Ansprüche gegenüber Familienmitgliedern entgegen. Im Gesetzestext ist allerdings nicht klar geregelt, wie das Verhältnis zwischen staatlicher und familialer Unterstützung aussieht und welche Ansprüche Vorrang haben. Die Unklarheit führt zu einer Spannung zwischen individuellen Rechten und familialen Verpflichtungen (allgemein hierzu: Kildal 2003). In der Praxis greift der Staat jedoch erst ein, wenn der Bedarf groß ist, keine finanziellen Mittel vorhanden sind und die Familie die Unterstützung oder Finanzierung der Pflege nicht leisten kann (Gori 2000). Vorbeugende Maßnahmen, die Alterserscheinungen mildern und schweren Krankheiten vorbeugen können, stehen den Betagten faktisch nicht zur Verfügung – was sich negativ auf den Bedarf an Schwerstpflegefällen auswirken kann. Diese Praxis lässt sich nur mit dem Verweis auf den Einfluss der katholischen Kirche und der Frauenbewegung sowie der Verfassung ableiten.

Die katholische Kirche hat traditionell einen starken Einfluss auf das Familienleben, aber auch auf die Familien- und Sozialpolitik in Italien. Noch in der Mitte des zwanzigsten Jahrhunderts hatte sie auf lokaler und regionaler Ebene das Monopol auf die Linderung von Armut, die Bereitstellung elementarer Bildung sowie die Kinder- und Altenbetreuung. Zwei Aspekte sind in der Familienideologie der katholischen Kirche zentral: zum einen das patriarchalische Familienmodell, welches der Frau die Verantwortung für häusliche Belange zuweist, und zum anderen das Subsidiaritätsprinzip, nach dem die Familie die erste Solidargemeinschaft ist. Der Staat greift erst dann ein, wenn die Familie und private Organisationen sowie die Kirche die Risiken der Mitglieder nicht auffangen können (Esping-Andersen 1990: 134). Beide Ansichten prägen die Familienpolitik in Italien bis heute (Flaquer 2000; Naldini 2000). Ältere Menschen erhalten erst dann staatliche Pflegeleistungen, wenn das Familieneinkommen nicht ausreicht, um diese zu finanzieren.

Konform mit der katholischen Lehre wird die Familie in der Verfassung als staatstragende Institution aufgefasst. Frauen und Männer sind dort zwar grundsätzlich gleichberechtigt, allerdings nur insofern die Rolle der Frau als Mutter und Pflegerin nicht gefährdet ist (Bimbi 2000; Naldini 2000: 106). Die Familie hat demnach Priorität gegenüber einer Erwerbstätigkeit der Frau und gegenüber der Bereitstellung staatlicher Serviceleistungen. Finanzielle Transfers (Familienlohn) können dagegen die Sicherungsfunktion der Familie und damit die Rolle der Frau unterstützen. Sie sind daher traditionell das bevorzugte sozial- und familienpolitische Instrument.

In den Frauenbewegungen wurde dieses Familienbild nie ernsthaft hinterfragt – was wiederum mit dem Einfluss der katholischen Kirche begründet werden kann. Einerseits unterhielt die katholische Kirche selbst eine Frauengruppe. Sie sollte aktiv die katholischen Familienwerte mit der traditionellen Rolle der Frau verteidigen. Andererseits hätte in der Sozial- und Familienpolitik keine Einigung mit der Kirche erzielt werden können, wenn die patriarchalische Ehe abgelehnt worden wäre. Die größte Frauenbewegung hat deshalb im Zusammenschluss mit der kommunistischen Partei für die Gleichberechtigung der Frau in der Arbeitswelt ‚gekämpft'. Die Familie und der häusliche Bereich – auch die bezahlte Hausarbeit – wurden als getrennt von der Erwerbsarbeit betrachtet und nicht in die Politik einbezogen. Entsprechend wurde die geschlechtsspezifische Arbeitsteilung in der Familie nicht mit Nachdruck als soziales Problem auf die politische Agenda gesetzt. Forderungen nach staatlicher Kinderbetreuung oder Altenpflege waren entsprechend selten und ein Kampf für solche Leistungen wäre immer auch ein Kampf gegen die Kirche gewesen. Öffentliche Serviceleistungen konnten somit nicht als Pflegeideal durchgesetzt werden (Bertone 2003; Naldini 2000).

Ein weiterer wichtiger Unterschied zwischen Italien und den nördlicher gelegenen und weniger katholisch geprägten Ländern ist die familienpolitische und kulturelle Definition von Familie. Familie umfasst nicht nur die Beziehung zwischen Eltern und Kindern, sie schließt auch die (Halb-) Geschwister und andere Verwandte mit ein – und zwar unabhängig davon, ob sie im gleichen Haushalt wohnen oder nicht. Naldini (2000) spricht daher von einem wohlfahrtsstaatlichen Modell, das auf einer erweiterten familialen bzw. verwandtschaftlichen Solidarität basiert. Diese Konzeption hat ihr Für und Wider. Einerseits steht jedem Familienmitglied ein breites Unterstützungsnetzwerk offen. Andererseits bringt dies auch umfassende Verpflichtungen mit sich. Für das Verhältnis zwischen familialer und staatlicher Unterstützung heißt dies, dass die Familie einen Großteil der pflegerischen Aufgaben leisten und anfallende Kosten auffangen muss. Der Staat stellt umgekehrt weniger Dienstleistungen zur Verfügung. Die große Anzahl an illegalen Pflegekräften zeigt jedoch, dass es einen Bedarf an außerverwandtschaftlicher Pflege gibt. Dies ist nicht zuletzt ein Verweis auf die (zu hohe) Betreuungsbelastung in der Familie („too much family", vgl. Livi Bacci 2001).

Das Zusammenspiel von Subsidiaritätsprinzip, gesetzlichen und normativen Verpflichtungen zwischen Familienmitgliedern und der breiten Definition des

Familienbegriffs macht deutlich, warum in Italien die Pflege fast vollständig in der (erweiterten) Familie erfolgt, öffentliche Serviceleistungen selten sind und eine staatliche Unterstützung vorwiegend in Form von finanziellen Transfers erfolgt. Italien repräsentiert damit zweifelsfrei ein familienbasiertes Pflegesystem. Im Vergleich mit Dänemark liegt Italien damit nicht nur am anderen Ende Europas. Es unterscheidet sich auch in jeder Hinsicht vom Pflegesystem des skandinavischen Landes. Die Familie trägt fast ausschließlich und selbstverständlich die Verantwortung für die Pflege. Eine Wahl zwischen verschiedenen (legalen) Pflegeleistungen und -arrangements und der Bezug professioneller Pflege bleiben allenfalls wohlhabenden Personen vorbehalten. Für alle anderen ist damit ein selbstbestimmtes Leben im Altern oft nicht oder nur eingeschränkt möglich und eine (finanzielle) Abhängigkeit von Kindern oder Geschwistern kann nicht vermieden werden.

3.5 Pflegesysteme im Vergleich

In der folgenden Tabelle werden grundlegende Aspekte der Pflegesysteme der vier Länder systematisch dargestellt. Dänemark bestätigt die Erwartung an den nordischen Vertreter in der Länderauswahl. Jeder Bürger hat einen Rechtsanspruch auf staatliche Unterstützung, unabhängig davon, ob Verwandte oder der Partner die Pflege übernehmen bzw. finanzieren können oder nicht. Gleichzeitig weist Dänemark eine sehr geringe normative Verpflichtung erwachsener Kinder gegenüber ihren Eltern auf, und umgekehrt erwarten die Eltern auch nicht die volle Unterstützung von ihren Kindern. Im Gegenteil, sie sind professionellen Dienstleistungen gegenüber sehr positiv eingestellt und ziehen diese der familialen Pflege sogar oft vor. Entsprechend ist Dänemark ein Hauptvertreter der servicebasierten Pflegesysteme.

In Deutschland steht die Familie stärker im Zentrum des Pflegesystems, weshalb von einem familienbasierten Pflegesystem gesprochen werden kann. Zwar besteht ein individueller Rechtsanspruch (der Versicherten) auf professionelle Pflegeleistungen und/oder -gelder. Diese Leistungen sind jedoch nur als Ergänzung und Unterstützung der familialen und privaten Pflege gedacht. Die Pflegeversicherung hat die finanzielle Last der Pflegebedürftigen und ihrer Angehörigen deutlich reduziert. Dennoch reichen die Leistungen oft nicht aus, so dass die bedürftige Person und ihre Familie für die zusätzlichen Kosten aufkommen müssen. Neben den gesetzlichen sind auch die normativen Verpflichtungen zwischen Angehörigen stark ausgeprägt. Die Verpflichtungen reichen zwar nicht so weit, dass sie auch die unbedingte Pflege durch Geschwister umfassen. Für Kinder stellen sie jedoch fast eine Verbindlichkeit dar.

Tabelle 3.1: Pflegesysteme im Vergleich

	Dänemark	Deutschland	Schweiz	Italien
Sozialpolitische Referenz	Individuum	Kernfamilie	Individuum/ Kernfamilie	erweiterte Familie
Gesetzliche Verpflichtungen	keine	mittel	gering	sehr stark
Normative Verpflichtung	gering	stark	mittel	sehr stark
Verantwortung für die Pflege	Staat	Familie/Staat	Staat/Familie	Familie
Professionelle Pflege	sehr verbreitet	verbreitet	sehr verbreitet	kaum verbreitet

Quelle: Eigene Darstellung.

Das schweizerische Pflegesystem ähnelt dem deutschen, wobei den professionellen Dienstleistungen ein größeres Gewicht zukommt. Es gibt zwar keine eigene Pflegeversicherung, die Krankenkassen und die Ergänzungsleistungen erfüllen zusammen jedoch eine ähnliche Funktion. Jeder hat einen Anspruch auf die Teilfinanzierung der Pflegeleistung sowie auf weitere Unterstützungsleistungen. Die Verpflichtungen zwischen erwachsenen Kindern und ihren Eltern sind dagegen weniger stark ausgeprägt, sowohl normativ als auch gesetzlich. Ein hohes Einkommen und Vermögen der Kinder wird erst dann angerechnet, wenn die verschiedenen Sicherungsleistungen nicht ausreichen und Sozialhilfe bezogen werden muss. Faktisch übernehmen der Staat bzw. die obligatorische Krankenversicherung damit eine größere Verantwortung für die Pflegebedürftigen als dies in Deutschland der Fall ist, gleichzeitig wird die Unterstützung der Angehörigen nicht im gleichen Ausmaß vorausgesetzt und auch nicht gefördert. Insbesondere die stationäre aber auch die ambulante Pflege ist daher sehr weit verbreitet. Insgesamt entspricht die pflegerische Praxis eher einem servicebasierten Pflegesystem.

Das familienbasierte Pflegesystem Italiens unterscheidet sich in wesentlichen Aspekten von den drei anderen Ländern. Die Definition der Familie ist sehr weit gefasst. Sowohl nach dem Gesetz als auch nach gesellschaftlichen Normen sind nicht nur Kinder und Eltern wechselseitig unterstützungspflichtig, sondern auch (Halb-) Geschwister. Diese Solidarität in der Familie wird schlicht vorausgesetzt. Eine (finanzielle) Anerkennung oder eine Unterstützung durch professionelle Dienstleister gibt es kaum. Aus Mangel an Alternativen beschäftigen die Familien illegale, gering entlohnte Pflegekräfte um ihren alltäglichen Verpflichtungen nachkommen zu können.

3.6 Kurzfazit

Wie die Länderportraits zeigen, gibt es deutliche Unterschiede zwischen einzelnen Staaten. Mit Ausnahme der Schweiz handelt es sich bei den Fallbeispielen um Vertreter spezifischer Wohlfahrtsregime. Zwar bestehen auch innerhalb der Ländergruppen eines Wohlfahrtsstaatentyps bedeutende Unterschiede, die Gemeinsamkeiten überwiegen jedoch. Die Befunde aus den Länderportraits können folglich im Großen und Ganzen auf andere Staaten derselben Ländergruppe übertragen werden – dies gilt sowohl für die Eigenschaften der Pflegesysteme als auch für deren Ursachen. Italien repräsentiert das mediterrane Modell mit seinem familienbasierten Pflegesystem, zudem auch Griechenland und Spanien gezählt werden können. Gemeinsamkeiten umfassen hier folglich die immense Bedeutung der Familie aber auch illegaler Migrantinnen in der Pflege sowie große Lücken in der ambulanten und stationären Versorgung älterer Menschen. Neben Deutschland können Österreich und mit Einschränkungen auch Frankreich zu dem kontinentaleuropäischen Modell gezählt werden. Die Familie übernimmt auch hier eine wichtige Funktion bei der pflegerischen Versorgung der älteren Bevölkerung, weshalb diese Länder ebenfalls zu den familienbasierten Pflegesystemen gezählt werden müssen. Im Unterschied zu den mediterranen Ländern werden professionelle Dienstleistungen jedoch flächendeckend angeboten und von öffentlichen Einrichtungen umfasser finanziert.

Neben Dänemark gehören im Sample Schweden und die Niederlande zum servicebasierten (Pflege-) Modell, das sich durch eine hohe Institutionalisierungsrate einerseits und geringe normative und gesetzliche Verpflichtungen zwischen den Angehörigen andererseits auszeichnet. Die Schweiz und Belgien lassen sich hingegen nicht zweifelsfrei einem Wohlfahrtsmodell zuordnen. Während die kulturellen Normen – die Pflege wird von Angehörigen erwartet – eher einem familienbasierten Pflegesysteme entsprechen, gleichen die institutionellen Strukturen – die ambulante und stationäre Pflege ist sehr weit verbreitet und gesetzliche Verpflichtungen eher schwach ausgeprägt – dem servicebasierten Pflegesystem. Aufgrund der gesellschaftlichen Organisation der Pflege sind diese Länder damit zwar eher zu den servicebasierten Pflegesystemen zu zählen, unter Berücksichtigung der kulturellen Rahmenbedingungen muss jedoch eher von einer Mischform gesprochen werden.

4 Daten, Operationalisierung und Methoden

Im Folgenden wird zunächst auf den verwendeten Datensatz eingegangen. Wer wurde befragt, welche Informationen sind verfügbar, welche Einschränkungen wurden bei den Auswertungen gemacht? Im Anschluss an diese allgemeinen Informationen wird detailliert auf die zentrale Variable ‚Pflege' und ihre Operationalisierung eingegangen. Aufgrund dieser Operationalisierung und der Struktur des Datensatzes bieten sich bestimmte statistische Verfahren für die Analysen an. Die Auswahl der statistischen Verfahren – logistische Regression, und Mehrebenenanalyse – wird schließlich begründet und die jeweiligen Verfahren werden kurz vorgestellt.

4.1 Daten: Survey of Health, Ageing and Retirement in Europe

Der Survey of Health, Ageing and Retirement in Europe (SHARE)[3] ist ein repräsentativer Datensatz mit detaillierten Informationen zu Familie und sozialer Unterstützung, Gesundheit, ökonomischer Situation sowie Erwartungen und Einstellungen der über 50jährigen (und ihrer Partnerinnen/Partner im selben Haushalt) in Belgien, Dänemark, Deutschland, Frankreich, Griechenland, Italien, Niederlande, Österreich, Schweden, Schweiz und Spanien. Damit sind mit Ausnahme von Großbritannien und Osteuropa die verschiedenen europäischen Regionen abgedeckt, von Skandinavien bis zum Mittelmeer. Die Finanzierung dieser groß angelegten Erhebung erfolgte hauptsächlich durch die Europäische

---

3   Mit der Datennutzung ist folgende Erklärung abzugeben: „This paper uses data from Release 2 of SHARE 2004. The SHARE data collection has been primarily funded by the European Commission through the 5th framework programme (project QLK6-CT-2001-00360 in the thematic programme Quality of Life). Additional funding came from the US Na-tional Institute on Ageing (U01 AG09740-13S2, P01 AG005842, P01 AG08291, P30 AG12815, Y1-AG-4553-01 and OGHA 04-064). Data collection in Austria (through the Austrian Science Foundation, FWF), Belgium (through the Bel-gian Science Policy Office) and Switzerland (through BBW/OFES/UFES) was nationally funded. Further support by the European Commission through the 6th framework program (projects SHARE-I3, RII-CT-2006-062193, and COMPARE, 028857) is gratefully acknowledged. The SHARE data set is introduced in Börsch-Supan et al. (2005b); methodological details are contained in Börsch-Supan and Jürges (2005)".

Kommission. Weitere finanzielle Unterstützung kam vom U.S. National Institute on Aging, dem österreichischen Wissenschaftsfonds, der belgischen „Föderalen Wissenschaftspolitik" und dem schweizerischen Bundesamt für Bildung und Wissenschaft.

Konzeption und Fragebogen wurden für die einzelnen Themen von internationalen Expertengruppen erarbeitet. Dabei wurde insbesondere auch auf frühere einschlägige Untersuchungen zurückgegriffen, wie z.B. in Hinblick auf die Generationensolidarität auf den deutschen Alters-Survey (Börsch-Supan et al. 2005a). Ein Schwerpunkt von SHARE sind die zeitlichen und finanziellen Austauschbeziehungen zwischen Familiengenerationen. Damit handelt es sich um einen aktuellen, derzeit einmaligen Datensatz, der für internationale Vergleiche aufgrund desselben Erhebungsdesigns, der einbezogenen Befragungspersonen und denselben Frageformulierungen erheblich besser geeignet ist als Zwei- oder Dreiländervergleiche mit unterschiedlichen Instrumenten.

Abbildung 4.1: Familiale Generationen und Pflege im SHARE

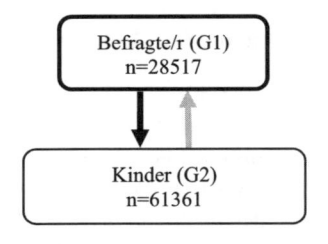

```
        ┌─────────────────┐
        │ Befragte/r (G1) │
        │   n=28517       │
        └─────────────────┘
              │   ▲
              ▼   │
        ┌─────────────────┐
        │   Kinder (G2)   │
        │   n=61361       │
        └─────────────────┘
```

➤ Angaben zu Eltern/Kindern
⇢ Pflegerichtung

Datenbasis: SHARE 2004, release 2. Eigene Darstellung.

Bislang beantworteten 28517 Personen aus 19548 Haushalten den interdisziplinär entworfenen Fragebogen zu ihrer persönlichen und familialen Situation. Zusätzlich zu computerunterstützen Interviews (CAPI) werden den Befragten sogenannte drop-off-Fragebögen mit eher sensiblen Fragen ausgegeben, die in Abwesenheit des Interviewers ausgefüllt und retourniert werden. Die Datenerhebung wird beständig fortgeführt und erweitert, so dass eine Längsschnittquelle entsteht, die auch einige osteuropäische Länder sowie in Zukunft auch Irland umfassen wird. Damit besteht einerseits in Zukunft die Möglichkeit, kausale Beziehungen besser zu erfassen. Andererseits können die Analysen auf Basis der bisherigen Daten später auf andere Länder ausgedehnt werden.

Unter anderem sollten die Befragten Angaben zu ihren Kindern machen (siehe Abbildung 4.1). Informationen über Kinder werden damit nicht direkt, sondern über den befragten Elternteil erhoben. Dabei ist nicht auszuschließen, dass die Situation und die Lebensumstände der Angehörigen nicht immer richtig eingeschätzt werden bzw. durch die generationenspezifische Betrachtungsweise (als Elternteil) gefärbt sind. Da die Kinder nicht befragt wurden, kann leider nicht überprüft werden, inwieweit die Angaben und Einschätzungen richtig sind und von den Betroffenen selbst geteilt werden. Unter Berücksichtigung dieses Aspekts erlaubt die Struktur des Datensatzes jedoch die Abbildung und Untersuchung von mindestens zwei Familiengenerationen. Im Hinblick auf die intergenerationale Pflege zwischen Eltern und ihren erwachsenen Kindern interessiert dabei vor allem eine Transferrichtung: die erhaltene Pflege von Kindern, wobei der Befragte selbst Pflegeempfänger ist, über den entsprechend umfassende Informationen zur Verfügung stehen.

4.2 Operationalisierung

In den folgenden Analysen werden generell nur Personen berücksichtigt, die mindestens 50 Jahre alt sind. Einer der wenigen Unterschiede zwischen den Länderstichproben besteht im Umgang mit Kollektivhaushalten, wobei in Frankreich, Italien, Österreich und der Schweiz nur Personen in Privathaushalten befragt wurden (Klevmarken et al. 2005). Dies ist für die vorliegende Untersuchung von besonderer Bedeutung, schließlich stellt der Zusammenhang zwischen öffentlichen und privaten Pflegeleistungen eines der Kernthemen dar. Um eine einheitliche Untersuchungsgruppe zu gewährleisten, werden die Analysen deshalb meist auf Personen in Privathaushalten eingeschränkt.

Die Umsetzung mehrdimensionaler theoretischer Konstrukte in klare empirische Indikatoren ist nicht unproblematisch. Die gestellten Fragen und verwendeten Formulierungen tun ihr Übriges. Im vorliegenden Fall erlaubt der Fragebogen jedoch eine detaillierte Differenzierung verschiedener Unterstützungsformen, wobei neben der Art der geleisteten oder empfangenen Tätigkeit auch der Umfang für eine Unterscheidung zwischen Hilfe und Pflege herangezogen werden kann.

Zuerst wird danach gefragt, ob in den letzten zwölf Monaten eine Unterstützung bei der Haushalts- oder Lebensführung geleistet oder empfangen wurde. Daran anschließend kann eine Person genannt werden, die Hilfe erhalten bzw. geholfen hat. Im Bereich der Familie stehen den Befragten sehr viele

Antwortmöglichkeiten von den Enkelkindern bis hin zu den Großeltern offen, zudem weiter entfernte Verwandte wie Nichten und Neffen oder Tanten und Onkel. Die direkten Verwandten in auf- oder absteigender Linie werden dabei sehr stark differenziert. So werden Kinder einzeln genannt und Eltern in Mutter und Vater getrennt und von den Schwiegereltern unterschieden – eine Voraussetzung dafür, dass die intergenerationale Hilfe und Pflegebeziehungen umfassend abgebildet und PflegerInnen und PflegeempfängerInnen direkt in Beziehung gesetzt werden können. In einem weiteren Schritt kann nun die Unterstützungsform angegeben werden, wobei die persönliche Pflege klar von anderen Hilfeleistungen abgegrenzt wird:

1. Persönliche Pflege, dass heißt a) beim Anziehen (einschließlich Socken und Schuhe), b) beim Baden oder Duschen, c) beim Essen (z.B. beim Zerkleinern der Speisen), d) beim Hinlegen oder aus dem Bett aufstehen, e) beim Benutzen der Toilette (auch beim Aufstehen oder Hinsetzen).
2. Praktische Hilfe im Haushalt, z.B. bei kleinen Reparaturen, bei der Gartenarbeit, beim Einkaufen oder bei der Hausarbeit.
3. Hilfe mit Behörden und Ämtern, z.B. beim Ausfüllen von Formularen, bei finanziellen oder rechtlichen Angelegenheiten.[4]

Die Fragen werden bis zu zweimal wiederholt, so dass jeweils bis zu drei Pflegepersonen bzw. -empfänger genannt werden können. Im Unterschied zu vielen anderen Erhebungen wird also nicht nur die Hauptpflegeperson erfasst, was mitunter zu einer Unterschätzung des Engagements von Söhnen führen kann. Dennoch, auch hier kann es in seltenen Fällen vorkommen, dass nicht alle Beteiligten genannt werden können. Dies dürfte am ehesten auf hilfsbereite Freunde und Bekannte zutreffen, da sie meist erst nach Partnern und Kindern als PflegerInnen oder HelferInnen angegeben werden.

Zusammengenommen ermöglichen die Fragen die theorienahe Operationalisierung der Pflege als regelmäßige Unterstützung bei körperbezogenen Tätigkeiten. Bei der Untersuchung der empfangenen Pflege kann unter Verweis auf verschiedene körperliche Beeinträchtigungen zudem untersucht werden, ob der/die Befragte notwendig auf die Unterstützung angewiesen ist.

---

4   Die Fragen beziehen sich nur auf die Unterstützung von oder an Personen außerhalb des Haushalts. Innerhalb des Haushalts werden ausschließlich mindestens wöchentliche Pflegebeziehungen abgefragt. Für Hilfe bei Haushaltstätigkeiten könnte nicht gesagt werden, wer wem hilft bzw. ist davon auszugehen, dass in geringem Maße jeder jedem hilft.

4.3 Methoden

Eine empirische Überprüfung der intergenerationalen Pflege muss die Eigenschaften der (potenziellen) Pflegeperson und des Pflegeempfängers berücksichtigen, zudem die familialen Strukturen sowie die kulturellen und institutionellen Rahmenbedingungen erfassen. Die Fragen zielen damit auf mehrere Aspekte. Einerseits geht es darum, die Unterschiede bei Eltern-Kind-Beziehungen, Personen, Familien und Ländern in Bezug auf die intergenerationale Pflege zu erfassen und zu erklären. Warum ist die Pflege in manchen Eltern-Kind-Beziehungen, Familien und Ländern sehr ausgeprägt, in anderen jedoch nicht? Andererseits wird untersucht, inwieweit die Länderunterschiede auf individuelle und familiale Eigenschaften (Kompositionseffekte) oder kulturell-kontextuelle Faktoren (Kontexteffekte) zurückgeführt werden können. Dazu werden zunächst nur die Ländervariablen in bivariaten logistischen Regressionen berücksichtigt, sie bilden folglich die gesamten Unterschiede zwischen den Ländern ab. Danach werden zusätzlich die individuellen und familialen Faktoren in das Modell aufgenommen. Anhand der Ländervariablen/-dummies lässt sich nun ablesen, inwieweit Länderunterschiede auch dann noch bestehen, wenn die sozio-demografische und -ökonomische Struktur eines Landes berücksichtigt wird. Umgekehrt zeigt sich auch, ob es Unterschiede gibt, die mit einiger Sicherheit auf die kulturellen und institutionellen Rahmenbedingungen zurückgeführt werden können.

Welche Faktoren das sein können, lässt sich anhand einer Mehrebenenanalyse bestimmen. Für eine detaillierte und zuverlässig Analyse der Länderunterschiede müssen aufgrund der Struktur des Datensatzes und der theoretischen Überlegungen dabei vier Ebenen analytisch unterschieden werden: die Beziehungs-, Individual-, Familien- und Länderebene. Die meisten Befragten haben mehrere Kinder und konnten für bis zu vier Eltern-Kind-Beziehungen (Ebene 1) detaillierte Angaben machen. Da die Befragten (Ebene 2) und ihre ebenfalls befragten Partner im gleichen Haushalt leben, sind Haushalte (Ebene 3) als ‚übergeordnete' Einheit von Personen anzusehen. Schließlich sind die Haushalte in einen länderspezifischen Kontext (Ebene 4) eingebettet, wobei die verwendeten Makroindikatoren dem Datensatz zugespielt werden (Ausnahme: Aggregation der Einstellungen gegenüber der staatlichen Pflege). Um die Einflüsse und Unterschiede auf diesen Ebenen angemessen zu erfassen, werden logistische Mehrebenenmodelle verwendet (Guo und Zhao 2000; Hox 1995; Snijders und Bosker 2002).

Die Mehrebenenanalyse verfügt – trotz der hier aus statistischer Sicht ‚geringen' Länderanzahl (Hox 1995; Snijders und Bosker 2002) – gegenüber der binären logistischen Regression über folgende Vorteile: Erstens kann damit die hierarchische Struktur der Daten und des theoretischen Modells abgebildet werden, was auch ermöglicht, das Ausmaß der Unterschiede zwischen Beziehungen, Personen, Haushalten und Ländern zu ermitteln. Die Intraclass-Korrelation gibt dabei an, welcher Anteil der Gesamtvarianz auf Unterschiede innerhalb der Länderebene zurückzuführen ist. Zweitens ist aufgrund der hierarchischen Struktur eine Unabhängigkeit der Beobachtungen nicht gewährleistet. Viele Befragte haben mehrere Kinder, so dass pro Person mehrere Eltern-Kind-Beziehungen beobachtet werden können. Da die Opportunitäts- und Bedürfnisstrukturen eines Elternteils in diesen Dyaden identisch sind, müssen Unterschiede in der Pflege auf die Eigenschaften bzw. die Situation des Kindes zurückgeführt werden. Aufgrund der konstanten Elterneigenschaften kann somit nicht von einer Unabhängigkeit der Dyaden und einer unverzerrten, effizienten Schätzung der Koeffizienten ausgegangen werden (Guo und Zhao 2000). Statistisch gesehen müssen sie daher als Ebene unterhalb der Personenebene aufgefasst werden (vgl. Snijders und Kenny 1999). Für die Schätzung der Mehrebenenmodelle wird die Software STATA (Module: xtmelogit, GLLAMM) verwendet. Außerdem wurden die Ergebnisse mit MLwiN repliziert.

Die folgende Darstellung eines Mehrebenenmodells bezieht sich der Einfachheit halber auf ein Vier-Ebenenmodell mit einer erklärenden Beziehungs- und einer Ländervariable. Die Gleichung der ersten Ebene – der Dyadenebene – entspricht hierbei der Gleichung der binären logistischen Regression:

(Gl. 1) $\quad LOGIT(P_{ijkl}) = \beta_{0jkl} + \beta_1 x_{ijkl}$

LOGIT(P_{ijkl}) steht für die logarithmierte Chance, dass das Ereignis eintritt (hier: die Pflege durch ein Kind). Unterschiede auf der Individualebene werden in der Gleichung (Gl. 2) erfasst, wobei β_{0kl} für den Mittelwert aller Personen steht. Die (unerklärten) Differenzen zwischen den Personen werden mit u_{0jkl} bezeichnet.

(Gl. 2) $\quad \beta_{0jkl} = \beta_{0kl} + u_{0jkl}$

Entsprechend können die Niveaus der Partnerschaften, Ebene 3, als Gleichung formuliert werden.

(Gl. 3) $\quad \beta_{0kl} = \beta_{0l} + v_{0kl}$

Die länderspezifische familiale Pflege β_{0l}, Ebene 4, kann durch den Makroindikator z erklärt werden, wobei w_{0l} den unerklärten Unterschied zwischen den Ländern angibt.

(Gl. 4) $\quad \beta_{0l} = \beta_0 + \beta_2 z_l + w_{0l}$

Die Länderdifferenzen sind dann gut erfasst, wenn mit der Berücksichtigung von Kontextfaktoren die unerklärte Varianz auf Länderebene reduziert werden kann. Durch Einsetzen von (Gl. 2) bis (Gl. 4) in (Gl. 1) ergibt sich die kombinierte Schreibweise (Gl. 5):

(Gl. 5) $\quad LOGIT(P_{ijkl}) = \beta_0 + \beta_1 x_{ijkl} + \beta_2 z_l + u_{0jkl} + v_{0kl} + w_{0l}$

Die multivariaten Analysen zum Einfluss der Kontextfaktoren werden unter Berücksichtigung dieser Mehrebenenstruktur durchgeführt. Auf der untersten Ebene, den Eltern-Kind-Dyaden, werden die Beziehungsmerkmale berücksichtigt. Die individuellen Besonderheiten des Elternteils werden über personenbezogene Merkmale erfasst. Unterschiede zwischen Haushalten werden auf Haushaltseigenschaften zurückgeführt. Auf der ‚höchsten' Ebene, der Länder, werden institutionelle Faktoren zur Erklärung der Niveauunterschiede herangezogen.

5 Pflege in Europa: Ein Überblick

In diesem Kapitel wird ein Bild der Pflege in Europa gezeichnet. Neben der gesamteuropäischen Situation interessieren vor allem die Unterschiede in der Pflege zwischen den Ländern. Pflege lässt sich prinzipiell in zwei Unterarten aufteilen, in informelle und professionelle Pflege. Informelle Pflege wird vorwiegend von Angehörigen, meist Partnern und Kindern geleistet. Die Unterstützung durch Freunde, Bekannte und Nachbarn ist zwar seltener, aber ebenfalls unverzichtbar. Familiale Pflege lässt sich weiter in die intergenerationale Pflege zwischen Eltern und Kindern oder Großeltern und Enkeln und die intragenerationale Pflege zwischen Partnern und Geschwistern differenzieren. Die Pflege des Partners erfolgt meist selbstverständlich und wird selten hinterfragt (Höpflinger und Hugentobler 2005). In der intergenerationalen Pflege gibt es jedoch deutliche Unterschiede zwischen den europäischen Regionen. Während die Pflege der Eltern in den mediterranen Staaten eine (gesetzlich verankerte) Selbstverständlichkeit ist, ist es in den nordischen Staaten durchaus üblich, im Pflegefall zuerst nach einer professionellen Lösung zu suchen. Diese ist im Unterschied zur familialen Pflege immer institutionalisiert und vertraglich geregelt. Sie erfolgt entweder ambulant oder geht mit einer dauerhaften, stationären Unterbringung in Pflegeeinrichtungen einher.

Die Herausarbeitung dieser Unterschiede ist unverzichtbar für eine Untersuchung der europäischen Pflegelandschaft. Welche Rollen übernimmt der Staat, welche Funktionen erfüllt die Familie? Wie viele Personen werden in der Familie gepflegt, wie viele erhalten professionelle Dienstleistungen? Ohne Zweifel ist die Beantwortung dieser Fragen von großer Bedeutung. Sie sagt jedoch nichts darüber aus, ob die pflegerische Versorgung in einem Land gut, ausreichend oder ungenügend ist – was eine wesentliche Voraussetzung für die Beurteilung der jeweiligen Pflegesysteme ist. Im Folgenden wird daher zuerst der Pflegebedarf in Europa und den einzelnen Ländern näher betrachtet. Vor diesem Hintergrund wird dann untersucht, ob und wie dieser Bedarf in den Gesellschaften gedeckt wird.

Der Pflegebedarf und die informelle und professionelle Pflege sind jedoch nicht unabhängig voneinander. Mit den SHARE-Daten liegt nun erstmals ein aktueller Datensatz vor, mit dem nicht nur das Ausmaß des Pflegebedarfs und die Verbreitung der informellen und formellen Pflege in Europa, sondern auch die Verschränkung zwischen Bedarf und den verschiedenen Pflegeformen untersucht werden können. Zunächst wird der Pflegebedarf herausgearbeitet – zuerst für Europa, danach für die einzelnen Länder. Daran anschließend werden die Befunde weiter differenziert, wobei das Augenmerk erstens auf die Unterschiede zwischen den Ländern und zweitens auf die Beziehung zwischen dem Pflegebedarf und privater und staatlicher Pflege gerichtet wird. Folgende Fragen stehen dabei im Mittelpunkt: Wie viele Personen erhalten in den einzelnen Ländern Pflege von Angehörigen, Freunden und Bekannten, und wie oft werden professionelle Pflegedienstleistungen in Anspruch genommen? Wer leistet Transfers an wen? Gibt es Unterschiede zwischen den Ländern, und wie sehen diese aus? Wie ist die pflegerische Versorgung in Europa und den einzelnen Ländern zu bewerten? Welche Wechselbeziehungen bestehen zwischen familialer Pflege einerseits und ambulanter und stationärer Pflege andererseits. Abschließend können diese Fragen hier nicht beantwortet werden. Die Befunde stellen jedoch eine wertvolle und geeignete Basis für die detaillierten Analysen in den darauf folgenden Kapiteln dar.

5.1 Pflegebedürftigkeit

Der Pflegebedarf lässt sich am besten über die Einschränkungen bei alltäglichen Aufgaben und Aktivitäten („activities of daily living' – ADL) erfassen, nämlich: Anziehen, Quer durch den Raum gehen, Baden/Duschen, Essen, ins Bett gehen/aufstehen und Toilettengang. Bereits Probleme mit nur einer dieser Tätigkeiten können die Lebensführung erheblich beeinträchtigen und eine Abhängigkeit von anderen Personen bedeuten. Selbst bei einer umfassenden Unterstützung wird die Lebensqualität mitunter beträchtlich eingeschränkt.

Wie weit diese Einschränkungen verbreitet sind, zeigt Abbildung 5.1. Über zehn Prozent der ab 50jährigen sind pflegebedürftig. Für die meisten (fünf Prozent) heißt dies, mit einer Beeinträchtigung leben zu müssen. Bedeutend geringer ist der Anteil der Mehrfachbedürftigen. Nur etwa ein Prozent ist bei allen sechs ADL auf eine Unterstützung angewiesen. Insgesamt sind demnach viele wenig und wenige sehr betroffen. Hierfür lassen sich mehrere Gründe anführen. Zum einen kann der Tod vor einer vollumfänglichen Pflege eintreten. Selbst wenn man davon ausgeht, dass die Pflegebedürftigkeit im Laufe des Alters beständig zunimmt, erreichen viele Personen die höchste Pflegestufe nicht oder nicht lange. Zum anderen werden insbesondere die Schwerstpflegefälle in Heimen untergebracht, während leichte Pflegefälle mit einer Unterstützung durchaus noch in der eigenen Wohnung leben können (Höpflinger und Hugentobler 2005). Darauf deuten auch diese Befunde hin.

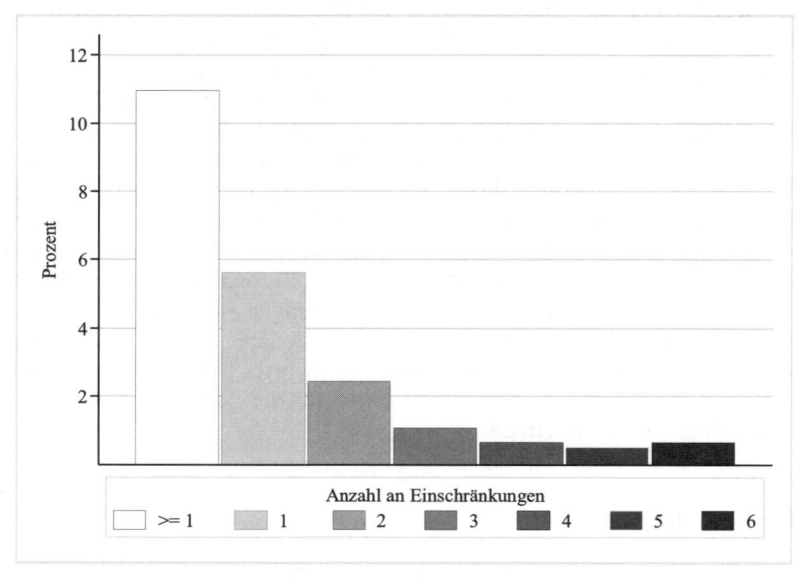

Abbildung 5.1: Funktionale Einschränkungen

Datenbasis: SHARE 2004, release 2. Basis: Personen ab 50 Jahren. Eigene Berechnungen, gewichtet, n=26691.

Der Verlauf des Lebens ist weithin bekannt. Die Pflegebedürftigkeit tritt vor allem im hohen Alter auf (siehe Abbildung 5.2). Bis zu einem Alter von 60 Jahren leben etwa 95 Prozent der Personen ohne Beeinträchtigungen. Mit zunehmendem Alter müssen sich jedoch immer mehr Menschen mit einer Pflegebedürftigkeit abfinden. Ab einem Alter von 80 Jahren nimmt ihr Anteil rasant zu und beträgt bei über 90jährigen schließlich 50 Prozent. Da Personen in Pflegeheimen nicht berücksichtigt werden, dürften die Zahlen insgesamt etwas höher liegen als hier berichtet, dies gilt besonders für die Hochbetagten.

Körperliche Beschwerden treten jedoch nicht nur infolge der gelebten Jahre auf, sie sind auch Ausdruck des gelebten Lebens und aktueller Lebensumstände. Ein fehlendes emotionales Umfeld, eine prekäre sozio-kulturelle Lage sowie eine langjährige, psychisch oder physisch belastende Arbeit tragen das ihre dazu bei. In Abbildung 5.3 werden einige dieser Einflussfaktoren dargestellt.

Die Familie ist unbestritten die wichtigste Gemeinschaft des Zusammenhalts, der Intimität und Unterstützung, was sich auch im Zusammenhang zwischen eng vertrauten Personen und der Gesundheit zeigt (Wadsworth und Bartley 2006). Personen in Partnerschaft sind viel seltener von einer Pflegebedürftigkeit betroffen als Alleinstehende. Das liegt zum einen daran, dass insbesondere Hochbetagte aufgrund des Verlusts des Partners wieder alleine leben. Zum anderen geht eine lange oder schwere Krankheit, die schließlich zum Tod führt, nicht spurlos an den Lebensgefährten vorbei. Zwar kann der Tod nach einer langen Pflegephase eine Erleichterung für alle Angehörigen darstellen. Die aufopfernde Pflege mit dem Verzicht auf die Erfüllung eigener Bedürfnisse und Pläne kann jedoch besonders im Alter zum einzigen Lebensinhalt werden. Beim Tod verlieren die pflegenden Partner dann nicht nur den (geliebten) Menschen, sondern auch ihre sinnstiftende Aufgabe und die Kraft zum Leben (vgl. Hebert et al. 2006).

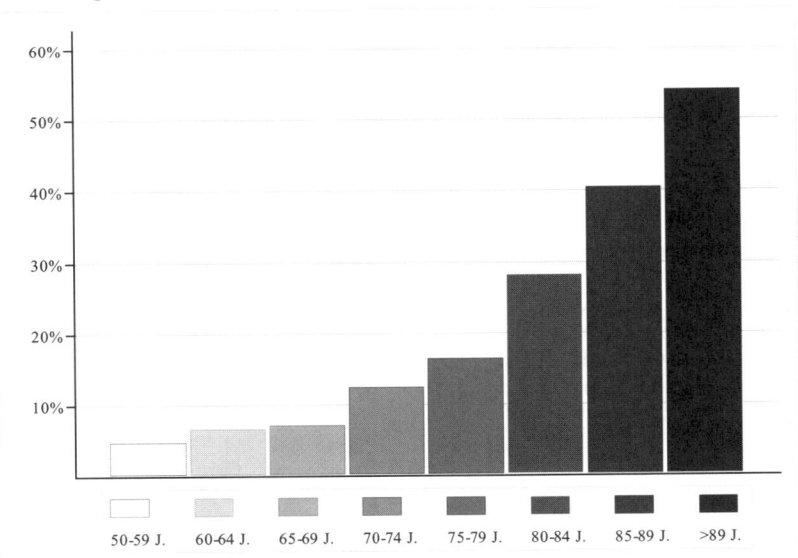

Abbildung 5.2: Pflegebedürftigkeit und Alter

Datenbasis: SHARE 2004, release 2. Basis: Personen ab 50 Jahren. Eigene Berechnungen, gewichtet, n=26691.

Neben den Partnern kommt den Kindern die größte emotionale Bedeutung zu (Künemund und Hollstein 2005: 235ff.). Die Kontakte zwischen Eltern und Kindern sind ausgesprochen eng und Eltern wenden sich oft mit ihrem Bedürfnis nach Rat und Tat an ihre Kinder (Szydlik 1995, 2000). Dieser Zusammenhang findet sich allerdings nur bei Frauen, was auf deren ‚kinkeeper-Funktion' hindeutet. Sie pflegen die Kontakte zu den Kindern mehr als Männer, das heißt sie investieren mehr Zeit. Umgekehrt profitieren sie dafür von engeren Kontakten zu den Kindern und sie erhalten auch mehr Unterstützung von ihnen (Brandt et al. 2009; Brandt und Szydlik 2008). Insgesamt deuten die Befunde darauf hin, dass Familienmitglieder ein günstiges Umfeld schaffen und Opportunitätsressourcen darstellen, was sich positiv auf den Gesundheitszustand auswirkt.

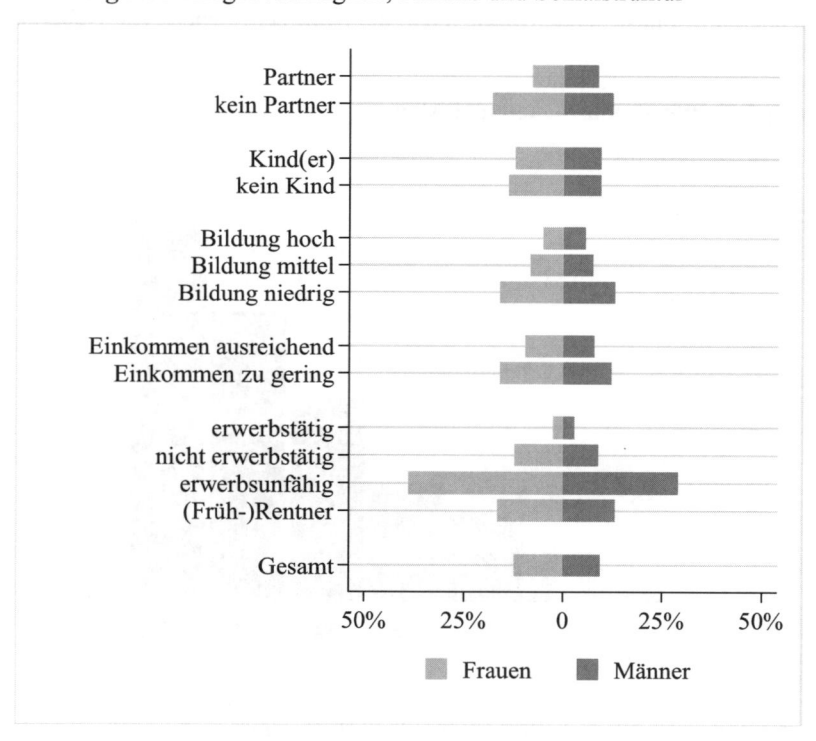

Abbildung 5.3: Pflegebedürftigkeit, Familie und Sozialstruktur

Datenbasis: SHARE 2004, release 2. Basis: Personen ab 50 Jahren. Eigene Berechnungen, gewichtet, n=26691.

Gebildete Personen profitieren ebenfalls von einem besseren Gesundheitszustand (Jungbauer-Gans 2006). Sie wissen mehr über Ernährung, Sport und verschiedene Lebensweisen und deren Einfluss auf die Gesundheit, und nicht zuletzt beugen sie Erkrankungen besser vor, z.B. durch Impfungen. Gesundheitsförderndes Verhalten ist also lernbar. Und Gesundheit ist käuflich, denn es zeigt sich auch, dass finanziell besser gestellte Personen seltener körperliche Beeinträchtigungen haben. Die Vermutung liegt nahe, dass sie genügend Geld haben, um verschiedene Vorsorgeleistungen finanzieren zu können, die nicht im Leistungskatalog der Krankenkassen enthalten sind. Personen aus den unteren Sozialschichten haben dagegen eher Schwierigkeiten, präventive Medizin und Extraleistungen zu bezahlen. Unter Umständen bewerten sie die Gesundheit vor dem Hintergrund des knappen Geldes niedriger. Zusammengenommen sprechen die Befunde zu Bildung und Einkommen für eine spezifische Krankheitsvorsorge und Inanspruchnahme sozialmedizinischer Leistungen (Lampert 2005; Röckl-Wiedmann et al. 2002).

Die deutlichsten Unterschiede zeigen sich jedoch in Bezug auf den Erwerbsstatus. Erwerbstätige Personen haben nur sehr selten gravierende Schwierigkeiten mit täglichen Aktivitäten, schließlich sind Belastbarkeit und Mobilität oft eine Voraussetzung für die Ausübung eines Berufs. Erwerbslose (Arbeitslose, Hausfrauen und -männer) sind viermal häufiger betroffen. Bei den (Früh-) Rentnern zeigt sich wiederum, dass in der dritten Phase des Lebenslaufs die körperlichen Kräfte schwinden. Wo dies schon vor Eintritt in das Rentenalter geschehen ist, bei erwerbsunfähigen Personen, ist der Anteil an Pflegebedürftigen der Sache nach entsprechend hoch.

Insgesamt leben in den untersuchten Ländern etwa elf Prozent der Generation 50+ mit mindestens einer körperlichen Einschränkung, wobei Frauen stärker betroffen sind (Abbildung 5.3, Ferring und Hallberg 2004). Sie leiden häufiger an schweren Depressionen. Da sie älter als Männer werden, treten zudem hirnorganische Störungen wie die Alzheimerkrankheit vermehrt auf. Neben den körperlichen sind die psychogeriatrischen Erkrankungen mit erheblichen gesundheitlichen Einschränkungen verbunden, was das Auftreten der Pflegebedürftigkeit verstärkt (Höpflinger und Hugentobler 2003: 48ff.).

Zudem gibt es beträchtliche Unterschiede zwischen den einzelnen Staaten (Abbildung 5.4). In den Niederlanden und der Schweiz berichten nur etwas mehr als sechs Prozent von solchen Beschwerden. In den nordischen Staaten sind ebenfalls unterdurchschnittlich viele Personen betroffen. Dies gilt auch für Deutschland und Österreich, wenn auch in geringerem Maße. In Frankreich, Spanien und Italien beträgt der Anteil dagegen weit über zehn Prozent. Zusammenfassend lässt sich hier bereits ein leichter, wenn auch nicht konsistenter Nord-Süd-Trend feststellen, wobei im Norden weniger Personen mit körperlichen Beeinträchtigungen in Privathaushalten leben. Ergänzend deuten die Befunde darauf hin, dass – mit wenigen Ausnahmen – in sozialdemokratisch geprägten Staaten seltener als in den anderen Ländern von Problemen mit alltäglichen Tätigkeiten berichtet wird.

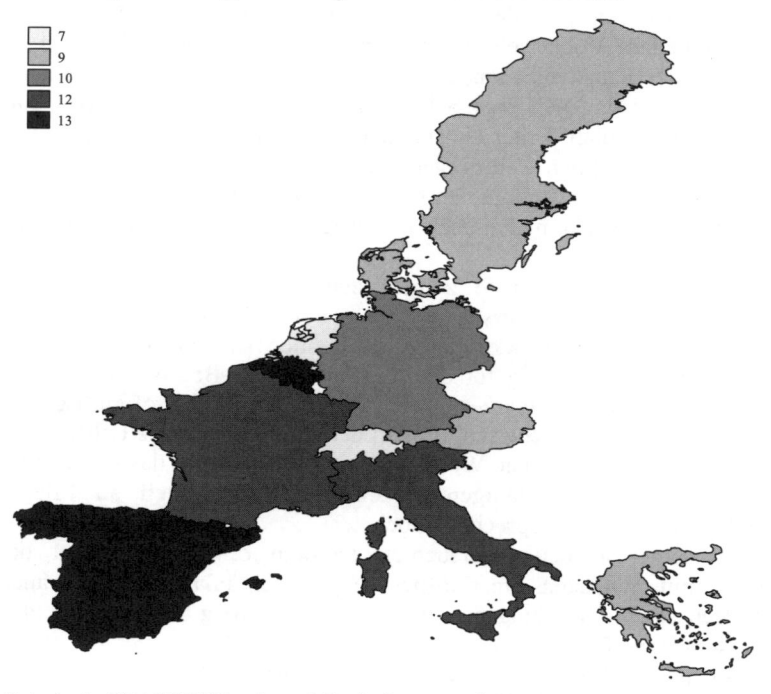

Abbildung 5.4: Pflegebedürftigkeit nach Land in Prozent

☐ 7
☐ 9
▨ 10
▨ 12
■ 13

Datenbasis: SHARE 2004, release 2. Basis: Personen ab 50 Jahren. Eigene Berechnungen, gewichtet, n=26691.

Hier schließt sich zwangsläufig die Frage an, worauf diese Unterschiede zurückzuführen sind. Zum einen könnten die Besonderheiten von den kulturell-kontextuellen Strukturen abhängen (siehe Abbildung 5.5). Zum anderen dürfte auch die demografische Zusammensetzung von Bedeutung sein, also der Anteil an hochbetagten, alleinlebenden, kinderlosen, hochgebildeten, einkommensstarken sowie erwerbstätigen Personen (siehe Abbildung 5.6).

Dabei lohnt es sich, einen genauen Blick auf die Länder mit niedrigen und hohen Anteilen an Personen in stationären Einrichtungen zu richten. In den Niederlanden, der Schweiz und den nordischen Ländern leben Ältere vergleichsweise häufig in sozial-medizinischen Einrichtungen, wie Pflegeheimen. In Frankreich, Spanien und Italien werden dagegen nur sehr wenige Personen dauerhaft in Institutionen gepflegt. Dies nährt die Vermutung, dass in Ländern mit einer guten stationären Pflegeinfrastruktur bedürftige Personen früher die selbständige Haushaltsführung aufgeben und in betreute Wohnformen wechseln bzw. Angehörige oder Behörden den Umzug veranlassen.

Abbildung 5.5 bestätigt diese Annahme eindrucksvoll. In den Staaten, die über ein sehr gut ausgebautes Netz an Betreuungseinrichtungen für alte Menschen verfügen, leben weniger Menschen mit körperlichen Beeinträchtigungen noch in der eigenen Wohnung. Der stark negative und signifikante Zusammenhang zwischen dem Bezug von stationären Leistungen und Bedürftigen in Privathaushalten kann als erster Hinweis dafür gesehen werden, dass eine gute Infrastruktur an Pflegeeinrichtungen zu einem geringeren Pflegebedarf in Privathaushalten führt und damit möglicherweise auch zu einem geringeren Bedarf an familialen Betreuungsleistungen.

Abbildung 5.5: Pflegebedürftigkeit und stationäre Pflege

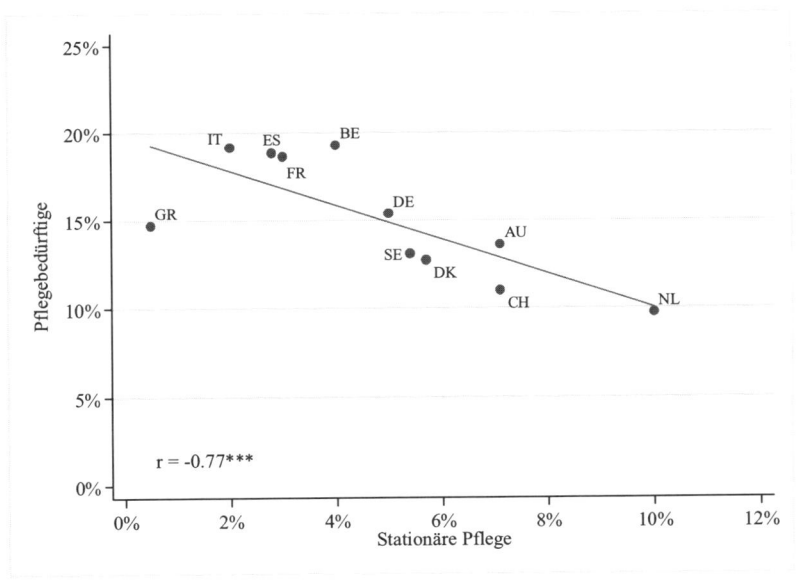

Datenbasis: Pinnelli 2001, SHARE 2004, release 2. Basis: Personen ab 65 Jahren. Eigene Berechnungen, gewichtet, n=12406. Korrelation auf Länderebene (n=11) signifikant zum *** < 0.01-Niveau.

In Abbildung 5.3 zeigen sich klare Zusammenhänge zwischen der Pflegebedürftigkeit sowie individuellen und familialen Faktoren. Die Frage liegt also auf der Hand, inwiefern diese Faktoren auch Länderunterschiede erklären. Eine vorläufige Antwort findet sich in Abbildung 5.6, wo die Anteile der über 80jährigen, Personen in Partnerschaft, Eltern, Hochgebildeten, Bessergestellten und Erwerbstätigen dem Anteil Pflegebedürftiger gegenübergestellt werden.

Abbildung 5.6: Pflegebedürftigkeit, Familie und Sozialstruktur nach Land

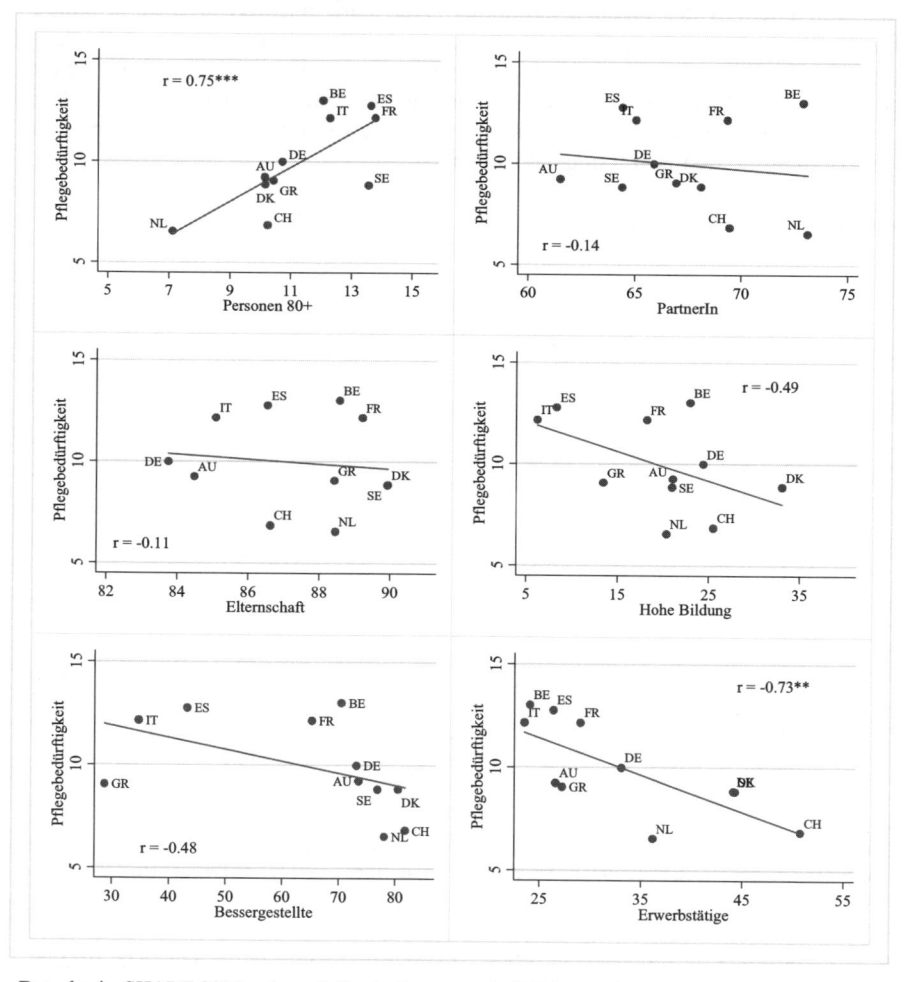

Datenbasis: SHARE 2004, release 2. Basis: Personen ab 50 Jahren. Eigene Berechnungen, gewichtet, n=26691. Korrelation auf Länderebene (n=11) signifikant zum * < 0.10-, ** < 0.05- und *** < 0.01- Niveau.

Bereits auf den ersten Blick wird ersichtlich, dass sich die Länder nicht nur in Bezug auf die sozio-demografische Zusammensetzung deutlich unterscheiden. Vielmehr treten die systematischen Zusammenhänge zwischen Pflegebedürftigkeit einerseits und individuellen und familialen Eigenschaften andererseits deutlich hervor. So ist in den Staaten mit einer fortgeschrittenen demografischen Alterung wie Spanien, Frankreich und Italien die Pflegebedürftigkeit ebenfalls stark ausgeprägt. In Schweden – ein Land, das ebenfalls einen hohen Anteil an über 80jährigen aufweist – leben hingegen weniger Menschen mit gravierenden körperlichen Beeinträchtigungen in Privathaushalten, was mit der gut ausgebauten stationären Pflege begründet werden kann. In der Schweiz und den Niederlanden werden sogar noch mehr ältere Personen in sozial-medizinischen Einrichtungen betreut, der geringe Pflegebedarf in Privathaushalten überrascht daher nicht. Es ist zudem ein Grund, warum in beiden Ländern in der Generation 50+ so viele Personen in Privathaushalten in einer Partnerschaft leben, denn der Übertritt in ein Heim erfolgt meist erst dann, wenn ältere Menschen keinen Lebensgefährten mehr haben. Am anderen Ende der Skala befinden sich wiederum die mediterranen Staaten Italien und Spanien. Von einer Nord-Süd-Verteilung kann hier dennoch nicht gesprochen werden, denn im europäischen Mittelfeld befinden sich mit Dänemark, Deutschland und Griechenland Staaten aus allen Regionen.

Das gleiche gilt für die Beziehung zwischen Elternschaft und Pflegebedarf. Zwar scheint ein hoher Anteil an Eltern mit einem geringen gesellschaftlichen Pflegebedarf einherzugehen, der Zusammenhang ist jedoch zu vage, als dass es zu vielmehr als einer Vermutung reicht.

Mit einiger Gewissheit hängt dagegen die Sozialstruktur mit körperlichen Einschränkungen zusammen. Sowohl ein hohes Bildungsniveau als auch ein breiter Wohlstand scheinen sich positiv auf die körperliche Verfassung im Alter auszuwirken. In die gleiche Richtung weist auch eine hohe Erwerbsquote der ab 50jährigen. Der Anteil an Erwerbstätigen darf jedoch nicht als Indikator junger Alter in der Bevölkerung verstanden werden. Zum einen unterscheiden sich die Arbeitslosenraten zwischen den Ländern beträchtlich (Eurostat 2003), zum anderen schneiden Hausfrauen und -männer, Erwerbslose und -unfähige in Sachen Gesundheit einfach schlechter ab (siehe Abbildung 5.3). Kurzum: Die soziale Ungleichheit und der Gesundheitszustand stehen in einem engen Verhältnis zueinander, wobei Armut, ein geringes Bildungsniveau und eine hohe Erwerbslosigkeit mit einem höheren Pflegebedarf in einem Land einhergehen. Insgesamt spricht demnach einiges dafür, dass der Pflegebedarf in einer Gesellschaft nicht ausschließlich auf institutionelle und kulturelle Rahmenbedingungen zurückzuführen ist, sondern auch auf individuelle und familiale Strukturen.

5.2 Pflegerische Versorgung und Pflegesysteme

Unabhängig von diesen Faktoren teilen alle Pflegebedürftigen das Schicksal, dass sie mit gravierenden Einschränkungen leben müssen. Mit der Unterstützung durch andere können viele Beeinträchtigungen kompensiert und die Folgen mehr oder minder aufgefangen werden. Viele Personen erhalten jedoch keine oder nur eine ungenügende Unterstützung, obwohl sie diese dringend benötigen. In Deutschland geben immerhin 14 Prozent der als pflegebedürftig registrierten Personen an, dass die gewährte pflegerische Unterstützung nicht ausreicht (Schneekloth und Leven 2003: 32). Nimmt man all jene hinzu, die im Rahmen der Pflegeversicherung noch keine Ansprüche gestellt haben, dann dürfte der Anteil noch höher ausfallen.

Zunächst ist also zu klären, in welchem Ausmaß Personen mit körperlichen Einschränkungen unterstützt werden, welche Bevölkerungsgruppen am stärksten dem Risiko einer pflegerischen Unterversorgung ausgesetzt sind und ob es dabei Unterschiede zwischen europäischen Ländern gibt.

Im Hinblick auf die Länderdifferenzen können dabei unterschiedliche Erwartungen an den Anfang der Untersuchung gestellt werden. So kann argumentiert werden, dass in den familienbasierten Pflegesystemen in Südeuropa die erweiterte Familie eine umfassende Unterstützung gewährleistet, die den Pflegebedarf weitgehend deckt. In den kontinentaleuropäischen Ländern ist die Funktion der Familie als Solidargemeinschaft nicht im gleichen Maße ausgeprägt wie im Süden Europas, was für eine schlechtere Versorgung sprechen könnte. Umgekehrt gibt es jedoch ein größeres Angebot an professionellen Pflegedienstleistungen. Zusammengenommen könnte die Unterstützung also durchaus einen noch größeren Teil der Gesellschaft erreichen als in den mediterranen Staaten. In den servicebasierten Pflegesystemen im Norden findet schließlich eine weitere Verschiebung hin zu staatlichen Leistungen und weg von der informellen Pflege statt. Ob der Staat hier den gleichen Unterstützungsumfang gewährleisten kann wie Familien, Freunde und Bekannte in Südeuropa oder ob öffentliche Einrichtungen und Dienste sogar einen noch größeren Personenkreis erreichen, ist eine empirische Frage. Welche Bedeutung der Staat und welche informelle Pflegepersonen – überwiegend Angehörige – haben, muss zudem nicht gleichbedeutend mit einer besseren oder schlechteren Versorgung der älteren Bevölkerung sein. Vielmehr ist es zuerst ein Hinweis auf die Art und Weise, wie die Pflegebedarfsdeckung erfolgt.

Die pflegerische Versorgung der Generation 65+ wirkt – auf den ersten Blick – in allen vier Ländern überraschend niedrig (Abbildung 5.7). Dies deutet darauf hin, dass Personen mit einer oder wenigen Einschränkung wie z.B. Schwierigkeiten beim Durchqueren eines Raums, nicht zwingend auf eine

Pflegeperson angewiesen sind, sondern mitunter auch mit technischer Hilfe oder einfach etwas langsamer ihren Alltag meistern können. Das heißt nicht, dass eine Unterstützung keine erhebliche und wünschenswerte Erleichterung darstellt, sondern nur, dass sie nicht lebensnotwendig ist. Die öffentlichen Pflegesysteme spiegeln diesen Sachverhalt wieder. Leistungsberechtigt sind oft nur Personen, die mindestens schwerwiegende Beeinträchtigungen vorweisen können. In Deutschland deckt die Pflegeversicherung drei Pflegestufen ab: erheblich Pflegebedürftige, Schwer- und Schwerstpflegebedürftige. Personen mit weniger gravierenden Einschränkungen erhalten also keine Unterstützung. Alle hier untersuchten Länder greifen auf eine (ähnliche) Klassifikation zurück, um die Leistungsgewährung zu steuern. Grundsätzlich gilt dabei, dass die nordischen Länder generöser sind und weniger Bedingungen stellen als die mittel- und südeuropäischen Staaten (MISSOC 2006b). So umfasst die öffentliche Unterstützung in Dänemark auch Hilfeleistungen wie die Hausarbeit (MISSOC 2006c).

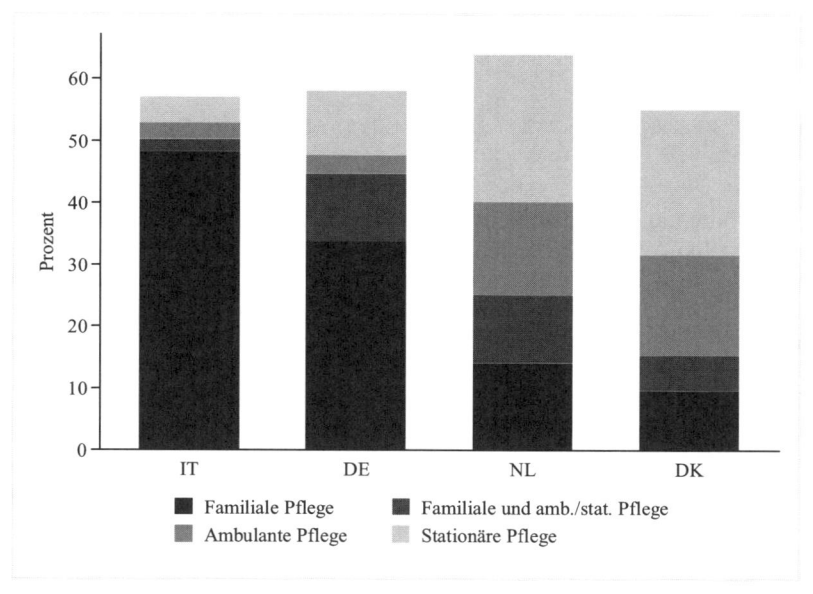

Abbildung 5.7: Pflegerische Versorgung in Europa

Datenbasis: SHARE 2004, release 2. Basis: Pflegebedürftige ab 65 Jahren. Eigene Berechnungen, gewichtet, n=754.

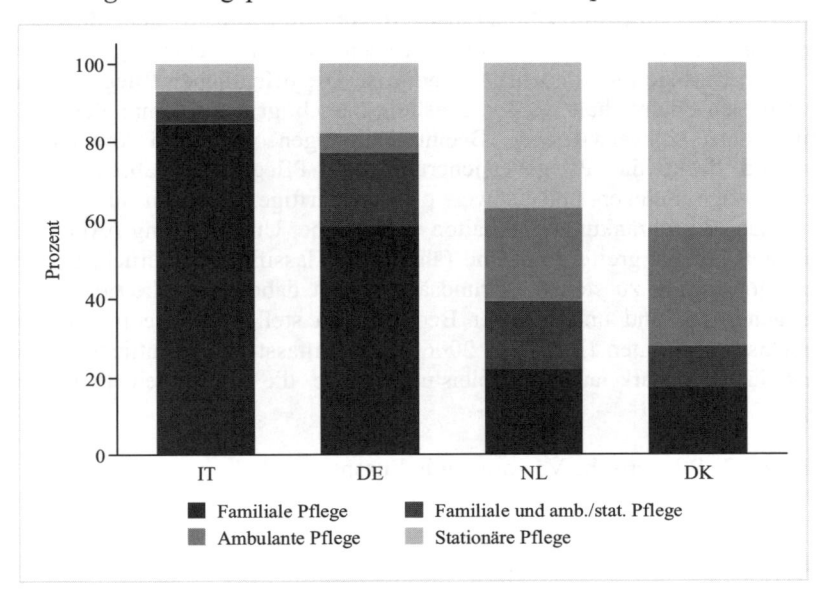

Abbildung 5.8: Pflegepersonen – Die Rolle von Privatpersonen und Staat

Datenbasis: SHARE 2004, release 2. Basis: Pflegeempfänger ab 65 Jahren. Eigene Berechnungen, gewichtet, n=435.[5]

In Bezug auf die Länderunterschiede lässt sich Folgendes feststellen: Die Gesellschaften aus Süd-, Mittel- und Nordeuropa erreichen hier ein vergleichbares Versorgungsniveau der bedürftigen Personen, wobei – wie das Beispiel Niederlande zeigt – mit einem größeren Angebot an ambulanten und stationären Leistungen tendenziell auch ein größerer Anteil der Bedürftigen erreicht werden kann.

Einen genauen Aufschluss über die Bedeutung von privaten Unterstützungsnetzwerken und Staat in den Pflegesystemen gibt Abbildung 5.8. Von Süden nach Norden gehend, nimmt die Bedeutung der Familie und Freunde in der Pflege stark ab und umgekehrt erhalten ambulante und stationäre Leistungen ein größeres Gewicht in der gesamtgesellschaftlichen Organisation der Pflege. Während in Italien 80 Prozent der Pflegeempfänger ausschließlich von Angehörigen, Freunden oder informellen Pflegekräften gepflegt werden (ver-

---

[5] Die Auswahl der Länder erfolgt hier sowohl nach theoretischen (Kapitel 3) als auch nach methodischen Gesichtspunkten, z.B. Grundgesamtheit, Fallzahlen. Auf eine detaillierte Analyse der Schweiz muss hier leider verzichtet werden, da die Fallzahlen zu gering sind.

gleichbar ist die Situation in Spanien, Costa-Font und Patxot 2005), trifft dies in Deutschland auf jede zweite Person zu, in den Niederlanden und Dänemark sogar auf weniger als 20 Prozent. Gleichzeitig bezieht in Italien nur jede sechste Person professionelle Pflegeleistungen, in Dänemark haben dagegen neun von zehn Personen Zugang zu solchen Leistungen.

Neben den idealtypischen Unterstützungsformen von Familie und Staat ist auch deren Zusammenspiel ein wesentliches Merkmal von Pflegesystemen. Deutschland und die Niederlande weisen im Vergleich zu den anderen Ländern ein verbreitetes Ineinandergreifen von informellen und professionellen Pflegeformen auf, zwischen 15 und 20 Prozent der Pflegeempfänger fallen dort in diese Kategorie. Die Pflegeversicherungen in Deutschland und der Niederlande erlauben – bei einem anerkannten Bedarf –, dass der Pflegeempfänger einerseits zwischen Geld und Sachleistungen wählen und diese auch kombinieren kann. Andererseits steht es den Bedürftigen offen, mit dem bezogenen Geld Angehörige für deren Unterstützung zu entlohnen. In Dänemark, das über ein ausgezeichnetes Angebot an ambulanten und stationären Leistungen verfügt, übernimmt der Staat klar die Verantwortung für die Pflege der älteren Generation. Das familiale Engagement wird dagegen erst seit wenigen Jahren gefördert. Dänemark steht in dieser Hinsicht jedoch nicht für alle skandinavischen Staaten. Zwar verfügen auch Finnland, Norwegen und Schweden über ein hervorragendes öffentliches Pflegesystem. Im Unterschied zu Dänemark gibt es dort jedoch mehr Anreize für die familiale Pflege in Form von (indirekten) finanziellen Zuwendungen und einer bezahlten Freistellung von der Erwerbstätigkeit (Lundsgaard 2006).

Pflegesysteme können jedoch nicht allein über deren Leistungskatalog und die geleistete Unterstützung definiert werden. Vielmehr muss auch die Kehrseite, die Ansprüche und Verpflichtungen, in den Blick genommen werden. Die Verpflichtung der Angehörigen zur Pflege oder Finanzierung der Pflege ist in den mediterranen Staaten, hier: Italien am stärksten ausgeprägt. In Deutschland springt zwar im Bedarfsfall zuerst die Pflegeversicherung ein. Gerade bei Heimaufenthalten reichen die Gelder jedoch bei weitem nicht aus, um die Kosten für sowohl Kost und Logis als auch die medizinische Versorgung zu decken. Hier sind dann gegebenenfalls die Verwandten gefordert. In den Niederlanden bestehen ebenfalls solche Verpflichtungen. In der Praxis zeigt sich jedoch, dass diese Regelungen großzügig gehandhabt und Verwandte nicht oder nicht im vollen Ausmaß zur Finanzierung der Pflegekosten herangezogen werden, wenn der Pflegeempfänger nicht selbst dafür aufkommen kann (Millar und Warman 1996: 36).

Tabelle 5.1: Informelle Pflege und gesetzliche Verpflichtungen

Gesetzliche Verpflichtung zur Pflege der Eltern	Informelle Pflege erhalten Pflegebedürftige Personen 65+ in Prozent
Ja	41.7***
Nein/geringfügige Verpflichtung	24.4***

Datenbasis: SHARE 2004, release 2, eigene Berechnungen, gewichtet, n=2111. t-Test auf Länderebene (n=11) signifikant zum *** < 0.01-Niveau.

Im Vergleich aller elf Länder kristallisiert sich der Unterschied zwischen den familienbasierten Pflegesystemen mit einer finanziellen oder pflegerischen Verpflichtung zwischen Angehörigen und den servicebasierten Systemen mit der staatlichen Verantwortung für die Versorgung der älteren Bevölkerung deutlich heraus (Tabelle 5.1). Umfassende familiale Verpflichtungen fallen mit einer größeren Beteiligung von informellen PflegerInnen zusammen. Mit 42 Prozent werden in dieser Ländergruppe 17 Prozent mehr Pflegebedürftige von Angehörigen oder Freunden versorgt als in der Gruppe der skandinavischen Staaten. Insgesamt sprechen die Befunde dafür, dass die Unterschiede in den Pflegesystemen wesentlich auf kulturell-kontextuelle Unterschiede zurückgeführt werden können.

5.3 Informelle und familiale Pflege

Bisher wurde die informelle Pflege ohne weitere Differenzierungen in den Analysen berücksichtigt. Vor dem Hintergrund einer Gegenüberstellung von informellen und professionellen Dienstleistungen ist dies durchaus sinnvoll. Unter informeller Pflege werden jedoch verschiedenste soziale Beziehungen gefasst. Die Unterstützung im Kreis der (Kern-) Familie ist genauso dazu zu zählen wie die Pflege durch Freunde, Bekannte und Kollegen. Zumal das Interesse hier auf der innerfamilialen Pflege liegt, wird im Bereich der Familie zudem zwischen der intra- und der intergenerationalen Pflege unterschieden.

Die kleinteilige Aufschlüsselung ist durchaus berechtigt. Die größten Verpflichtungen werden an die PartnerInnen gestellt, dann an die Kinder und erst mit Abstand folgen entferntere Verwandte und Freunde. Gerade für PartnerInnen ist es eine Selbstverständlichkeit, dass sie die Pflege übernehmen. Kinder fühlen sich ihren Eltern ebenfalls sehr verbunden und sehen in der Pflege auch eine Chance, ihren Eltern etwas zurückzugeben, für all die Unterstützung, die sie oft lebenslang empfangen haben (Hollstein und Bria 1998). Eine solche Enge bzw. solche Verpflichtungen weisen Freundschaften oder nachbarschaftliche

Beziehungen nur in den seltensten Fällen auf. Auch das Verhältnis zu den entfernten Verwandten umfasst in den meisten Staaten nur lose oder geringe Verbindlichkeiten.

Aufgrund der Enge und Intimität der Beziehung und der jeweiligen Verbindlichkeiten kann eine Hierarchie von potenziellen Pflegepersonen erstellt werden (vgl. Qureshi und Walker 1989). An erster Stelle stehen dabei die Partner, gefolgt von den (Schwieger-) Töchtern und Söhnen. Erst danach kommen weitere Verwandte, Freunde und Bekannte. Bei Einschränkungen und Behinderungen werden folglich zuerst die Angehörigen um pflegerische Unterstützung gebeten bzw. greift zuerst die Familie ein. Sollte der Pflegebedarf ansteigen und durch sie und andere Einrichtungen nicht gedeckt werden können, z.B. weil es keine Angehörigen gibt, werden vergleichbare Ansprüche auch an Freunde gestellt. Umgekehrt dürfte bei einem rückläufigen Bedarf oder für den Fall, dass ergänzend professionelle Dienstleistungen in Anspruch genommen werden, zuerst auf die Unterstützung der Freunde verzichtet werden, da diese nicht im gleichen Maße belastet werden können wie Angehörige. Es bestehen also klare Präferenzen in Bezug auf die Pflegepersonen. Falls die gewünschten Personen nicht verfügbar sind, springen dann die als nächstes präferierten PflegerInnen ein (vgl. Cantor 1979, 1992; Künemund und Hollstein 2005).

Abbildung 5.9 zeigt, wie sich die Zusammensetzung der Pflegebeziehungen mit dem Alter verändert. Junge Alte unter 65 Jahren werden in über 50 Prozent der Fälle in der Partnerschaft gepflegt, fast jede/r Dritte (auch) von einem Kind und nur etwa jede/r Sechste (auch) von anderen Verwandten oder Bekannten. Mit zunehmendem Alter nimmt die Partnerpflege signifikant ab. Bei den über 80jährigen wir nicht einmal jeder zehnte Pflegeempfänger von einer Partnerin oder einem Partner gepflegt. Dafür gibt es mehrere Gründe: Erstens sind die Partner, meist Männer, bereits verstorben. Zweitens sind die Lebensgefährten im hohen Alter oft selbst auf Hilfe angewiesen und können die körperlich anspruchsvolle Pflegearbeit nicht mehr bewältigen. Gleichzeitig wird die Unterstützung durch Kinder und Freunde immer bedeutender. Zwei von drei hochbetagten Pflegeempfängern können auf die pflegerische Unterstützung der Kinder zurückgreifen, jeder vierte auf das weitere soziale Netzwerk. Die Befunde sprechen eine deutliche Sprache. Sofern ein Partner vorhanden ist, übernimmt dieser die Pflege. Verwitwete und alleinstehende Personen können jedoch auf die Unterstützung der Kinder zählen. Umgekehrt fühlen sich Kinder stärker verpflichtet, wenn die Eltern nicht (mehr) in Partnerschaft leben (Stein et al. 1998). In Fällen, wo kein Partner und keine Kinder (mehr) vorhanden sind bzw. Partner oder Kinder die Pflege aus gesundheitlichen oder organisatorischen Gründen nicht übernehmen können, springen im hohen Alter zunehmend wieder andere Verwandte und Bekannte ein.

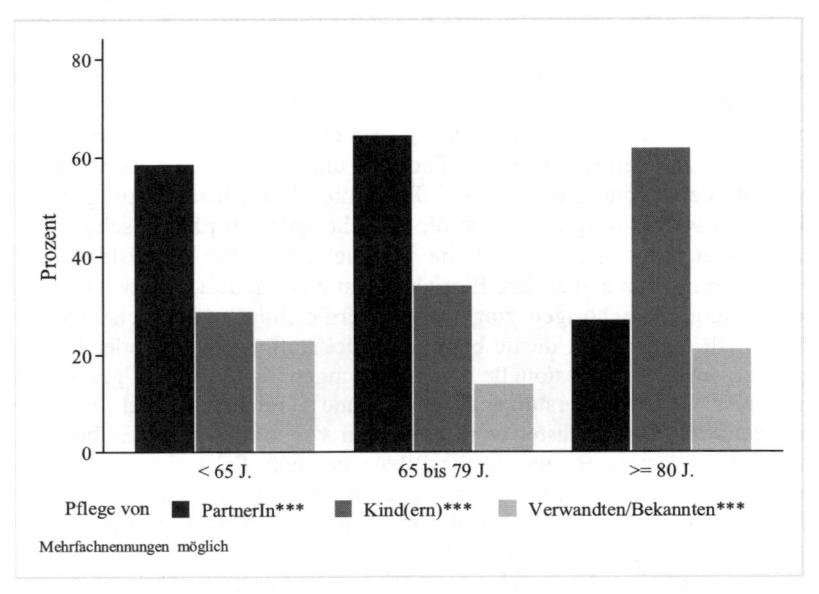

Abbildung 5.9: Informelle Pflege und Alter

Datenbasis: SHARE 2004, release 2. Basis: Pflegeempfänger ab 50 Jahren. Eigene Berechnungen, gewichtet, n=1327. χ2-Test signifikant zum * < 0.01-, ** < 0.05-*** < 0.01-Niveau.

Aus Abbildung 5.10 geht hervor, dass insbesondere Frauen sich in dieser Situation befinden. Zum einen haben sie eine höhere Lebenserwartung als Männer, zum anderen sind sie meist etwas jünger als ihre Partner. In einer solchen Konstellation tritt eine Pflegebedürftigkeit gewöhnlich zuerst beim Mann auf, der fast selbstverständlich von seiner Partnerin bis zum Tod oder dem Übergang ins Pflegeheim gepflegt wird. Frauen sind damit häufiger mit der Pflege und dem Verlust des Partners konfrontiert und müssen noch im hohen Alter schwere Arbeit verrichten. Männer befinden sich hingegen in einer komfortablen Position. Sie können mit der Unterstützung ihrer Partnerin rechnen, was faktisch einer privaten Pflegeversicherung gleich kommt. Umgekehrt können sich Frauen nicht auf eine solche Hilfe im Alter verlassen. Umso mehr sind sie auf die Pflege durch ihre Kinder und andere Personen angewiesen. Vor diesem Hintergrund zahlen sich die Investitionen in die sozialen Beziehungen (‚kinkeeper-Funktion') in Form häufiger Kontakte aus. Dies gilt vor allem für das besonders enge Verhältnis zwischen Müttern und Töchtern (vgl. Szydlik 1995; 2000), die in der Regel die Pflege übernehmen.

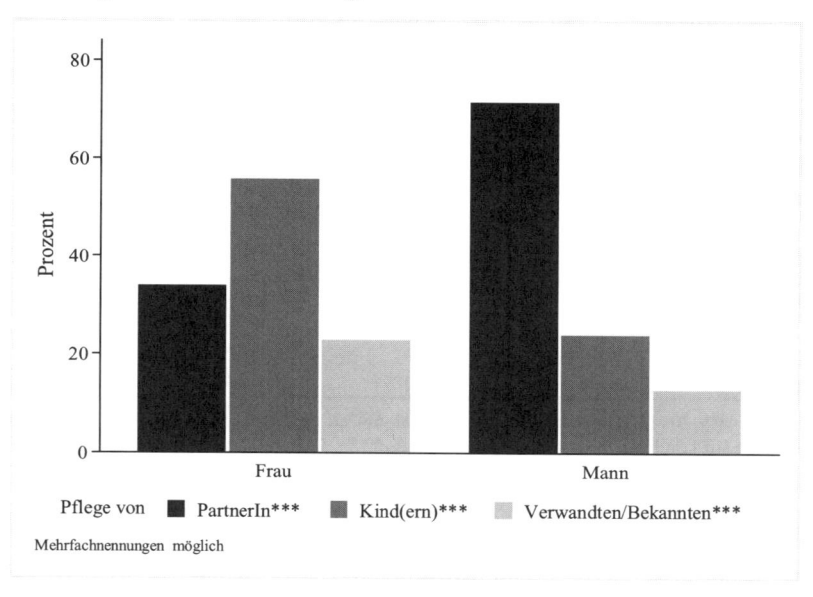

Abbildung 5.10: Informelle Pflege und Geschlecht

Datenbasis: SHARE 2004, release 2. Basis: Pflegeempfänger ab 50 Jahren. Eigene Berechnungen, gewichtet, n=1327. χ2-Test signifikant zum * < 0.10-, ** < 0.05-*** < 0.01-Niveau.

Wie bereits angedeutet, unterscheiden sich die Länder stark in Bezug auf erstens familiale Unterstützungsverpflichtungen, zweitens das Angebot an professionellen Pflegeleistungen und drittens die Einstellung zur familialen und staatlichen Pflegeverantwortung. Dies spiegelt sich auch in der gesellschaftlichen Organisation der Pflege wider (Tabelle 5.2, Abbildung 5.11). In den skandinavischen Staaten, den Niederlanden und der Schweiz gibt es allenfalls sehr geringe Unterstützungsverpflichtungen zwischen Angehörigen und mit weniger als 4 Prozent werden auch vergleichsweise wenige Personen in der Familie gepflegt (Tabelle 5.2). Gleichzeitig beziehen in diesen Ländern deutlich mehr Personen ambulante Pflegeleistungen. Die kontinentaleuropäischen Länder zeichnen sich dagegen am ehesten durch einen Mix aus familialer und professioneller Pflege aus, einem Anspruch auf einerseits familiale und andererseits staatliche Unterstützung. In den explizit familialistischen mediterranen Staaten werden mit 8 bis 13 Prozent deutlich mehr ältere Personen in der Familie umsorgt. Ambulante Dienstleistungen werden mit ca. 1 bis 2 Prozent dagegen nur sehr selten bezogen. Es überrascht daher nicht, dass hier die gesetzlichen

Verpflichtungen zwischen Angehörigen am stärksten ausgeprägt sind und der Staat nur eine residuale Funktion in der Altenpflege erfüllt.

Beim Vergleich mit den stationären Pflegeleistungen drängt sich auf den ersten Blick die gleiche Schlussfolgerung auf: familiale und professionelle Pflegeleistungen scheinen in einem Substitutionsverhältnis zueinander zu stehen. Bei genauerem Hinsehen zeigen sich jedoch Unterschiede. Das direkte Zusammenspiel findet sich primär bei der familialen und professionellen ambulanten Pflege (r = -0.83***).

Tabelle 5.2: Gesetzliche Verpflichtungen und familiale Pflege

Gesetzliche Verpflichtung zur Pflege von Angehörigen	Pflege durch Angehörige in Prozent
Ja	8.9***
Nein/geringfügige Verpflichtung	3.5***

Datenbasis: SHARE 2004, release 2. Basis: Personen ab 65 Jahren. Eigene Berechnungen, gewichtet, n=12406. t-Test auf Länderebene (n=11) signifikant zum *** < 0.01-Niveau.

In Ländern, die über zahlreiche geriatrische Pflege- und Betreuungseinrichtungen verfügen, ist die Pflege durch Angehörige tendenziell zwar auch nicht so weit verbreitet. Der Zusammenhang fällt allerdings deutlich geringer aus (r = -0.63**). Dies legt den Schluss nahe, dass die ambulante Pflege eher eine Alternative oder Ergänzung zur familialen Pflege darstellt. Sowohl die familiale als auch die ambulante Pflege können (noch) in Privaträumen erbracht werden und die Bedürftigen verfügen oft über eine Selbständigkeit, die es Ihnen erlaubt, Stunden oder Tage ohne Aufsicht oder Unterstützung zu verbringen. Gerade weil die häusliche Pflege den Verbleib in den eigenen ‚vier Wänden' so lange ermöglicht, richtet sich die stationäre Pflege vorwiegend an Schwerstpflegefälle, die zuvor in der Familie bzw. in der eigenen Wohnung geriatrisch umsorgt wurden. Insofern stellt sie nur für diese Bedürftigen eine Alternative zur familialen Pflege dar. In der Mehrheit der Fälle steht sie somit am Ende eines langen Pflegeverlaufs.

Bisher lag der Fokus auf den institutionellen Rahmenbedingungen. Um die spezifischen Pflegesysteme zu verstehen, müssen jedoch auch die kulturellen Voraussetzung betrachtet werden, sie entscheiden nicht nur darüber, inwieweit von Angehörigen die Pflege erwartet wird und letztlich auch erfolgt, sie prägen auch die Entscheidungen gesellschaftlicher und politischer Akteure im Bereich der Altenpflege. Abbildung 5.12 bekräftigt die Annahme, dass es eine Entsprechung zwischen den Präferenzen in der Altenpflege und ihrer gesellschaftlichen Organisationen gibt, kurz: zwischen Kultur und Institutionen.

Informelle und familiale Pflege

Abbildung 5.11: Familiale, ambulante und stationäre Pflege

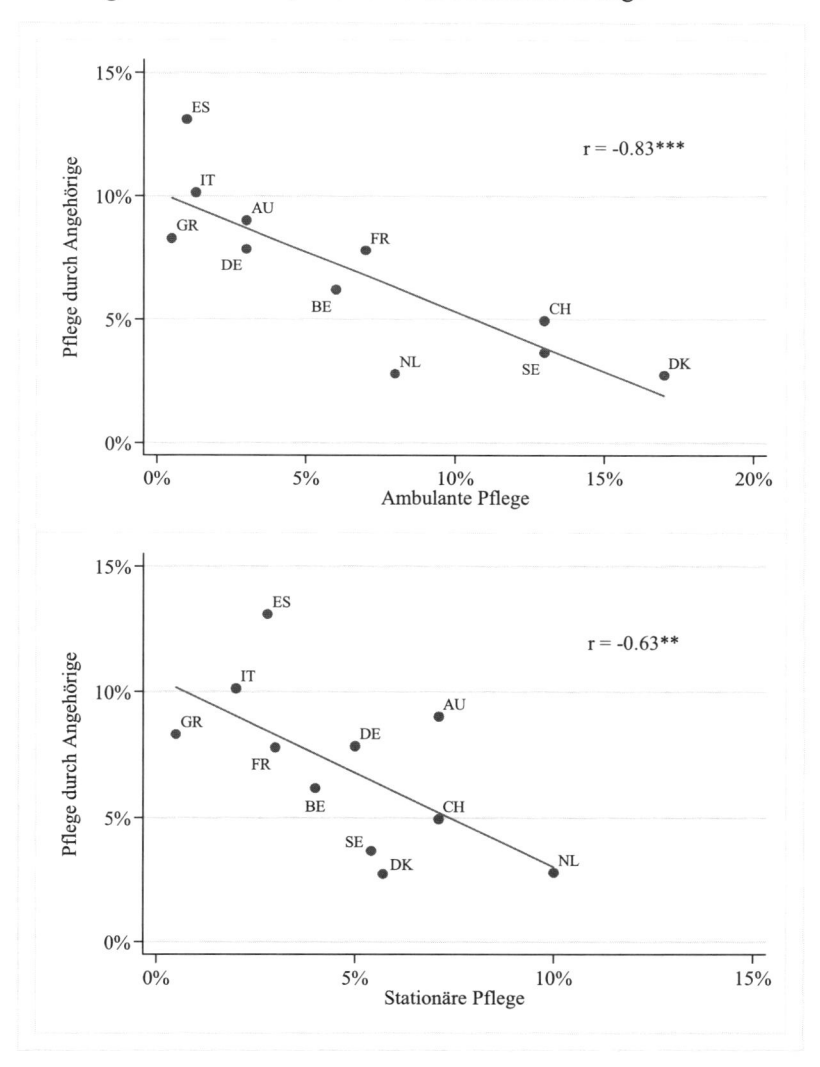

Datenbasis: Pinnelli 2001, SHARE 2004, release 2. Basis: Personen ab 65 Jahren. Eigene Berechnungen, gewichtet, n= 12406. Korrelation auf Länderebene (n=11) signifikant zum * < 0.10-, ** < 0.05- und *** < 0.01-Niveau.

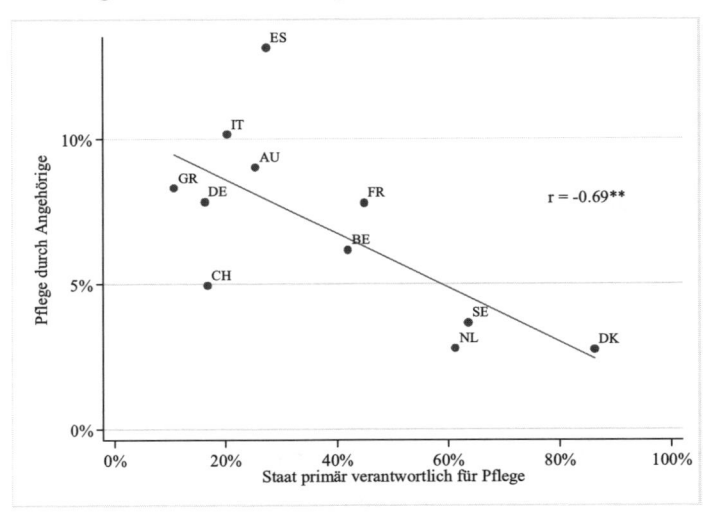

Abbildung 5.12: Familiale Pflege und kulturelle Normen

Datenbasis: SHARE 2004, release 2. Basis: Personen ab 65 Jahren. Eigene Berechnungen, gewichtet, n= 12406. Korrelation signifikant zum * < 0.10-, ** < 0.05- und *** < 0.01-Niveau.

Auf die Frage: „Sollte Ihrer Meinung nach die Familie oder der Staat die Verantwortung für die persönliche Betreuung von hilfsbedürftigen älteren Menschen, z.B. Krankenpflege oder Hilfe beim Baden oder Anziehen übernehmen?" antworten in den nordischen Ländern und den Niederlanden weit mehr als die Hälfte der über 64jährigen mit: primär bzw. ausschließlich der Staat. Gleichzeitig ist in diesen Ländern auch das Angebot an ambulanten und stationären Leistungen groß. In den mitteleuropäischen Nationen finden sich weder eine so deutliche Akzeptanz der staatlichen Pflege noch ein vergleichbares Niveau an Serviceleistungen. In den mediterranen Ländern fällt die Zustimmung zu einer staatlichen Pflegeverpflichtung mitunter noch niedriger aus, wobei Griechenland das Schlusslicht markiert. Lediglich jeder Zehnte sieht hier den Staat teilweise oder ganz in Pflicht und Verantwortung. Nur eine Minderheit erwartet folglich, dass der Staat für ein umfassendes Angebot an professionellen Pflegeleistungen sorgt.

Während im europäischen Vergleich die institutionellen Rahmenbedingungen damit unbestritten den kulturellen Kontext reflektieren und umgekehrt, kann in einzelnen Ländern dennoch ein Missverhältnis zwischen Wunsch und Wirklichkeit bestehen. In Griechenland reichen professionelle Leistungen (inklusive marktwirtschaftlichen Anbietern) jedenfalls nicht aus, um den normativen Ansprüchen der älteren Bevölkerung zu genügen. Nur zwei bis drei Prozent der über 65jährigen werden hier professionell betreut. Eine Erweiterung des staatlichen Pflegeangebots würde folglich auch auf eine entsprechende Nachfrage treffen. In der Schweiz weht der Wind hingegen aus einer anderen Richtung: Hier ist die Familie gefordert. Nur 15 Prozent weisen dem Staat eine größere Verantwortung als der Familie zu. Dennoch, die Zahlen deuten an, dass mehr Betagte von professionellen Pflegekräften als von Angehörigen versorgt werden. Aufgrund der Frageformulierung ist allerdings unklar, ob die älteren Schweizer zwar eine ‚Einmischung' des Staates ablehnen, eine marktwirtschaftliche Pflegelösung gegenüber einer familialen hingegen bevorzugen. Insofern bleibt ungewiss, ob die Familie die an sich selbst gestellten Erwartungen in der Altenpflege tatsächlich nicht erfüllt – wahrscheinlich ist es schon.

Zusammengenommen lassen Tabelle 5.2 und die Abbildung 5.11 und 5.12 damit erstens den Schluss zu, dass das höhere informelle Pflegeniveau in Mittel- und Südeuropa auch auf das geringe (staatliche) Angebot an professionellen Pflegeleistungen zurückgeführt werden kann. Zweitens deuten die Befunde darauf hin, dass sich Angehörige nicht im gleichen Maße in der Pflege engagieren, wenn keine gesetzlichen Verpflichtungen bestehen oder alternative Möglichkeiten zur familialen Pflege (z.B. ambulante Pflege) vorhanden sind. Schließlich zeigt sich auf europäischer Ebene, dass die gesellschaftliche Organisation der Pflege, die Aufteilung der Pflegearbeit zwischen Familie und Staat, weitgehend konform mit den vorherrschenden Normen ist und insofern überwiegend von einer Entsprechung von Kultur und Institutionen ausgegangen werden kann.

5.4 Kurzfazit

In den europäischen Gesellschaften besteht ein erheblicher Bedarf an Pflegeleistungen. Die Auswertungen zeigen zunächst, dass insgesamt knapp zehn Prozent der über 50jährigen in Privathaushalten mit mindestens einer körperlichen Einschränkung leben. Dabei gibt es große Unterschiede zwischen Individuen und Familien einerseits und Gesellschaften andererseits. Personen, die in einer Partnerschaft leben, Kinder haben und aus einer privilegierten Schicht kommen, sind seltener pflegebedürftig. Mit dem Alter treten hingegen zunehmend körperliche Beschwerden auf. In Gesellschaften mit einem umfassenden Angebot an sozial-medizinischen Einrichtungen leben weniger Pflegebedürftige in Privathaushalten.

Im Ländervergleich zeigt sich, dass der Pflegebedarf in südlichen Ländern vorwiegend in der Familie oder von Bekannten gedeckt wird. In mitteleuropäischen Ländern übernehmen sowohl das private Umfeld als auch öffentliche Einrichtungen die Pflege, in den nordischen Ländern spielen die Familie, Freunde und Bekannte dagegen eine geringere Rolle. Diese Aufgabe leisten vielmehr professionelle Anbieter. Insgesamt gewährleisten die verschiedenen Pflegesysteme eine ähnlich hohe pflegerische Versorgung, wobei ein umfangreiches öffentliches Pflegeangebot tendenziell einen etwas höheren Versorgungsgrad ermöglicht. Umgekehrt kann die Familie große Lücken im Pflegesystem weitgehend auffangen. Die Aufteilung der Pflegeverpflichtungen und -verantwortung entspricht dabei weitgehend gesellschaftlich vorherrschenden Präferenzen für eine familiale bzw. staatliche Pflege.

Insofern kann von einer Entsprechung von Institutionen und Kultur gesprochen werden, wobei sich die mediterranen Staaten durch umfassende familiale und gesetzliche Verpflichtungen zur Pflege einerseits und ein vergleichsweise geringes Angebote an ambulanten und stationären Pflegeleistungen andererseits auszeichnen. In skandinavischen Staaten wird die Pflegeverantwortung dagegen klar beim Staat gesehen. Gleichzeitig verfügen diese Länder über eine deutliche bessere Infrastruktur in der Pflege, und vom Gesetzgeber werden allenfalls geringe Anforderungen an die Angehörigen von pflegebedürftigen Älteren gestellt. Die kontinentaleuropäischen Staaten befinden sich dazwischen. Zwar bestehen hier wie im Süden Europas ebenfalls ausgeprägte gesetzliche Verpflichtungen und vom Partner und den Kindern wird ein Engagement in der Pflege erwartet. Das Angebot an öffentlich finanzierten Pflegedienstleistungen ist jedoch umfassender als in den südeuropäischen Ländern.

6 Pflege durch Kinder

Die Solidarität zwischen Kindern und Eltern ist ausgesprochen hoch. Sie zeigt sich in den über die gesamte Lebensspanne vielfältigen Unterstützungsleistungen zwischen den Generationen (Brandt et al. 2008). Erwachsene Kinder erhalten dabei meist finanzielle Zuwendungen oder werden bei der Betreuung der eigenen Kinder von den Eltern unterstützt (Attias-Donfut et al. 2005; Rossi und Rossi 1990; Szydlik 2000, 2004). In den meisten hier untersuchten Ländern konnten die heute über 50jährigen in der Erwerbsphase Vermögenswerte bilden. Viele verfügen auch über eine ausreichende Rente. Diese Rücklagen und Einkommen ermöglichen es ihnen, den Kindern bei finanziellen Engpässen auszuhelfen, z.B. bei der Familien- oder Betriebsgründung sowie bei einer marginalen Beschäftigung oder Arbeitslosigkeit.

In den weniger prosperierenden Gesellschaften sind die Eltern aufgrund der weiter verbreiteten Altersarmut dagegen öfter selbst auf finanzielle Transfers angewiesen – ein Problem, das aufgrund der Kürzung von Rentenleistungen im Zuge der Rentenreformen in Zukunft auch in den wohlhabenderen Staaten vermehrt auftreten könnte (OECD 2007b). In diesem Fall könnten die erwerbstätigen Kinder ihren Eltern mit Geld aushelfen. In der Familie fließen die finanziellen Mittel damit nicht zwingend von Alt nach Jung sondern auch in Richtung des Bedarfs (vgl. Bonsang 2007).

Mit dem Eintritt in den Ruhestand verfügt die ältere Generation über große Zeitressourcen, die es ihnen erlauben, viel Zeit mit ihren Enkeln zu verbringen. Mit der höheren Lebenserwartung hat sich dabei auch die gemeinsame Lebenszeit mit den Enkeln verlängert. Berücksichtigt man zudem die anhaltend niedrigen Geburtenraten – das größere Potenzial an Aufmerksamkeit steht einer geringen Anzahl an Enkeln gegenüber – eröffnen sich neue Möglichkeiten für die Gestaltung der Beziehung zu den Enkelkindern (vgl. Lauterbach 1995). Gleichzeitig können die Kinder besonders in den ersten Jahren ihrer Elternschaft von Betreuungsaufgaben entlastet werden. Ihnen steht somit ein größerer Raum für berufliche Aufgaben oder die eigene Freizeitgestaltung zur Verfügung (Brake und Büchner 2007). Vor allem alleinerziehende Eltern sind auf diese Unterstützung angewiesen. Wenn sich die Arbeits- und Öffnungszeiten der Kinderbetreuungseinrichtungen überschneiden oder berufsbedingte (Auslands-) Reisen an der Tagesordnung sind, ist die Mithilfe der Eltern mitunter sogar eine

Voraussetzung für eine Erwerbstätigkeit. Dies gilt umso mehr, je eingeschränkter das Angebot an privaten und öffentlichen Betreuungseinrichtungen für Kinder ist.

Mit zunehmendem Alter sind die Eltern jedoch selbst mehr und mehr auf eine Unterstützung angewiesen. Erst bei der Haushaltsführung, später, wenn die Kräfte schwinden und die körperlichen Gebrechen immer mehr den Alltag bestimmen, auch bei der Pflege. Oft können die Partnerin oder der Partner leichte Aufgaben und teilweise sogar die Pflege übernehmen. Dennoch, mit dem Alter kann die tägliche Haushaltsführung auch für Paare zur Belastung oder unerfüllbaren Aufgabe werden. Jede Hilfe von außen ist dann willkommen – insbesondere die der Kinder (Künemund und Hollstein 2005). Umgekehrt möchten die Eltern ihren Kindern aber auch nicht zu Last fallen, schließlich sind diese oft bis ins Erwachsenenalter um Abgrenzung vom elterlichen Einfluss und ein eigenständiges Leben bemüht und haben zu diesem Zeitpunkt oft selbst Partner und Kinder (vgl. Richards et al. 1989).

Der Überblick über die europäische Pflegelandschaft im vorangehenden Kapitel hat gezeigt, dass die Familie eine zentrale Säule der Pflege älterer Menschen darstellt. Aus den Darstellungen geht aber auch hervor, dass Angehörige nicht bedingungslos die Pflege der Eltern übernehmen (können), und dass es doch beträchtliche Unterschiede zwischen den Ländern gibt. Allerdings weiß man heute recht wenig darüber, warum manche Eltern von ihren Kindern gepflegt werden, andere jedoch nicht. Im Grunde genommen schließen sich hier zwangsläufig die Fragen an: Wie weit reicht die Solidarität zwischen den Generationen? Welche Eigenschaften der Eltern und Kinder begünstigen die intergenerationale Pflege, welche Faktoren führen eher zu anderen Lösungen? Welche Unterschiede gibt es dabei zwischen den Ländern und wie lassen sie sich erklären?

In diesem Kapitel steht die Situation pflegebedürftiger Eltern im Mittelpunkt. Die intergenerationale Pflege wird also ausgehend vom Pflegeempfänger untersucht, wobei auch die Lebensumstände der Kinder berücksichtigt werden. Zunächst wird der bisherige Forschungsstand – meist Untersuchungen einzelner Länder – zusammengetragen. Neben normativen Verpflichtungen werden dabei auch Solidaritätspotenziale wie individuelle Möglichkeiten und Bedürfnisse sowie Familienstrukturen und der wohlfahrtsstaatliche Kontext näher betrachtet. Darauf aufbauend und ergänzend werden empirisch die zentralen Einflüsse ermittelt, die die Pflege durch Kinder begünstigen oder erschweren.

6.1 Forschungsstand

Das Thema der Pflege ist sowohl in der alltäglichen Berichterstattung als auch in der Forschung von großer Aktualität. Grundsätzlich lassen sich dabei zwei Forschungszugänge unterscheiden. Qualitative Studien fokussieren meist die Qualität der Beziehungen und die Motive, die der Pflege zugrunde liegen (z.b. Brody et al. 1989; Keith 1995; McGraw und Walker 2004). In quantitativen Untersuchungen interessieren hingegen die Einstellungen gegenüber der familialen Pflege, die Verbreitung bestimmter Pflegearrangements sowie demografische und sozio-strukturelle Aspekte (z.b. Blinkert 2005; Brandt et al. 2009; Schneekloth und Leven 2003; Schupp und Künemund 2004). Dies ist auch der Zugang, der in den meisten ländervergleichen Untersuchungen und somit auch hier gewählt wird.

Wie zahlreiche Studien zeigen, sind Kinder nach den Partnern die häufigsten (Haupt-) Pflegepersonen. Erwartungsgemäß schwindet das Potenzial der Partnerpflege mit zunehmendem Alter der Pflegebedürftigen und ihrer Lebensgefährten, da die Partnerinnen und Partner entweder bereits verstorben sind oder die Pflege selbst nicht mehr leisten können (vgl. BMFSFJ 2002: 196; Schneekloth und Wahl 2005: 77). Kinder werden dann für die pflegerische Versorgung zunehmend bedeutender (Höpflinger und Hugentobler 2005). Wie Künemund und Hollstein (2005) zeigen, entspricht diese Zusammensetzung auch den Präferenzen für Pflegepersonen. Sofern verfügbar, werden Partner und Partnerinnen fast ausnahmslos anderen Pflegepersonen vorgezogen. Über die Hälfte der Eltern präferieren zudem ihre Kinder. Weit abgeschlagen folgen Freunde, Bekannte und andere Verwandte. Nur sehr wenige ziehen also die Unterstützung anderer Privatpersonen dem Partner und den Kindern vor. Dabei dürfte nicht nur der Grad der Verpflichtung eine wesentliche Rolle spielen. Da die körperliche Pflege sehr intim ist, setzt sie zudem eine enge Vertrautheit (oder eine professionelle Distanz) voraus.

In jüngerer Zeit mehren sich die Hinweise, dass Kinder in Zukunft eine geringere Bereitschaft zur Elternpflege haben könnten (Alber und Köhler 2004; Berger-Schmitt 2003; Blinkert und Klie 2004; Daatland und Herlofson 2003b). Zum einen ist die Zustimmung zur familialen Pflege in den älteren Bevölkerungsgruppen meist höher (Alber und Köhler 2004: 69f.), wobei hiervon nicht unbedingt auf eine abnehmenden Pflegebereitschaft geschlossen werden kann. Denn ältere Personen dürften aufgrund der eigenen gesundheitlichen Situation (‚Risikogruppe') eher die Bedeutung der Familie wahrnehmen und auch deshalb häufiger befürworten. Zum anderen ist die Pflegebereitschaft in hohen Sozialschichten und in Milieus mit modernen, individualistischen Einstellungen – einer wachsenden Bevölkerungsgruppe – weniger weit verbreitet als in anderen Milieus (Blinkert und Klie 2004). Zusammengenommen sprechen die Befunde also eher für eine abnehmende Pflegebereitschaft. Allerdings bleibt unklar, inwieweit diese Einstellungen auch tatsächlich einen Einfluss auf das Pflegeverhalten haben. Individuelle Einstellungen und gesellschaftlich geteilte Normen können zwar das Pflegeverhalten prägen, konkrete Verhaltensweisen schreiben sie in der Regel jedoch nicht vor. Vielmehr sind Art und Umfang der Unterstützung abhängig von vielfältigen Faktoren und, wie Finch und Mason (1993) für Großbritannien zeigen, Verhandlungssache. Schließlich teilen nicht alle Personen und Familien diese Werte und Normen und zahlreiche Menschen werden nicht in der Familie gepflegt (vgl. Pyke und Bengtson 1996).

Dass Eltern nicht von ihren Söhnen und Töchtern gepflegt werden, kann viele Ursachen haben. Ganz entscheidend sind sowohl die Situation der Eltern als auch die der Kinder. Gesunde und rüstige alte Menschen kommen meist gut alleine zu recht. Selbst chronisch Kranke können oft selbständig ihren Alltag meistern und die Unabhängigkeit genießen, wenn sie hauswirtschaftliche Hilfe (Einkauf, administrative Angelegenheiten) beziehen. Erwartungsgemäß erhalten Eltern mehr Pflegeleistungen, wenn sie bei schlechter Gesundheit oder von funktionalen (Mobilitäts-) Einschränkungen betroffen sind. Ohne Unterstützung könnten sie nicht mehr in der eigenen Wohnung verbleiben (Geerlings et al. 2005: 120; Höpflinger und Hugentobler 2005: 52f.).

In einer soziologischen Betrachtung ist der Zusammenhang zwischen familialer Pflege und sozialer Ungleichheit von besonderem Interesse. Bisher wurde er jedoch kaum systematisch untersucht und ländervergleichende empirische Untersuchungen liegen meines Wissens noch nicht vor. Welchen Einfluss haben also die Bildungsschicht und die Einkommenssituation auf die Pflege durch Kinder? Befunde aus den Niederlanden zeigen, dass Personen mit niedriger Bildung eher von Angehörigen und Bekannten gepflegt werden. Ein hohes Einkommen und eine hohe Bildung begünstigen dagegen eher professionelle Pflegearrangements (Geerlings et al. 2005: 120f.). Zudem sprechen Ergebnisse aus der Pflege- und Gesundheitsforschung für ein schichtspezifisches Pflegeverhalten. Personen bzw. Familien aus höheren Bildungs- und Einkommensschichten verfügen nicht nur über die entsprechenden finanziellen Mittel, sie verfügen zudem über mehr Wissen über medizinische Einrichtungen, Unterstützungsmöglichkeiten und ihre gesetzlichen Ansprüche (Behrens 2008; Theobald 2005). Gleichzeitig präferieren sie die professionelle Pflege eher als Familien aus bildungs- und vermögensfernen Milieus (Blinkert 2005; Blinkert und Klie 2008). Die finanzielle Unterstützung der familialen Pflege ist zudem allenfalls für Personen aus den unteren Sozialschichten eine Alternative zur Erwerbsarbeit. Für Personen aus den oberen Einkommensschichten kommt eine Aufgabe der Berufstätigkeit dagegen meist nicht in Frage, der Einkommensausfall wäre zu hoch und kann durch die Pflegegelder nicht annähernd kompensiert werden, vielmehr werden die Gelder zum möglichst günstigen Einkauf von Pflegeleistungen (auch auf dem grauen Markt) genutzt. Insgesamt legen die Befunde damit – zumindest für Deutschland – eine stärkere Verbreitung der (öffentlich teilfinanzierten) familialen Pflege in den unteren Sozialschichten nahe (Dallinger und Theobald 2008: 96f., 99). Befunde aus der Schweiz deuten hingegen an, dass vorwiegend sozial Benachteiligte in Institutionen untergebracht sind (Höpflinger und Hugentobler 2005).

Gerade das Einkommen schafft jedoch nicht nur günstige Voraussetzungen für die Nutzung professioneller Angebote, was mittelbar den Bedarf an familialer Unterstützung senken kann. Es kann auch eine Anreizstruktur darstellen und sich direkt auf die Pflegebereitschaft der Angehörigen auswirken. Beispielsweise kann die Pflege entschädigt oder ein höheres Erbe in Aussicht gestellt werden. Für die Nachkommen – insbesondere die Söhne – könnte dies durchaus ein Motiv für die Pflege sein (Silverstein et al. 1995). Zumindest gehen ökonomische Studien von diesem Zusammenhang aus und folgern, dass das Erbe vom Erblasser zu Lebzeiten entsprechend instrumentalisiert werden kann bzw. wird (Becker 1981; Bernheim et al. 1985; vgl. Pillemer und Suitor 2006). Zusammenfassend gibt es also einerseits gute Argumente dafür, dass ein hohes Einkommen und Vermögen ein professionelles Pflegearrangement begünstigen. Andererseits können finanzielle Ressourcen auch einen Anreiz für die Pflege in der Familie darstellen.

Auf Seiten der Kinder stellt sich vorwiegend die Frage, ob sie sich intensiv und vor Ort um die Eltern kümmern können. So erhalten Eltern weniger Pflege und Unterstützung von den Kindern, die weiter entfernt wohnen (Campbell und Martin Matthews 2003; Fast et al. 2004; Stoller et al. 1992). Um eine Pflege über eine größere Distanz hinweg leisten zu können, müssen erhebliche zeitliche und finanzielle Ressourcen vorhanden sein. Umgekehrt engagieren sich Kinder, die nahe bei den Eltern wohnen, stärker in der Pflege. Das am nächsten wohnende Kind übernimmt dabei meist die größte Verantwortung. Gleichzeitig können die Pflegeaufgaben nur dann unter den Geschwistern aufgeteilt werden, wenn mehrere Geschwister in geringer Entfernung zu den Eltern leben (Martin et al. 2001). Eine geringe Wohnentfernung kann folglich als Opportunitätsstruktur aufgefasst werden, da Kinder erst dann ernsthaft als Pflegepersonen in Frage kommen.

Viele Studien haben zudem darauf hingewiesen, dass eine Erwerbstätigkeit die verfügbare Zeit zur Pflege einschränkt (Pillemer und Suitor 2006; Schneider et al. 2001). Wie auf diesen Umstand reagiert wird, hängt jedoch vom Geschlecht des Kindes ab. Von Vollzeit erwerbstätigen Söhnen wird z.B. nicht erwartet, dass sie sich voll in der Pflege engagieren, besonderes dann nicht, wenn andere Kinder mehr Zeit zur freien Verfügung haben (Anderson 2004: 104). Töchtern wird eine Entscheidung zwischen Erwerbs- und Pflegearbeit nicht zugestanden. Im Gegenteil: Es wird fast vorausgesetzt, dass sie die Pflege übernehmen und berufliche Interessen zurückstellen, z.b. die Erwerbsarbeit reduzieren oder aufgeben (Ungerson 1987). Ob Töchter dieser Erwartung entsprechen ist jedoch eine andere Frage. Für verheiratete Frauen trifft dies am ehesten zu. Sie können auf die Erwerbsarbeit verzichten, sofern der Ehegatte ein ausreichendes Einkommen ‚mit nach Hause bringt' (Arber und Ginn 1995; Bender 1994: 235). Zwar spricht grundsätzlich nichts dagegen, dass pflegende Angehörige einer Erwerbsarbeit nachgehen. Diese schränkt jedoch die verfügbare Zeit für die Pflege der Eltern ein und umgekehrt. Ungeachtet der normativen Verpflichtungen ist deshalb davon auszugehen, dass arbeitende Kinder sich weniger intensiv und regelmäßig um ihre Eltern kümmern können oder die Erwerbstätigkeit aufgeben müssen.

Nicht zuletzt zeigen zahlreiche Studien, dass europäische Länder sehr verschiedene Wege in der Altenpflege gehen (Behning 2005; Bettio und Plantenga 2004; Lundsgaard 2006; Mestheneos und Triantafillou 2006; Millar und Warman 1996; Rostgaard und Fridberg 1998). Dabei wird vorwiegend das staatliche Angebot an ambulanten und stationären Leistungen untersucht, meist mit dem Ziel, eine Typologie von Pflegesystemen (unter Berücksichtigung von ‚gender') zu erstellen. Zunehmend werden auch finanzielle Transfers an die Pflegebedürftigen und Pflegepersonen berücksichtigt, seltener die Verpflichtungen zwischen Angehörigen. Bis auf wenige Ausnahmen handelt es sich um theoretische Arbeiten, die sich allenfalls auf wenige und vorwiegend deskriptive Auswertungen stützen. Dabei zeigt sich das vertraute Bild: In den südeuropäischen Ländern hat die familiale Pflege einen höheren Stellenwert und ist weiter verbreitet als in den nordeuropäischen Wohlfahrtsstaaten. Allerdings sprechen die Befunde nicht für eine Verdrängung der familialen durch die staatliche Unterstützung. Aufgrund des Ineinandergreifens der familialen und professionellen Pflege in den nordischen Ländern sprechen die Autoren von einer gemischten Verantwortung von Familie und Staat (Motel-Klingebiel et al. 2005). Die wenigen vergleichenden Studien, die sich explizit mit dem Einfluss der kulturell-kontextuellen Strukturen auf die familiale Pflege auseinandersetzen, konnten diese aufgrund der Datenlage bislang nur indirekt messen. Meines Wissens liegen damit wenigen Ausnahmen (z.B. Brandt et al. 2009, Haberkern und Szydlik 2008, Kalmijn und Saraceno 2008) keine international vergleichenden Untersuchungen vor, die die intergenerationale Pflege direkt auf bestimmte institutionelle und kulturelle Faktoren zurückführen können – eines der Hauptziele dieser Arbeit.

6.2 Warum Eltern von ihren Kindern gepflegt werden

Eine der wichtigsten Fragen – sowohl in der Gesellschaft als auch innerhalb der Familie – bezieht sich auf die Organisation und Aufteilung der Pflegearbeiten. Wer ist für die Pflege der Betagten zuständig? Wie wird die Pflege zwischen Angehörigen aufgeteilt? Wie stark engagieren sich Kinder in der Pflege ihrer Eltern? Welche individuellen, familialen und gesellschaftlichen Rahmenbedingungen begünstigen die Pflege durch die Nachkommen?

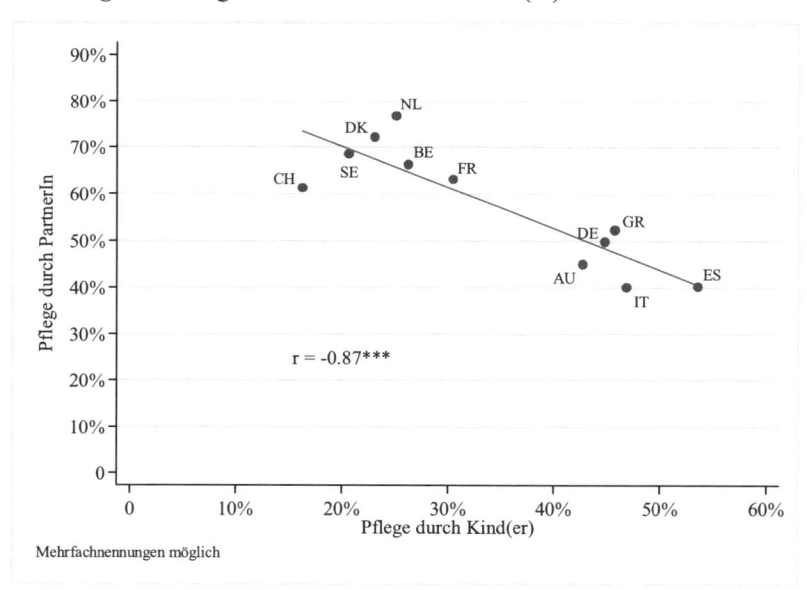

Abbildung 6.1: Pflege durch PartnerIn und Kind(er)

[Streudiagramm: Pflege durch PartnerIn (y-Achse, 0–90%) vs. Pflege durch Kind(er) (x-Achse, 0–60%). Datenpunkte: CH, SE, DK, NL, BE, FR, DE, AU, GR, IT, ES. $r = -0.87^{***}$. Mehrfachnennungen möglich]

Datenbasis: SHARE 2004, release 2. Basis: Privat gepflegte Personen ab 50 Jahren. Eigene Berechnungen, gewichtet, n= 1327. Korrelation auf Länderebene (n=11) signifikant zum * < 0.10-, ** < 0.05- und *** < 0.01-Niveau.

Wie bereits angedeutet unterscheiden sich die Länder stark in Bezug auf die gesellschaftliche Organisation der Pflege. Dies spiegelt sich auch in den innerfamilialen Pflegebeziehungen in den einzelnen Ländern wider (Abbildung 6.1). Während in den skandinavischen Staaten und den Niederlanden – servicebasierten Pflegesystemen – zwischen zwei Drittel und drei Viertel der Pflegeempfänger von ihren Partnerinnen und Partnern gepflegt werden, sind es in den mitteleuropäischen Ländern etwa 45 bis 65 Prozent, in Südeuropa teilweise nur 40 Prozent. Die deutlichen Unterschiede haben vorwiegend demografische und institutionelle Ursachen. Die nordischen Länder und die Niederlande aber auch Belgien und die Schweiz verfügen über zahlreiche stationäre Pflegeeinrichtungen, in denen vor allem alleinstehende und verwitwete Personen leben (siehe für die Schweiz: Höpflinger und Hugentobler 2005: 96f.). In den mediterranen Ländern lebt diese Personengruppe hingegen vorwiegend allein bzw. bei den Kindern, entsprechend ist die Partnerpflege dort nicht so häufig anzutreffen. Umgekehrt werden, je weiter man von Norden nach Süden geht, tendenziell mehr Personen von ihren Kindern gepflegt. Die intergenerationale Pflege ist damit in den explizit oder implizit familialistischen Staaten weiter verbreitet. Dies ist ein deutlicher Hinweis auf den Einfluss der gesetzlichen Verpflichtungen zwischen Eltern und Kindern und des Angebots an professionellen Pflegeleistungen. Gleichzeitig verweist dieser Befund auch auf die dahinterliegenden Familiennormen, die sowohl die Beziehung zwischen Eltern und Kindern als auch zwischen Familie und Staat prägen.

In Familien mit mehreren Kindern stellt sich zudem die Frage, ob die Pflege zwischen den Geschwistern aufgeteilt oder von einer Tochter bzw. einem Sohn übernommen wird (siehe hierzu Keith 1995; Matthews und Rosner 1988). Abbildung 6.2 zeigt deutlich, dass in Mehrkindfamilien die regelmäßige Pflege meist von einem Kind geleistet wird. Besonders interessant ist hierbei, dass mit steigendem Pflegebedarf die alltäglichen Pflegeaufgaben zunehmend zwischen mehreren Kindern aufgeteilt werden. Bei den Schwerstpflegebedürftigen übernehmen immerhin in etwa 30 Prozent der Fälle zwei und mehr Kinder gemeinsam die Hauptpflege. Umgekehrt heißt das jedoch auch, dass in drei von vier Fällen eine Tochter bzw. ein Sohn die regelmäßige Pflege ohne die Unterstützung der Geschwister bewältigt. Einerseits ist also denkbar, dass die Pflege erst dann auf mehrere Schultern verteilt wird, wenn der Einzelne der Aufgabe nicht mehr gewachsen ist. Andererseits ist bekannt, dass Töchter und Söhne nicht gleich sensibel auf körperliche und geistige Schwächen der Eltern reagieren. Söhne sehen sich erst vergleichsweise spät und nicht im gleichen Ausmaß zur pflegerischen Unterstützung veranlasst (Dressel und Clark 1990). Zumindest zeigen sie eine geringere Bereitschaft ihre Erwerbsarbeit aufzugeben und engagieren sich erst dann, wenn andere die Pflege nicht übernehmen können (Campbell und Martin Matthews 2003; Martin Matthews und Campbell 1995; Walker et al. 1995). Vor diesem Hintergrund ist durchaus denkbar, dass manche Kinder erst dann die Notwendigkeit zum Eingreifen sehen, wenn die Hilfsbedürftigkeit schon weit fortgeschritten ist. Dies dürfte umso mehr der Fall sein, wenn sich eine Schwester oder ein Bruder bereits um die Eltern kümmert.

Warum Eltern von ihren Kindern gepflegt werden 115

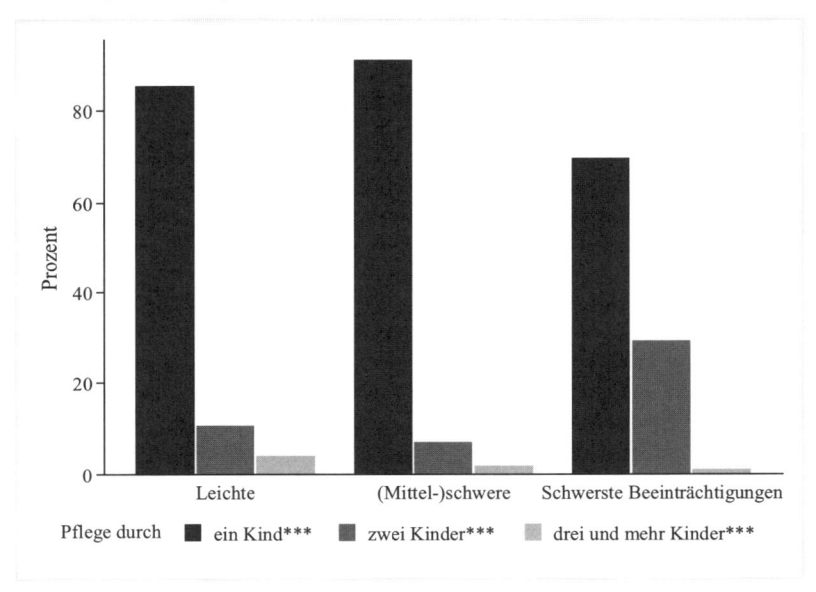

Abbildung 6.2: Pflege durch Kind(er) und Pflegebedürftigkeit

Datenbasis: SHARE 2004, release 2. Basis: Von Kindern gepflegte Personen mit mehreren Kindern. Eigene Berechnungen, gewichtet, n= 266. χ^2-Test signifikant zum * < 0.10-, ** < 0.05- und *** < 0.01-Niveau.

Die Organisation der Pflege ist jedoch nicht notwendig eine rein familiale Angelegenheit, da prinzipiell immer auch familienexterne Betreuungsleistungen bzw. Pflegekräfte hinzugezogen werden können. Welchen Einfluss haben nun professionelle Leistungen auf die intergenerationale Pflege? Aufgrund der in allen elf Ländern großen Verpflichtung, Intimität und Reziprozität zwischen Partnern, dürfte ein Ausbau staatlicher Pflegeleistungen allenfalls einen geringfügigen Einfluss auf die geleistete Unterstützung haben. Auf Kinder trifft dies zwar auch oft zu, gleichzeitig leben sie aber auch ein eigenes Leben. Sie haben häufig selbst einen Partner, Kinder, einen Beruf und wohnen – im Unterschied zu den Partnern in älteren Lebensgemeinschaften – meist nicht im gleichen Haushalt, teilweise sogar sehr weit entfernt. Sie sind damit nicht in gleichem Maße verfügbar und müssen bei einer Pflegebedürftigkeit die Bedürfnisse der Eltern mit den eigenen und den Verpflichtungen gegenüber Partnern, Kindern und Erwerbstätigkeit in Einklang bringen. Gerade ambulante Pflegeleistungen können dort eine willkommene Alternative bzw. Unterstützung in der Pflege der Eltern sein. In Ländern mit großzügigen Pflegeleistungen dürften folglich weniger Eltern von ihren Kindern gepflegt werden. Dies könnte in noch stärkerem Maße auf Freunde und Bekannte zutreffen, die erst dann einspringen, wenn die Pflege nicht von anderen übernommen werden kann.

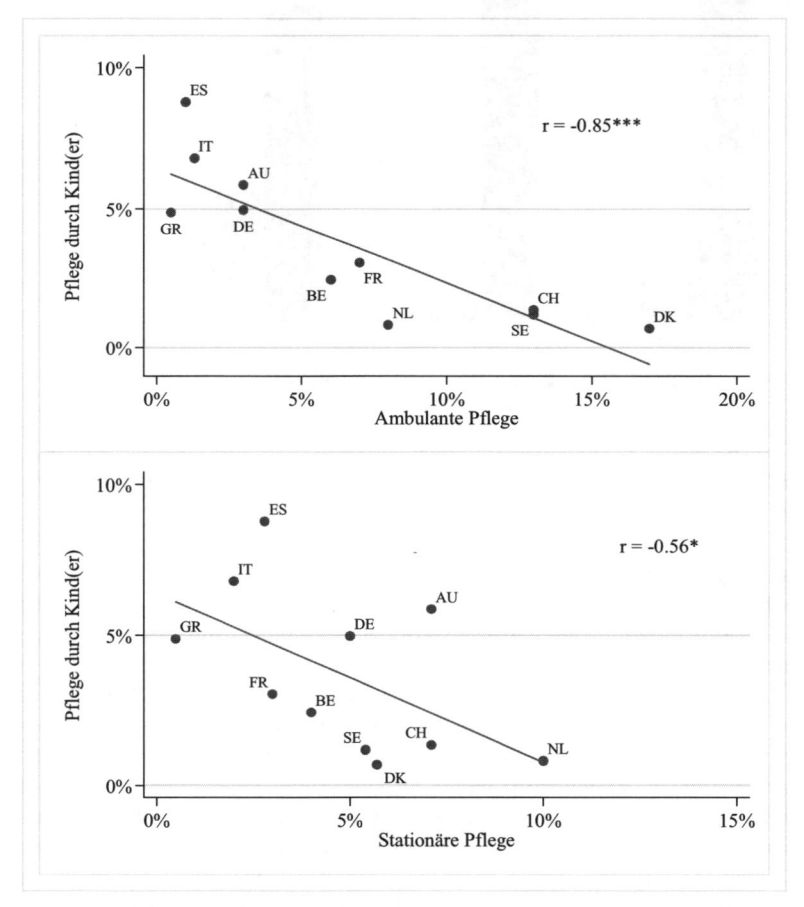

Abbildung 6.3: Pflege durch Kinder, ambulante und stationäre Pflege

Datenbasis: Pinnelli 2001, SHARE 2004, release 2. Basis: Eltern ab 65 Jahren. Eigene Berechnungen, gewichtet, n= 10906. Korrelation auf Länderebene (n=11) signifikant zum * < 0.10-, ** < 0.05- und *** < 0.01-Niveau.

Tabelle 6.1: Gesetzliche Verpflichtungen und intergenerationale Pflege

Gesetzliche Verpflichtung zur Pflege der Eltern	Pflege durch Kind(er), Prozent der Eltern
Ja	5.3***
Nein/geringfügige Verpflichtung	1.0***

Datenbasis: SHARE 2004, release 2. Basis: Eltern ab 65 Jahren. Eigene Berechnungen, gewichtet, n=10906. t-Test auf Länderebene (n=11) signifikant zum *** < 0.01-Niveau.

Die Gegenüberstellung der intergenerationalen Pflege mit professionellen Diensten, gesetzlichen filialen Verpflichtungen und der Einstellung gegenüber der staatlichen Pflege bestätigt und präzisiert diese Hypothese (Abbildung 6.3). Zum einen sind Kinder in Ländern mit guter Pflegeinfrastruktur tendenziell seltener in die Pflege involviert. In den skandinavischen Ländern, den Niederlanden und der Schweiz erhalten weniger als zwei Prozent der über 64jährigen Eltern von ihren Kindern Pflegeleistungen. In Südeuropa sind sie hingegen mit fünf bis zehn Prozent deutlich stärker an der Pflege der älteren Personen beteiligt. Zum anderen ist die intergenerationale Pflege vor allem in den familienbasierten Pflegesystemen mit einer gesetzlichen Verpflichtung zur Unterstützung der Angehörigen ausgeprägt (Tabelle 6.1), namentlich Südeuropa, Deutschland, Österreich und Frankreich.

Sowohl das staatliche Engagement als auch die gesetzlich verankerte Verpflichtung gegenüber Angehörigen reflektieren die kulturelle Norm, wer für die Pflege der älteren Bevölkerung zuständig ist. Gleichzeitig prägt diese Norm die individuellen Präferenzen zur gesellschaftlichen Organisation der Pflege betagter Menschen. Wie Abbildung 6.4 zeigt, sind über die Hälfte der ab 65jährigen in den nordischen und sozialdemokratischen Ländern der Ansicht, dass die Verantwortung für die Altenpflege beim Staat bzw. öffentlichen Einrichtungen liegt. In den konservativen Staaten und den mediterranen Ländern sieht die Mehrheit der Befragten hingegen die Familie in der Pflicht. Besonders niedrig ist die Präferenz für die staatliche Pflege in Griechenland, Deutschland und überraschend auch in der Schweiz (vgl. Berger-Schmitt 2003).

Zusammengenommen lassen Tabelle 6.1 und die Abbildungen 6.1, 6.3 und 6.4 damit erstens den Schluss zu, dass das höhere informelle Pflegeniveau in Mittel- und Südeuropa auch durch die Beteiligung der Kinder an der Pflege zustande kommt. Zweitens deuten die Befunde darauf hin, dass sich Kinder nicht im gleichen Maße in der Pflege engagieren, wenn die Pflege vom Partner übernommen werden kann, keine gesetzlichen Verpflichtungen bestehen, die Verantwortung beim Staat gesehen wird oder alternative Möglichkeiten zur familialen Pflege vorhanden sind.

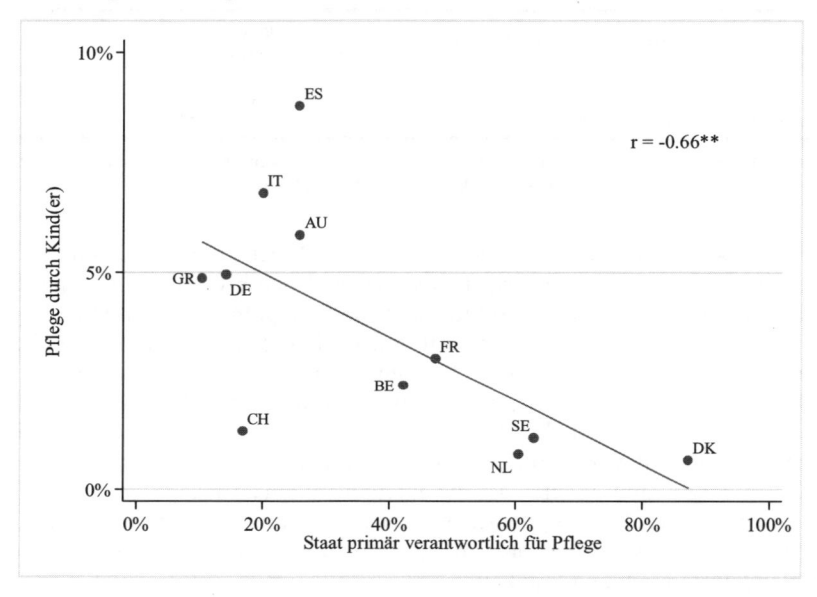

Abbildung 6.4: Pflege durch Kinder und kulturelle Normen

[Streudiagramm: x-Achse "Staat primär verantwortlich für Pflege" (0%–100%), y-Achse "Pflege durch Kind(er)" (0%–10%). Datenpunkte: ES, IT, AU, GR, DE, FR, BE, CH, SE, NL, DK. r = -0.66**]

Datenbasis: SHARE 2004, release 2. Basis: Eltern ab 65 Jahren. Eigene Berechnungen, gewichtet, n= 10906. Korrelation auf Länderebene (n=11) signifikant zum * < 0.10-, ** < 0.05- und *** < 0.01- Niveau.

Bisher wurden die Länderunterschiede allein mit dem Verweis auf die kulturellkontextuellen Strukturen erklärt. Individuelle und familiale Faktoren wurden dabei weitgehend außer Acht gelassen – zu Unrecht, wie Abbildung 6.5 zeigt. Die Länder unterscheiden sich nicht nur hinsichtlich ihres gesellschaftlichen Kontextes, sondern auch in ihrer sozio-demografischen Zusammensetzung und Sozialstruktur. Geht man davon aus, dass die Pflege zwischen Eltern und Kindern von deren spezifischer Situation abhängt, z.B. ein ausreichendes Einkommen vorhanden ist oder die Kinder erwerbstätig sind, dann sollten sich Unterschiede in der Sozialstruktur auch auf das Niveau der intergenerationalen Pflege in einem Land auswirken. Die Besonderheiten der Länder wären demnach nicht nur auf den Kontext, sondern auch auf die Komposition eines Landes zurückzuführen.

Die Befunde aus den bivariaten Analysen sprechen für diese Annahme. Erwartungsgemäß besteht ein starker Zusammenhang zwischen der intergenerationalen Pflege und dem Pflegebedarf der Elterngeneration. Je mehr Eltern bei über drei Aktivitäten des täglichen Lebens auf Unterstützung angewiesen sind, desto höher sind auch die intergenerationalen Pflegeraten. Vor dem Hintergrund des geringen Schwerstpflegebedarfs fällt dieser Zusammenhang sogar überraschend deutlich aus. Der Partnerschaftsstatus scheint zumindest auf gesellschaftlicher Ebene keinen Einfluss zu haben. In Ländern mit einer hohen Rate an allein lebenden Vätern und Müttern beteiligen sich Kinder nicht häufiger an der Pflege. Sozio-strukturelle Merkmale wie Bildungsabschlüsse und ein ausreichendes Einkommen stehen hingegen in einem Zusammenhang mit der intergenerationalen Pflege, wobei breite untere Schichten die Pflege durch Kinder begünstigen. Die geografische Mobilität zwischen den Generationen ist ebenfalls ein wichtiger Indikator für das Pflegepotenzial. Große Distanzen erschweren oder verhindern die Pflege. In den skandinavischen Ländern, wo große Wohnentfernungen zwischen Eltern und Kindern üblich sind, fällt die intergenerationale Pflege entsprechend gering aus. In den Mittelmeerländern ist es genau umgekehrt. Dort zeigt sich der starke familiale Zusammenhang sowohl in einer räumlichen Nähe als auch in einer regen Unterstützung der bedürftigen Eltern. Eine finanzielle Unterstützung von Kindern muss dagegen keine Gegenleistung in Form der Pflege bedeuten. Dies spricht gegen die Befunde, die Beziehung zwischen Eltern und Kindern als wechselseitige direkte Austauschbeziehung sehen, wobei Eltern eher finanzielle Transfers und Kinder deshalb zeitliche Transfers leisten und umgekehrt. Ein Gegenbeweis ist dies allerdings nicht. Ob dieser Zusammenhang auch einer Prüfung auf individueller Ebene Stand hält, muss in den folgenden Analysen noch geklärt werden. Der Zusammenhang zwischen der Erwerbstätigkeit (von Kindern) und der Pflege ist wiederum deutlich. Bei einer hohen Beschäftigungsquote der Kinder stehen diese für die informelle Arbeit in der Familie nicht bzw. nicht in vollem Umfang zur Verfügung. Für die Annahme, dass in größeren und Großfamilien die intergenerationale Pflege weiter verbreitet ist, findet sich vorerst kein Hinweis.

Ausgehend von diesen Befunden liegt es nahe, die Länderunterschiede nicht allein auf die kulturell-kontextuellen Strukturen zurückzuführen. Die soziodemografischen und sozio-strukturellen Merkmale müssen gleichsam in Betracht gezogen werden. Die bivariaten Analysen auf Länderebene liefern allerdings nur erste Hinweise auf die Bedeutung dieser Merkmale, schließlich ist ungewiss, ob die Zusammenhänge auf Länderebene nicht doch ein statistisches Artefakt sind und der sogenannte ‚ökologische Fehlschluss' begangen wird. Beteiligen sich Kinder, die von ihren Eltern finanziell unterstützt werden, tatsächlich seltener an der Pflege? Oder leisten Eltern in wohlhabenderen Gesellschaften schlicht mehr finanzielle Transfers an ihre Kinder als Väter und Mütter in Ländern mit einem geringen Wohlstand? Weitere Untersuchungen auf den Ebenen der Eltern-Kind-Beziehungen, Personen und Familien sind also notwendig, um die Zusammenhänge zu bestätigen oder zu verwerfen.

Abbildung 6.5: Pflege durch Kinder, Familie und Sozialstruktur nach Land

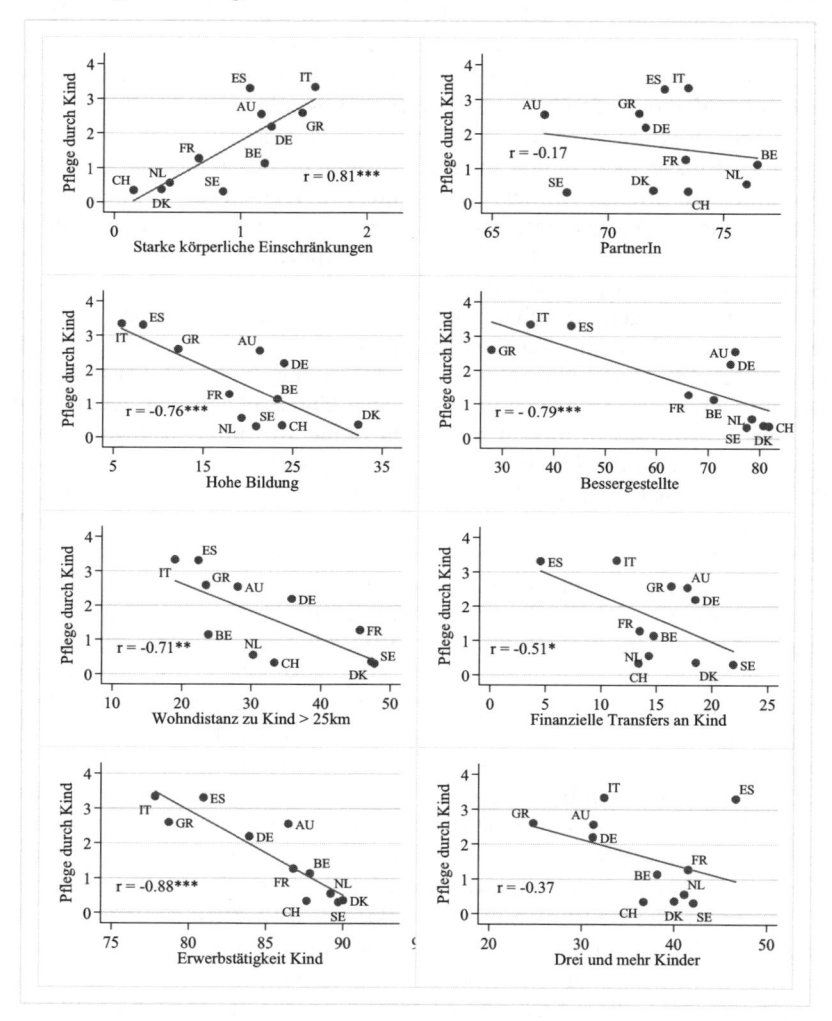

Datenbasis: SHARE 2004, release 2. Basis: Eltern ab 50 Jahren bzw. Eltern-Kind-Dyaden. Eigene Berechnungen, gewichtet, n(Eltern)=21810, n(Eltern-Kind-Dyaden)=51169. Korrelation signifikant zum * < 0.10-, ** < 0.05- und *** < 0.01-Niveau.

Im Folgenden werden nur noch pflegebedürftige Eltern untersucht. Es wird also davon ausgegangen, dass ein Pflegebedarf vorhanden ist. Ein erster Blick auf Abbildung 6.6 genügt für die Feststellung, dass der Bedarf nicht vorwiegend von Kindern gedeckt wird. Nur etwa jede dritte pflegebedürftige Frau und jeder zehnte Mann („Gesamt") werden von Töchtern oder Söhnen gepflegt. Es gibt also gute Gründe und Strukturen, die eine Pflege erübrigen bzw. ihr im Weg stehen. Zuerst entscheiden die Opportunitäts- und Bedürfnisstrukturen darüber, wie groß der Unterstützungsbedarf ist. Eltern mit starken körperliche Beeinträchtigungen werden häufiger von ihren Kindern bei den alltäglichen, lebensnotwenigen Aufgaben unterstützt als Personen, die weniger als vier Funktionseinschränkungen zu beklagen haben. Vor allem Hochbetagte müssen solche Einschränkungen hinnehmen und werden entsprechend häufiger gepflegt als „jüngere" Alte. Sofern die Eltern in einer Partnerschaft leben, kann der oder die Partnerin meist die Pflege übernehmen. Für die Kinder besteht dazu dann eine geringere Notwendigkeit. Während etwa 40 Prozent der alleinstehenden Mütter und fast 20 Prozent dieser Väter von ihren Kindern pflegerisch umsorgt werden, sind es in Partnerschaften mit 20 bzw. 10 Prozent jeweils halb so viele.

Die Einkommenssituation und Schulbildung deuten wiederum ein schichtspezifisches Pflegeverhalten an, wobei die intergenerationale Pflege eher in den sozial benachteiligten Schichten zu finden ist. Insbesondere einkommensschwache Mütter mit niedrigen Schulabschlüssen können oder müssen demnach auf die Unterstützung ihrer Kinder zählen. Väter scheinen von finanziellen Mitteln dagegen eher zu profitieren. Besonders deutlich zeigt sich zudem der Einfluss einer Erbschaft. Sofern die Eltern mit großer Gewissheit in den nächsten zehn Jahren mehr als 50,000 Euro hinterlassen werden – und damit vermutlich auch die Kinder davon wissen – ist die intergenerationale Pflege nur wenig ausgeprägt. Dies könnte ein Hinweis darauf sein, dass bei einer zu erwartenden großen Vererbung für die Kinder kein Anreiz und keine Notwendigkeit zur Pflege bestehen. Zum einen steht ihnen in der Regel ein bedeutender Pflichtanteil am Erbe zu, zum anderen ermöglicht das Vermögen auch die Finanzierung professioneller Pflegedienstleistungen. Eine unsichere Erbschaft scheint dagegen die Pflege anzuregen, z.B. da Kinder die Pflege übernehmen, um ihre Chancen auf einen großen Anteil an der vermeintlichen Erbschaft zu erhöhen. Entgegen der Betrachtung auf Länderebene findet sich hier kein Zusammenhang zwischen finanziellen Transfers an Kinder und deren Pflegeverhalten und vice versa. Höher gebildete Frauen und Männer sind besser über ihre Rechte und Ansprüche auf staatliche Leistungen informiert und können diese möglicherweise auch besser durchsetzen (Theobald 2005: 31), so dass die Kinder entsprechend seltener gefordert werden.

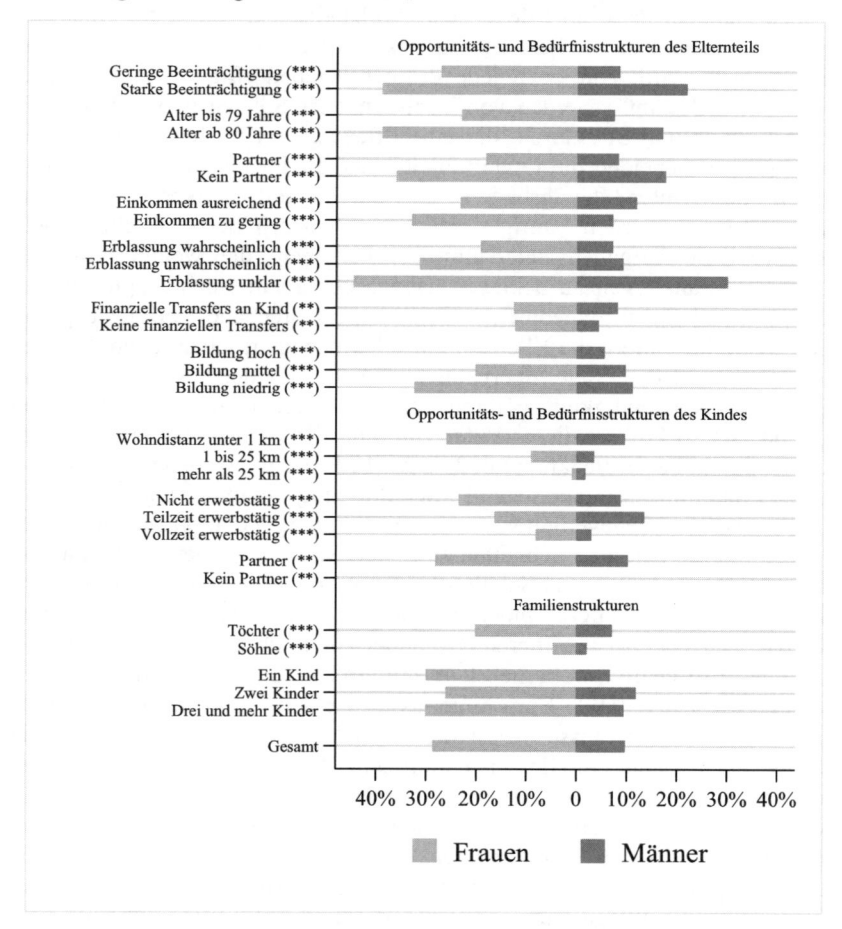

Abbildung 6.6: Pflege durch Kinder, Familie und Sozialstruktur

Opportunitäts- und Bedürfnisstrukturen des Elternteils
- Geringe Beeinträchtigung (***)
- Starke Beeinträchtigung (***)
- Alter bis 79 Jahre (***)
- Alter ab 80 Jahre (***)
- Partner (***)
- Kein Partner (***)
- Einkommen ausreichend (***)
- Einkommen zu gering (***)
- Erblassung wahrscheinlich (***)
- Erblassung unwahrscheinlich (***)
- Erblassung unklar (***)
- Finanzielle Transfers an Kind (**)
- Keine finanziellen Transfers (**)
- Bildung hoch (***)
- Bildung mittel (***)
- Bildung niedrig (***)

Opportunitäts- und Bedürfnisstrukturen des Kindes
- Wohndistanz unter 1 km (***)
- 1 bis 25 km (***)
- mehr als 25 km (***)
- Nicht erwerbstätig (***)
- Teilzeit erwerbstätig (***)
- Vollzeit erwerbstätig (***)
- Partner (**)
- Kein Partner (**)

Familienstrukturen
- Töchter (***)
- Söhne (***)
- Ein Kind
- Zwei Kinder
- Drei und mehr Kinder

- Gesamt

40% 30% 20% 10% 0 10% 20% 30% 40%

■ Frauen   ■ Männer

Datenbasis: SHARE 2004, release 2. Basis: Pflegebedürftige Eltern ab 50 Jahren. Eigene Berechnungen, gewichtet, n(Personen)= 21810, n(Eltern-Kind-Beziehungen)= 51169. Die Opportunitäts- und Bedürfnisstrukturen der Kinder sowie die Mutter/Vater- bzw. Tochter/Sohn-Beziehung werden auf Dyaden-Ebene gemessen, weshalb es zu Abweichungen zum Gesamtdurchschnitt auf Personenebene kommt. Unterschiede zwischen Männern und Frauen sind bis auf bei ‚Finanziellen Transfers' jeweils signifikant zum < 0.01-Niveau (t-Test). Zusammenhänge zwischen den Variablen und der intergenerationalen Pflege (χ2-Test), signifikant zum ***< 0.01-Niveau.

Tabelle 6.2: Pflege durch Kind: Logistische Regressionsmodelle

	Brutto	Gesamt	Brutto Töchter	Gesamt Töchter	Brutto Söhne	Gesamt Söhne
Schweden	0.19***	0.42*	0.24***	0.51	-	-
Dänemark	0.35***	0.77	0.35**	0.72	0.39	1.02
Niederlande	0.42**	0.71	0.30**	0.43*	0.88	1.88
Belgien	0.48***	0.51**	0.46***	0.42**	0.61	0.76
Frankreich	0.72	1.25	0.72	1.26	0.84	1.64
Deutschland			Referenz			
Österreich	1.64*	1.76*	1.52	1.77	2.05	2.21
Schweiz	0.48	0.81	0.55	1.07	0.39	0.39
Spanien	1.50*	1.22	1.79**	1.26	1.06	1.29
Italien	1.80***	1.36	2.09***	1.60	0.81	0.69
Griechenland	1.78**	1.16	1.65*	0.92	2.35*	2.39*
n (Dyaden)	4234		2087		1925	
BIC	2406.9	1621.2	1602.4	1089.5	733.2	475.6
r^2 (McFadden)	0.05	0.34	0.07	0.33	0.03	0.29

Datenbasis: SHARE 2004, release 2. Basis: Eltern-Kind-Beziehungen, Eltern ab 50 Jahren. Eigene Berechnungen, ungewichtet. Logistische Regression, Modell „Gesamt" unter Kontrolle der in Tabelle 6.3 aufgeführten Opportunitäts-, Bedürfnis- und familialen Strukturen. Robuste Standardfehler, Effektkoeffizienten signifikant zum * < 0.10-, ** < 0.05-, *** < 0.01-Niveau.

Auf Seiten der Kinder stellt sich vor allem die Frage, ob sie sich die Pflege zeitlich leisten können. Sofern sie mit ihren Eltern zusammen oder in unmittelbarer Nähe wohnen, kann die Pflege mit anderen Lebensbereichen und Verpflichtungen eher in Einklang gebracht werden. Schon bei kleinen Distanzen nimmt nur noch jedes zehnte Kind die Pflege auf sich, bei Entfernungen über 25km kommen Kinder als regelmäßige Pflegepersonen kaum noch in Frage. Eine Erwerbstätigkeit wirkt sich ebenfalls deutlich aus. Vor allem eine Vollzeiterwerbstätigkeit lässt sich kaum mit der Pflege der Eltern vereinbaren. Nur etwa fünf Prozent der Kinder stellen sich dieser Doppelbelastung. Eine Partnerschaft der Kinder beeinflusst deren Pflegeverhalten kaum, wobei hier nicht ausgeschlossen werden kann, dass Söhne und Töchter unterschiedlich auf eine Partnerschaft reagieren. Dieser Aspekt wird in den multivariaten Analysen genauer untersucht.

Die Analysen zu den Familienstrukturen bestätigen die Ergebnisse aus bisherigen Studien. Erstens werden insbesondere Frauen von ihren Kindern gepflegt. Da sie im Unterschied zu Männern oft nicht mehr auf die Unterstützung eines Partners zurückgreifen können, sind sie umso mehr auf Pflege durch ihre Kinder angewiesen. Zweitens engagieren sich vor allem Töchter in der Pflege der Eltern. In Mutter-Tochter-Beziehungen ist sie daher besonders ausgeprägt, in Vater-Sohn-Beziehungen hingegen sehr selten. Die Familiengröße scheint dagegen kaum eine Rolle zu spielen. Allenfalls Väter können vom Kinderreichtum leicht profitieren. Sie werden unwesentlich häufiger von den Söhnen oder Töchtern gepflegt, wenn sie zwei und mehr Kinder haben (vgl. Attias-Donfut 2001).

Sowohl individuelle und familiale Faktoren als auch die kulturell-kontextuellen Strukturen müssen folglich bei der Untersuchung der Pflege zwischen Eltern und Kindern einerseits und den Unterschieden zwischen den Ländern andererseits berücksichtigt werden. In diesem Abschnitt wird erstens danach gefragt, inwieweit Länderunterschiede auch dann noch bestehen, wenn Eigenschaften der befragten Personen, Haushalte und Familien berücksichtigt werden. Zweitens wird untersucht, ob verbleibende Differenzen auf kulturell-kontextuelle Faktoren zurückgeführt werden können.

In Tabelle 6.2 werden die in logistischen Regressionen ermittelten Länderunterschiede in der intergenerationalen Pflege dargestellt. Da in den Gesamtmodellen für individuelle Faktoren wie Einkommen, Alter, Gesundheitszustand des Elternteils, Geschlecht, Erwerbsstatus des Kindes sowie für weitere Beziehungs- und Familieneigenschaften wie die Ehe/Partnerschaft des Elternteils und des Kindes, finanzielle Transfers an die Kinder, die Wohndistanz zwischen Eltern und Kindern sowie die Anzahl der Kinder kontrolliert wird, verweisen die Ländervariablen auf kulturell-kontextuelle Unterschiede. Werte größer als ‚1' bedeuten dabei ein im Vergleich zu Deutschland höheres Niveau der intergenerationalen Pflege, Werte kleiner als ‚1' entsprechend ein niedrigeres.

Analog zu den Abbildungen 6.3 und 6.4 zeigen sich in den Bruttomodellen, das heißt ohne Kontrolle weiterer Eigenschaften, beträchtliche Unterschiede zwischen den Ländern. In den südeuropäischen Staaten ist es deutlich wahrscheinlicher als in Deutschland, dass Eltern von einem Kind gepflegt werden. In den nordeuropäischen Ländern und den Beneluxstaaten erhalten Eltern diese Unterstützung hingegen wesentlich seltener. Berücksichtigt man nun weitere Merkmale der Befragten und ihrer Familien, fallen die Unterschiede meist etwas geringer aus. Das generelle Bild ändert sich jedoch nicht: In Schweden und Belgien ist die intergenerationale Pflege nach wie vor weniger präsent. Die mediterranen Länder unterscheiden sich im Gesamtmodell zwar nicht mehr statistisch signifikant von Deutschland, die Koeffizienten weisen jedoch in dieselbe Richtung wie beim Bruttomodell, und nach wie vor ergibt sich ein signifikant höheres Niveau im Vergleich zu Schweden. Da Deutschland eine mittlere Position einnimmt, handelt es sich in Tabelle 6.2 um eine sehr konservative Schätzung der Länderdifferenzen.

Die getrennten Analysen für Männer und Frauen sind in mehrerer Hinsicht aufschlussreich. Erstens deuten die Befunde darauf hin, dass Töchter und Söhne in einzelnen Ländern unterschiedlich in die Pflege involviert sind. So erhalten Eltern in Italien zwar überdurchschnittlich häufig Pflegeleistungen von einer Tochter, Söhne beteiligen sich jedoch nicht nur im Vergleich zu den Töchtern eher selten daran, sondern auch im Vergleich zu Söhnen aus den übrigen Ländern. Zweitens finden sich die bereits mehrfach gezeigten (Nord-Süd-) Unterschiede im Pflegeverhalten der Töchter wieder. In den nordischen Ländern, Belgien und den Niederlanden sind sie seltener an der Pflege der Eltern beteiligt, in den südeuropäischen Ländern dagegen häufiger. Das Verhalten der Söhne entspricht dagegen keinem klaren europäischen Muster. In den südeuropäischen Ländern finden sich sowohl Hinweise auf ein höheres als auch auf ein geringeres Pflegeengagement. Insgesamt sind Söhne nur selten in die Pflege involviert und ihr Verhalten unterscheidet sich weniger deutlich.

Wertvolle Information liefert auch der Vergleich der Brutto- und Nettomodelle, wobei die Länderunterschiede in den Nettomodellen mit Kontrollvariablen geringer ausfallen. Daraus lässt sich folgern, dass individuelle und familiale Faktoren ein großes Erklärungspotenzial auch im Hinblick auf Länderdifferenzen aufweisen. Gleichzeitig bleiben deutliche Unterschiede zwischen den Staaten bestehen. Worauf können also die länderspezifischen Pflegeniveaus zurückgeführt werden? Um diese Frage zu beantworten, wird Folgenden auf die Mehrebenenanalysen zurückgegriffen. Zudem kann mit dieser Technik auch die hierarchische Struktur der Daten berücksichtigt werden (Tabelle 6.3). Aufgrund der aus statistischer Sicht relativ geringen Anzahl an Ländern werden die Kontextbedingungen – gesetzliche Verpflichtungen, der Anteil an Personen in ambulanter und stationärer Pflege und kulturelle Normen – in separaten Modellen überprüft.

Die Mehrebenenanalysen belegen: Ob eine Pflegebeziehung zustande kommt, hängt wesentlich von den Möglichkeiten des Kindes und den Bedürfnissen des Elternteils ab. Vor allem die körperliche Verfassung der Eltern ist ausschlaggebend. Sie werden vorwiegend dann von den Kindern unterstützt, wenn sie mehrere körperliche Beeinträchtigungen haben und den Alltag immer weniger selbst meistern können. Alleinstehende Eltern können ebenfalls eher auf die pflegerische Unterstützung durch ihre Töchter und Söhne zählen. In Partnerschaften übernehmen primär die Lebensgefährten diese Aufgaben. Pflegeansprüche werden erst dann an die Kinder gerichtet, wenn kein Partner (mehr) vorhanden ist oder dieser aus gesundheitlichen Gründen die Pflege nicht übernehmen kann (Künemund und Hollstein 2005; Qureshi und Walker 1989).

Finanzielle Anreize spielen ebenfalls eine Rolle. Der Einfluss einer potenziellen Erbschaft lässt dabei den Schluss zu, dass das Pflegeverhalten mitunter auch strategisch ist. Eltern, die mit einiger Sicherheit ein größeres Vermögen hinterlassen, werden zwar seltener von einem Kind gepflegt, sie können sich die professionellen Alternativen zur familialen Pflege auch eher leisten. Eine mögliche, wenn auch nicht sichere Erbschaft scheint dagegen die Pflegebereitschaft der Kinder zu erhöhen, möglicherweise um das potenzielle Erbe durch die Einsparung von Pflegekosten zu retten. Neben Erbschaften sind auch geringere Transfers zu Lebzeiten von Bedeutung für die Pflege im Alter. Wenn Eltern ein Kind im letzten Jahr finanziell unterstützt haben, begünstigt dies die Pflege durch Töchter und Söhne. Inwieweit die finanziellen Transfers (oder Vermögen) einen Anreiz zur Pflege darstellen oder als Anerkennung einer bereits geleisteten Pflege erfolgten, kann mit den vorliegenden Daten nicht überprüft werden.

Tabelle 6.3: Pflege durch Kind: Logistische Mehrebenenmodelle

	Brutto	Gesamt	Töchter	Söhne
	Opportunitäts- und Bedürfnisstrukturen des Elternteils (Befragungsperson)			
Körperliche Einschränkungen	2.19***	2.69***	2.29***	8.08**
Alter in Jahren	1.06***	1.02	1.03	1.01
Partner im Haushalt	0.13***	0.20***	0.28***	0.02**
Haushaltseinkommen ausreichend	0.86	1.66	1.41	3.56
Finanzielle Transfers an Kind	1.05	1.87*	2.01	1.02
Erbschaft > 50.00 Euro in 10 Jahren				
(P > 0.5)	0.55***	0.61*	0.60*	0.64
Weiß nicht	4.09***	2.81*	2.48*	5.72
Bildung (Ref. Niedrige Bildung)				
mittlere Bildung	0.39***	0.76	0.81	0.47
hohe Bildung	0.34*	0.85	0.83	0.40
	Opportunitäts- und Bedürfnisstrukturen des Kindes			
Wohnentfernung zum Elternteil	0.38***	0.34***	0.32***	0.27**
Erwerbsstatus (Ref. nicht erwerbstätig)				
Teilzeit	0.71	0.82	0.78	-
Vollzeit	0.22***	0.44***	0.53**	0.27
Partner	0.41***	0.58*	1.04	0.13*
	Familiale Strukturen			
Mutter-Sohn (Ref. Mutter-Tochter)	0.08***	0.05***	-	-
Vater-Sohn	0.02***	0.03***	-	0.19
Vater-Tochter	0.12***	0.28***	0.32***	-
Anzahl Kinder	0.91	1.08	1.06	1.47

...Fortsetzung von *Tabelle 6.3*				
Sohn	1.14	0.48**	0.69	0.06
Tochter	0.39***	0.52***	0.75	0.03*
	Kulturell-kontextuelle Strukturen			
Anteil 65+ in ambulanter Pflege	0.78***	0.87***	0.89**	0.75
Anteil 65+ in stationären Einrichtungen	0.78	0.91*	0.88	0.93
Gesetzliche Verpflichtung zur Pflege	9.18***	3.65***	3.35***	9.71
Staat sollte Pflege übernehmen (in %)	0.96***	0.97***	0.97**	0.96
Varianz Personenebene	-	0.49	0.01	20.79
	-	(0.92)	(0.01)	(26.06)
Varianz Haushaltsebene	-	9.41	6.81	34.20
	-	(2.07)	(2.33)	(43.79)
Varianz Länderebene	-	0.08	0.25	0.68
	-	(0.15)	(0.20)	(1.26)
Intraclass-Korrelation		0.12	0.11	0.07
Beobachtungen (Dyaden)		4234	2087	2147
Beobachtungen (Personen)		1891	1408	1398
Beobachtungen (Haushalte)		1805	1350	1333
Beobachtungen (Länder)		11	11	11
BIC (Bayesian Information Criterion)		1704.2	1215.2	625.9

Datenbasis: SHARE 2004, release 2. Basis: Eltern-Kind-Beziehungen, Eltern ab 50 Jahren. Eigene Berechnungen, ungewichtet. Logistische Mehrebenenmodelle. Für Kinder, Töchter und Söhne wurden jeweils vier Modelle gerechnet, um jeden Makroindikator zu testen. Die Effekte auf der Dyaden-, Personen- und Haushaltsebene sind dem Modell mit dem Makroindikator „Anteil 65+ in ambulanter Pflege" entnommen. Robuste Standardfehler, Effektkoeffizienten signifikant zum * < 0.10-, ** < 0.05-, *** < 0.01-Niveau.

Insgesamt zeigen die Befunde, dass die Pflege tendenziell mit einer wechselseitigen Solidarität der Eltern-Kind-Beziehung einhergeht, und das strategische Motive durchaus im Spiel sein können, wenn es um größere Beträge bei einer Erbschaft geht (Bernheim et al. 1985; Künemund und Rein 1999; Szydlik 2000). Insofern kann auch von einem pragmatischen Umgang mit den normativen Verpflichtungen gegenüber den Eltern bzw. Kindern gesprochen werden – die Pflege darf sich schon lohnen.

Höher gebildete Personen sind besser über ihre Rechte und Ansprüche auf staatliche Leistungen informiert und können diese möglicherweise auch besser durchsetzen (Theobald 2005: 31), so dass die Kinder entsprechend seltener in der Pflege gefordert werden – die Koeffizienten weisen in diese Richtung, sind allerdings nicht signifikant.

Bei den Opportunitäts- und Bedürfnisstrukturen der Kinder eignet sich die Wohndistanz zur zuverlässigen Vorhersage der intergenerationalen Pflege. Eine geringe Wohnentfernung zu den Eltern ist eine strukturelle Voraussetzung dafür, dass eine regelmäßige Pflege überhaupt geleistet werden kann. Die Analysen bestätigen, dass Eltern seltener von den Kindern gepflegt werden, die weiter entfernt wohnen. Neben einem größeren Zeitaufwand und höheren Kosten könnte auch eine geringe emotionale Nähe zu den Eltern für die niedrigere Pflegeneigung verantwortlich sein (vgl. Szydlik 1995: 88).

Im Unterschied zur Nicht- bzw. Teilzeiterwerbstätigkeit lässt sich eine Vollzeitbeschäftigung nur schwer mit der Pflege der Eltern vereinbaren (vgl. Schneider et al. 2001). Dies schließt jedoch nicht aus, dass die Pflege auch bei einer Teilzeitbeschäftigung aufgrund der zeitlichen Belastung weniger häufig und intensiv erfolgt. Kinder engagieren sich seltener in der Pflege, wenn sie einen Partner oder eine Partnerin haben. Wie die getrennten Modelle belegen, trifft dies ausschließlich auf Söhne zu. Dabei kann vermutet werden, dass Söhne entweder die Pflegeaufgaben ihrer Partnerin überlassen oder sich zunehmend von den Eltern lösen, wenn sie eine „eigene" Beziehung oder Familie haben.

Entsprechend der bisherigen Forschung bestätigt die Analyse der Familienstrukturen, dass sowohl Mütter als auch Väter sehr viel wahrscheinlicher von ihren Töchtern als von ihren Söhnen gepflegt werden. Die Chance, von einem Sohn gepflegt zu werden, ist nicht einmal halb so groß wie die Chance, diese Unterstützung von einer Tochter zu erhalten. Damit zusammenhängend werden im Bedarfsfall an (Schwieger-) Töchter viel höhere Erwartungen in Bezug auf Pflegeleistungen gestellt als an Söhne (Bender 1994; Finch und Mason 1990; Hugentobler 2003). Von Söhnen wird hingegen eher erwartet, dass sie in finanziellen Angelegenheiten und bei praktischen Aufgaben helfen (Gallagher 1994; Jegermalm 2006).

Die Anzahl der Kinder hat keinen signifikanten Einfluss auf das Pflegeverhalten einzelner Söhne und Töchter, was gegen die Annahme spricht, dass die Pflegeaufgaben unter den Geschwistern aufgeteilt werden. Entscheidend ist jedoch, ob es zumindest eine weitere Tochter bzw. einen weiteren Sohn gibt. Töchter beteiligen sich zwar auch dann an der Pflege, wenn sie Brüder und Schwestern haben. Söhne übernehmen jedoch deutlich seltener Pflegeaufgaben, wenn sie Schwestern haben. Brüder scheinen ebenfalls das Pflegeengagement der Söhne zu reduzieren, der Zusammenhang ist jedoch nicht signifikant. Aus der bisherigen Forschung ist bekannt, dass Söhne bei der Pflege – sofern vorhanden – den Schwestern den Vortritt lassen. Umgekehrt bemühen sie sich um die Organisation und den Bezug von professionellen Pflegeleistungen. Sofern sie Brüder haben, suchen sie demnach gemeinsam nach einem professionellen Pflegearrangement, leisten jedoch seltener selbst die körperliche Pflege.

Neben den zahlreichen Einflussfaktoren auf individueller und familialer Ebene sind institutionelle Rahmenbedingungen mitentscheidend dafür, ob die Pflege innerhalb der Familie erfolgen kann oder muss. Zuerst liegt der Fokus auf dem Angebot an ambulanten und stationären Pflegeleistungen. In den untersuchten Ländern werden Eltern seltener in der Familie gepflegt, wenn professionelle Pflegeleistungen leicht zugänglich sind und die Inanspruch-nahme hoch ist, wie es z.b. in Schweden und Dänemark der Fall ist. In den südeuropäischen Ländern besteht zwar auch oft ein ‚Recht auf staatliche Pflege', die Pflegeangebote sind jedoch weder ausreichend noch flächendeckend verfügbar (siehe Kapitel 3, Da Roit 2007; Gori 2000; Lyon 2006; Rostgaard und Fridberg 1998). Die Tatsache, dass die Wartelisten bei professionellen Anbietern lang sind, verweist zudem darauf, dass ein Ausbau der professionellen Pflegeangebote zu einem Rückgang der familialen Pflege führen könnte. Dabei könnten insbesondere häusliche Pflegeleistungen als Unterstützung in der Angehörigenpflege nachgefragt werden. Bereits heute wird in Italien aus Mangel an Alternativen sehr häufig auf die Dienste von (illegalen) Migrantinnen aus Niedriglohnländern, sogenannten ‚badanti', zurückgegriffen (Da Roit 2007: 258f.; Gori 2000: 267). Insgesamt sprechen auch die statistischen Analysen dafür, dass ambulante Pflegeleistungen eine Alternative und Ergänzung zur familialen Unterstützung darstellen. Das Angebot an stationären Einrichtungen, wie z.B. Pflegeheimen, hat dagegen nur einen geringen Einfluss, vermutlich da Pflegeheime von den meisten Befragten nur bei Schwerstpflegefällen und am Ende eines langen Alterungs- und Krankheitsprozesses als Alternative zur familialen Pflege wahrgenommen werden. Wiederum zeigt sich dabei, dass insbesondere Töchter ihr Pflegeverhalten dem professionellen Angebot an Dienstleistungen anpassen. Bei Söhnen zeigt sich das gleiche Verhaltensmuster – die Eltern werden seltener intensiv gepflegt, wenn es professionelle Alternativen bzw. eine Ergänzung zur familialen Pflege gibt. Die Koeffizienten sind zwar nicht signifikant, allerdings ist die Schätzung aufgrund der seltenen Beteiligung der Söhne an der Pflege nicht sehr effizient.

Diese Befunde sprechen für die Substitutionsthese, aber auch für eine gemeinsame Verantwortung von Staat und Familie: Demnach entlasten die umfassenden Pflegeangebote die Familienmitglieder und erleichtern eine Entscheidung aller Beteiligten vor allem zugunsten der ambulanten Pflege. Diese ersetzen jedoch die familiale Unterstützung nicht, sondern ergänzen sie. Bei geeigneten privaten oder öffentlichen Pflegealternativen ziehen sich Kinder zwar häufiger aus der körperlichen Pflege zurück, sie übernehmen dann jedoch verstärkt die Organisation, Koordination und oft auch (Teil-) Finanzierung der Pflege („Fallmanager"; vgl. Da Roit 2007: 259f.; Daatland und Herlofson 2003a:

284). Die familiale Solidarität passt sich den neuen Umständen an, also einem vielfältigeren und umfassenderen Pflegeangebot.

Neben staatlichen bzw. professionellen Leistungen müssen auch die Verpflichtungen zwischen Angehörigen berücksichtigt werden. In Ländern mit einer gesetzlichen Verpflichtung zur Pflege der Eltern bzw. zur Beteiligung an anfallenden Kosten ist das familiale Pflegeniveau viermal so hoch wie in anderen Staaten. In den mediterranen Ländern haben pflegebedürftige Personen oft erst dann einen Anspruch auf staatliche Unterstützung, wenn keine Angehörigen für die Pflege aufkommen können (Millar und Warman 1996). Da sowohl familiale als auch gesetzliche Verpflichtungen in diesen Ländern stärker ausgeprägt sind als in den nordischen Ländern, kommen hier Pflegebeziehungen auch dann zustande, wenn äußere Umstände wie eine Erwerbstätigkeit die Pflege erschweren oder die Beziehungen zwischen Eltern und Kindern belastet sind. Zumindest wird in den südeuropäischen Ländern die Unterstützung häufiger mit dem Verweis auf Verpflichtungen begründet, als dies im Norden Europas der Fall ist (vgl. Brandt und Szydlik 2008; Ogg und Renault 2006). Demnach erfolgt die Unterstützung in diesen Staaten nicht immer freiwillig, sondern auch weil es eine Verpflichtung zur Pflege der Eltern gibt und ohne diese die gesundheitliche Versorgung der Eltern möglicherweise nicht gewährleistet wäre.

Abschließend wird die kulturelle Norm zur Pflegeverantwortung in den Blick genommen, wobei es deutliche Unterschiede zwischen den Ländern gibt. Während in Griechenland gerade einmal 10 Prozent der Ansicht sind, dass (vorwiegend) der Staat die Pflege älterer Menschen übernehmen sollte, sind in Dänemark über 80 Prozent dieser Meinung. Die Analysen zeigen, dass das Pflegeverhalten (der Töchter) mit diesen Vorstellungen konform ist. Je häufiger die Pflege als familiale Angelegenheit betrachtet wird, desto eher wird sie im Kreis der Familie und von Töchtern erbracht. Söhne passen ihr Pflegeverhalten jedoch kaum den kulturellen Rahmenbedingungen an, was die im Vergleich zu Töchtern geringere Verpflichtung unterstreicht. Daraus lassen sich zwei Schlussfolgerung ableiten: Zum einen wirkt sich die gesellschaftliche Norm zur Pflege insbesondere auf das Pflegeverhalten von Töchter aus, familiale Pflege meint implizit also die Pflege durch Frauen. Zum anderen erweisen sich die Pflegesysteme als weitgehend konsistent. Kulturelle Normen und institutionelle Voraussetzungen stehen in fast allen Staaten in Einklang.

Auf Basis der hier verwendeten Indikatoren kann damit die grobe Unterscheidung in zwei Ländergruppen, nämlich ein service- und ein familienbasiertes System bestätigt werden (vgl. Leitner 2003b). In den Ländern mit einem hohen Angebot an professionellen Pflegeleistungen bestehen einerseits nur geringe gesetzliche Verpflichtungen zwischen Angehörigen und andererseits wird die Pflegeverantwortung dort klar beim Staat gesehen, insofern kann bei den skandinavischen Staaten, den Niederlanden und (mit Einschränkungen) der Schweiz von servicebasierten Pflegesystemen gesprochen werden. Die hier weitgehend akzeptierten Alternativen zur familialen Pflege entlasten nicht nur die Angehörigen (Daatland und Herlofson 2003b), sondern sie erlauben und erleichtern die Entscheidung aller Beteiligten für oder gegen die Pflege im Kreis der Familie. In den familienbasierten Pflegesystemen, wie den meisten mediterranen Ländern sowie Deutschland und Österreich, liegt die Verantwortung für die Pflege der älteren Menschen dagegen vorwiegend bei den Angehörigen und wird von Seite des Staates auch eingefordert. Eine umfassende ambulante und stationäre Pflege hat in solchen politischen Systemen eine niedrigere Priorität, das Angebot ist entsprechend gering und Ältere werden häufig in der Familie gepflegt. Belgien und Frankreich können ebenfalls als familienbasierte Pflegesysteme aufgefasst werden. Die Rolle zwischen Familie und Staat ist hier hingegen weniger klar verteilt als in den anderen Ländern. Einerseits verfügen diese Länder über ein umfassenderes Angebot als die meisten anderen familienbasierten Pflegesysteme, andererseits spricht sich hier ein größerer Anteil der älteren Bevölkerung für die Pflegeverantwortung des Staates aus. Insofern könnten diese Länder auch als eine Mischform bezeichnet werden (vgl. Leitner 2003b).

Insgesamt zeigt sich also, dass die Entscheidung für oder gegen die Pflege in der Familie zwar von professionellen Alternativen zur familialen Pflege sowie den gesetzlichen Verpflichtungen und kulturellen Normen abhängt.[6] Damit entspricht die gesellschaftliche Organisation der Pflege den kulturell vorherrschenden Präferenzen. Ein Ausbau von ambulanten oder stationären Leistungen muss jedoch nicht unbedingt oder sofort zu einer Veränderung der Pflegearrangements führen. Dies dürfte nur dann der Fall sein, wenn das professionelle Pflegeangebot auch auf entsprechende kulturelle Präferenzen und somit eine Nachfrage nach diesen Leistungen trifft.

Die getesteten Indikatoren können jedoch nicht als unabhängige Faktoren betrachtet werden. Vielmehr treten gesetzliche Verpflichtungen, geringe ambulante oder stationäre Pflegeleistungen und die Präferenz für die familiale Pflege in den untersuchten Ländern meist gemeinsam auf, gleichzeitig werden hier die Eltern häufiger von ihren Kindern gepflegt. Umgekehrt gilt das gleiche: Ein hohes Pflegeangebot geht mit geringen familialen Verpflichtungen, einer Präferenz für die staatliche Pflege und einem vergleichsweise geringen Pflege-

---

6   Schließlich verweist die geringe verbleibende Varianz auf Länderebene in den Mehrebenenmodellen darauf, dass die kontextbedingten Länderunterschiede im Niveau der familialen Pflege weitgehend durch die institutionellen Rahmenbedingungen erklärt werden können. Die Varianz auf Länderebene beträgt in Modellen ohne Makroindikatoren 0.44 bis 0.83, in den Modellen mit Makroindikatoren zwischen 0.09 und 0.45.

engagement der Kinder einher. Dieser Befund legt nahe, dass Pflegesysteme auf verschiedenen Säulen beruhen, wobei sich je nach politischem und kulturellem Hintergrund bestimmte Kombinationen durchsetzen.

Wenn man also danach fragt, welchen Einfluss das ambulante Angebot an Dienstleistungen und die gesetzlichen Verpflichtungen auf die Pflege in der Familie haben, dann lautet die Antwort, dass ambulante Leistungen die familiale Pflege tendenziell ersetzen, während gesetzliche Verpflichtungen diese Unterstützung ‚fördern'. Stehen hingegen Pflegesysteme im Zentrum des Interesses, dann bietet sich auf Basis der hier verwendeten Indikatoren die grobe Unterscheidung von zwei Ländergruppen an, nämlich ein familien- und ein servicebasiertes Pflegesystem, wobei die intergenerationale Pflege im familienbasierten System deutlich weiter verbreitet ist. Länder, die sich hierbei nicht eindeutig zuordnen lassen, können als Mischform bezeichnet werden.

6.3 Kurzfazit

Unter welchen Bedingungen werden Eltern von ihren Kindern gepflegt, und welchen Einfluss haben hierauf gesellschaftliche Rahmenbedingungen? Die empirischen Befunde haben einerseits gezeigt, dass die Pflegebeziehungen zwischen Kindern und Eltern von vielfältigen Faktoren abhängen. Neben den Opportunitäts-, Bedürfnis- und familialen Strukturen haben kulturell-kontextuelle Faktoren einen maßgeblichen Einfluss auf die Pflege von Angehörigen. Andererseits legen die Befunde nahe, dass die Konzentration auf einen einzigen Aspekt der institutionellen Rahmenbedingungen zu kurz greift. Entscheidend ist nicht nur, in welchem Umfang ältere Menschen ambulante und stationäre Unterstützung von öffentlichen oder privaten Einrichtungen erhalten, sondern auch welche Leistungen von staatlicher Seite von Familienmitgliedern gefordert und welche Pflegearrangements in einer Gesellschaft präferiert werden. Je geringer die Verpflichtungen, je leichter zugänglich die Alternativen zur familialen Pflege und je mehr die Verantwortung beim Staat gesehen wird, desto seltener werden Angehörige in der Familie gepflegt.

In den hier untersuchten Ländern stehen diese Faktoren in einem engen Zusammenhang, weshalb sich eine Unterscheidung in ein familien- und ein servicebasiertes Pflegesystem anbietet. In familienbasierten Pflegesystemen (z.B. südeuropäische und einige kontinentaleuropäische Staaten) gehen umfassende filiale Verpflichtungen mit einer rudimentären Pflegeinfrastruktur sowie einem hohen Anteil der intergenerationalen Pflege einher, was gleichzeitig das von den meisten präferierte Pflegearrangement ist. In den servicebasierten Systemen (z.B. skandinavische Staaten und die Niederlande) ist es genau umgekehrt. Staatliche

Leistungen sind flächendeckend verbreitet, leicht zugänglich und genießen ein höheres Ansehen. Gleichzeitig bestehen nur geringe Verpflichtungen zwischen erwachsenen Kindern und Eltern und die Pflege erfolgt vergleichsweise selten in der Familie. Dabei kann jedoch nicht von einer Gefährdung der familialen Solidarität durch wohlfahrtsstaatliche Angebote ausgegangen werden. Erwachsene Kinder ziehen sich zwar, wenn möglich, aus den medizinisch anspruchsvollen und zeitaufwendigen Pflegeaufgaben zurück. Sie übernehmen jedoch zunehmend organisatorische Aufgaben und fühlen sich (auch aus emotionaler Sicht) für das Wohlergehen ihrer Eltern mit verantwortlich.

7 Pflegearrangements: Pflege durch Kinder und/oder Pflegekräfte

Bei einer eintretenden Pflegebedürftigkeit stellt sich für die betroffene Person und die Angehörigen die Frage, wie die Pflege bewältigt und organisiert werden kann. Sieht man einmal von dem schlimmsten Fall ab – die bedürftige Person erhält keinerlei Unterstützung –, sind grundsätzlich drei Pflegearrangements möglich: ein informelles bzw. familiales, ein professionelles sowie ein kooperatives Pflegearrangement. Im informellen Pflegearrangement erfolgt die Pflege ausschließlich durch Privatpersonen, meist Angehörige. Das professionelle Pflegearrangement zeichnet sich hingegen durch die alleinige Versorgung durch professionelle Pflegekräfte aus. Schließlich greifen die informelle und professionelle Pflege ineinander, Angehörige und Pflegedienste kooperieren – was im Folgenden als kooperatives Pflegearrangement bezeichnet wird.

In den bisherigen Analysen wurde die Beziehung zwischen familialer und staatlicher Pflege auf der Länderebene untersucht. Dabei konnte deutlich die gesellschaftliche Organisation der Pflege älterer Menschen, die Bedeutung von Familie und professionellen Pflegekräften sowie die Arbeitsteilung zwischen diesen Akteuren aufgezeigt werden. Die Befunde für die gesellschaftliche Ebene können jedoch nicht ohne weiteres auf die Situation der Pflegebedürftigen und deren Angehörigen übertragen werden. Für das Verständnis der Aufgabenteilung oder Zusammenarbeit zwischen pflegenden Kindern und Pflegekräften ist eine detaillierte Analyse daher unumgänglich. Dabei ist zu klären, welche individuellen und familialen Faktoren die Inanspruchnahme von professionellen Pflegeleistungen begünstigen. Inwieweit ist die Nutzung der ambulanten und stationären Pflege abhängig von finanziellen Mitteln und der Bildung? Welche Rolle spielt die Familie, der Partner, die Kinder? Zudem wird das Zusammenspiel zwischen intergenerationaler und professioneller Pflege in den Blick genommen: Werden ältere Menschen seltener von ihren Kindern unterstützt, wenn Alternativen zur familialen Pflege in Anspruch genommen werden, oder besteht vielmehr eine gemeinsamen Verantwortung und Kooperation zwischen Kindern und ambulanten Pflegediensten?

Zunächst gilt es den Forschungsstand zu den Pflegearrangements kurz zusammenzufassen. Für die Beantwortung der noch offenen Fragen werden im

Anschluss wiederum die Daten des SHARE analysiert. Anhand von bivariaten Analysen wird erst ein Überblick über die Verbreitung einzelner Pflegearrangements gegeben. Schließlich werden mittels multivariater multinomialer Regressionen die Einflussfaktoren des intergenerationalen, professionellen und kooperativen Pflegearrangements sowie einer pflegerischen Unterversorgung bestimmt. Aufgrund technischer Restriktionen (Filterführung des SHARE) muss das Sample dabei auf die sieben Länder Belgien, Dänemark, Deutschland, Italien, die Niederlande, Österreich und Schweden eingeschränkt werden. Anders als in den vorangegangen Kapiteln ist eine Mehrebenenanalyse aufgrund der geringen Anzahl an Ländern damit nicht möglich.

7.1 Forschungsstand

Die Inanspruchnahme von ambulanten oder stationären Pflegeleistungen ist – wie die intergenerationale Pflege – abhängig vom Gesundheitszustand. Mit zunehmenden körperlichen Einschränkungen wird eine professionelle Unterstützung deutlich häufiger hinzugezogen (Hugman 1994: 117). Gerade am Lebensende wird die Pflege zuhause oft so aufwendig, dass sie ohne die professionelle Hilfe von außen kaum bewältigt werden kann und es zu einem Ineinandergreifen der familialen und ambulanten Pflege kommt (Visser et al. 2004). In Deutschland beziehen von den zuhause lebenden Anspruchsberechtigten in der Pflegestufe I („erheblich pflegebedürftig") nur 24 Prozent (auch) Sachleistungen, in Pflegestufe III („schwerstpflegebedürftig") sind es dagegen 45 Prozent (Schneekloth und Leven 2003: 26). Zwar können die Pflegegelder auch zur Finanzierung von selbst organisierten professionellen Pflegekräften verwendet werden, in der Regel erfolgt die Pflege jedoch durch das soziale Umfeld, also durch Angehörige, Freunde und Bekannte. Eine professionelle Unterstützung wird demnach vor allem in medizinisch anspruchsvollen, kritischen und schwierigen Situationen benötigt und auch hinzugezogen (vgl. Zeman 2005a). Bei Schwerstpflegefällen ist der Übertritt in stationäre Einrichtungen oft unumgänglich. Wo professionelle Pflege geleistet wird, wird sie demnach auch gebraucht (Geerlings et al. 2005: 125) – dies nicht zuletzt, da der Zugang zu staatlichen bzw. Versicherungsleistungen nur Personen mit eingeschränkter Gesundheit offen steht. Der Bedarf muss daher im Vorfeld durch entsprechende Prüfungen oder Atteste nachgewiesen werden. Da in vielen Ländern das Pflegeangebot den Bedarf nicht deckt, kann umgekehrt jedoch nicht davon ausgegangen werden, dass eine Person keine Pflege benötigt, wenn keine professionellen Leistungen beansprucht werden.

In mehreren Erhebungen finden sich Hinweise darauf, dass die Familie und ein soziales Unterstützungsnetzwerk einen Einfluss auf das Pflegearrangement haben (Höpflinger und Hugentobler 2005; Klein 1998; Schneekloth 2006; Sundström et al. 2006). Höpflinger und Hugentobler (2005: 96) führen den hohen Frauenanteil in Alten- und Pflegeheimen unter anderem darauf zurück, dass ältere Frauen seltener als Männer in einer Partnerschaft leben und damit nicht auf die Unterstützung eines Lebensgefährten zählen können. Klie (1998: 390) weist zudem darauf hin, dass Anspruchsberechtigte mit einem stabilen informellen Unterstützungsnetzwerk vorwiegend Geldleistungen aus der Pflegeversicherungen beziehen, während Personen ohne ein solches Netzwerk eher Sachleistungen, sprich: professionelle Pflegedienste wählen. Vor diesem Hintergrund sollten in Partnerschaft lebende Mütter und Väter eher von Kindern gepflegt werden und seltener professionelle Dienstleistungen beziehen.

In Studien konnte zudem gezeigt werden, dass Personen aus höheren Bildungsschichten häufiger auf die professionelle Pflege zurückgreifen. Sie sind sowohl besser über die eigene Gesundheit als auch über Pflegeprogramme und -dienstleistungen informiert (Hugman 1994; Theobald 2005), entsprechend häufiger dürften sie diese Dienstleistungen nutzen. In Bezug auf die finanziellen Mittel gibt es hingegen keine gesicherten Kenntnisse. Zwei Szenarien sind denkbar: Einerseits kann ein hohes Einkommen oder Vermögen für Pflegedienste aufgewendet werden. Andererseits werden die Kosten bei Einkommensschwachen häufig von staatlichen Institutionen getragen. Bei Wohlhabenden ist die familienexterne Pflege damit zwar grundsätzlich möglich, sie haben die Kosten jedoch weitgehend selbst zu tragen – was bei den mitunter doch sehr hohen Pflegekosten nicht im Interesse der potenziellen Erben ist und die Unterstützungsbereitschaft erhöhen könnte. Weitgehend Mittel- und Kinderlose sind umgekehrt auf die Unterstützung des Staates angewiesen, finanzielle Überlegungen sind aus deren Sicht daher nachrangig. Zumindest in der Schweiz sind Personen aus den unteren Einkommensschichten überproportional häufig in Pflegeheimen untergebracht (Höpflinger und Hugentobler 2005: 98).

Wiederum gilt, dass diese Zusammenhänge nur für einzelne Länder bestätigt wurden. Zudem wurden meines Wissens bisher zu den verschiedenen Pflegearrangements fast ausnahmslos deskriptive Analysen durchgeführt (Ausnahme: Geerlings et al. 2005). Im Folgenden wird es also auch darum gehen, die Zusammenhänge einer multivariaten Überprüfung zu unterziehen.

7.2 Warum Eltern Unterstützung von Pflegediensten beziehen

Einen ersten Überblick über die Arbeitsteilung zwischen Angehörigen und professionellen Pflegedienstleistern gibt Abbildung 7.1, wobei die familiale (erste Spalte) und die intergenerationale Pflege (zweite Spalte) zu ambulanten Pflegearrangements in Beziehung gesetzt werden. Die Betrachtung beginnt mit der ersten Spalte. Von allen in Privathaushalten lebenden Personen mit leichten bis schweren funktionalen Einschränkungen erhalten etwas mehr als die Hälfte keine Unterstützung bei der körperlichen Pflege. Fast jeder Dritte wird ausschließlich von Angehörigen (und in seltenen Fällen auch von Freunden) gepflegt. Jeweils acht Prozent können entweder auf eine alleinige Unterstützung durch Pflegekräfte oder durch Pflegekräfte und Angehörige zurückgreifen. Bei der vergleichenden Betrachtung der leicht und schwer Pflegebedürftigen zeigt sich deutlich, dass der Bezug von Pflegeleistungen abhängig von funktionalen Einschränkungen ist. Während Personen mit Schwierigkeiten bei einer oder zwei alltäglichen Tätigkeiten nur selten pflegerisch unterstützt werden, erhalten vier von fünf Schwer- und Schwerstpflegefällen diese Hilfeleistungen. Dabei wird über die Hälfte ausschließlich in der Familie, sprich vom Partner oder von den Kindern versorgt. Insgesamt bezieht jeder Fünfte (zudem) ambulante Dienstleistungen. Die pflegerische Versorgung der pflegebedürftigen Personen kann zwar noch erheblich verbessert werden – immerhin erhält nur jeder zweite pflegerische Unterstützung. Umgekehrt zeigt sich deutlich, dass mit steigendem Pflegebedarf auch der Versorgungsgrad steigt, insofern kann die gesellschaftliche Organisation der Pflege als effizient und effektiv bezeichnet werden – Pflege wird dann gewährt, wenn sie benötigt wird, was sowohl für die Familie als auch für staatliche Institutionen wie z.B. die Pflegeversicherungen gilt.

In der zweiten Spalte steht die intergenerationale Pflege bzw. ihr Zusammenspiel mit ambulanten Dienstleistungen im Vordergrund. Entsprechend werden hier nur noch Eltern betrachtet. Die Befunde aus Spalte 1 können weitgehend bestätigt werden. Mit zunehmenden funktionalen Einschränkungen werden Eltern vermehrt von ihren Kindern gepflegt, wobei der Versorgungsgrad beim alleinigen Fokus auf die intergenerationale Pflege selbstverständlich niedriger ausfällt. Zum einen werden auch Väter und Mütter häufig und ausschließlich vom Partner gepflegt, zum andern beteiligen sich Kinder nicht immer und sofort an der Pflege. Wie die Abbildung 7.1 zeigt, erhalten Eltern (abgesehen von der Partnerpflege) Leistungen vorwiegend von entweder Kindern oder Pflegediensten. Pflegearrangements an denen sich Töchter oder Söhne und Pflegekräfte beteiligen, sind hingegen eher selten. Insgesamt zeigt sich zudem, dass die intergenerationale Pflege – jeder Fünfte wird von einem Kind gepflegt –

hier zwar die bedeutendste Pflegeressource darstellt, ambulante Dienstleistungen haben mit 18 Prozent jedoch ein ähnliches Gewicht.

Abbildung 7.1: Pflegearrangements und Pflegebedürftigkeit

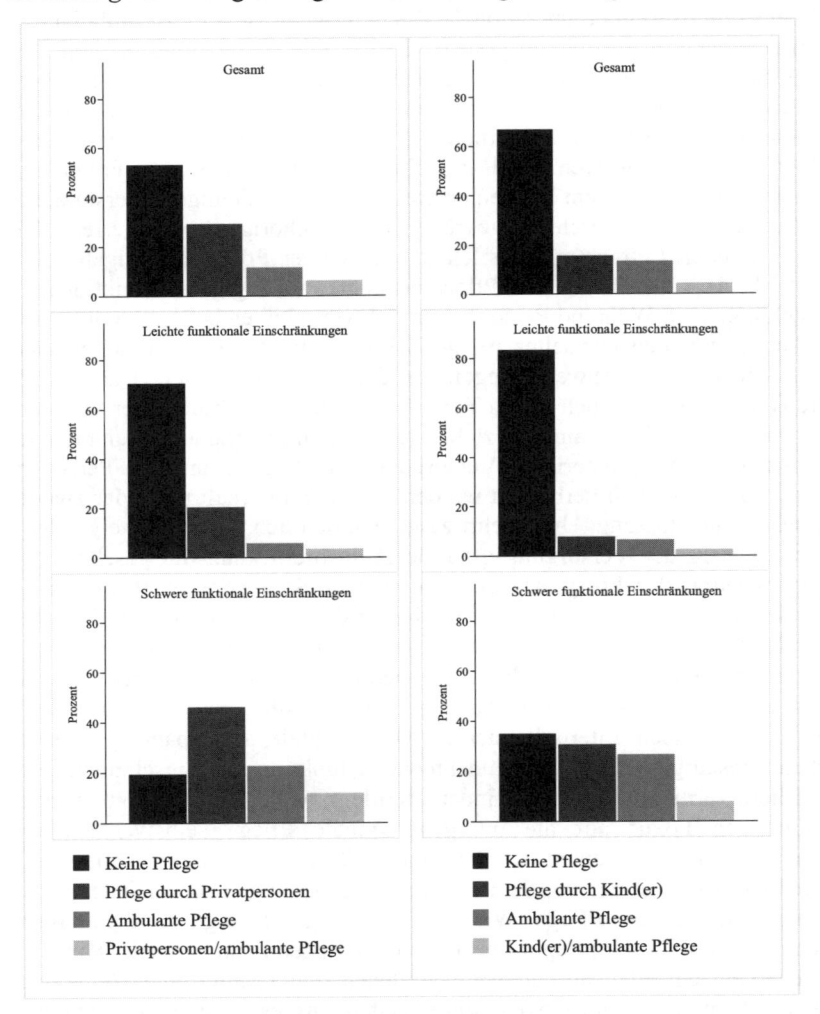

Datenbasis: SHARE 2004, release 2. Basis: Personen ab 50 Jahren (Spalte 1), Eltern ab 50 Jahren (Spalte 2) aus den Ländern Belgien, Dänemark, Deutschland, Italien, den Niederlanden, Österreich und Schweden. Eigene Berechnungen, gewichtet, n (Spalte 1)=1737 und n(Spalte 2)=1532.

Unter welchen Bedingungen werden Eltern nun von einem Kind oder einer Pflegekraft gepflegt, und wann kooperieren beide? Um diese Fragen zu beantworten, wird wieder auf das Modell der intergenerationalen Solidarität zurückgegriffen. Aus Gründen der Übersichtlichkeit werden die folgenden deskriptiven Befunde tabellarisch dargestellt, bei den multivariaten Analysen wird aufgrund der geringen Länderanzahl sowie der Einschränkung auf die teilweise deckungsgleiche Personen- und Haushaltsebene auf die Mehrebenenanalyse zugunsten multinomialer logistischer Regressionen verzichtet.

In Tabelle 7.1 werden die theoretisch relevanten Faktoren sowie der Zusammenhang mit den Pflegearrangements dargestellt. Auf die Bedeutung der funktionalen Einschränkungen wurde zwar in Abbildung 7.1 schon eingegangen, hier zeigt sich zudem, dass der Anteil der Schwerstpflegebedürftigen im kooperativen Pflegearrangement, indem sowohl Kinder als auch Pflegekräfte involviert sind, besonders hoch ist. Sobald ein umfassender Pflegebedarf und damit auch eine erhebliche Pflegebelastung vorhanden sind, werden demnach mehrere Personen und Institutionen für die Bewältigung der Pflegeaufgaben hinzugezogen. Dabei darf jedoch nicht übersehen werden, dass die Pflegearrangements nicht immer den Bedürfnissen der älteren Personen entsprechen, dass Angehörige sich häufig selbst überfordern und erst spät Hilfe von außen hinzuziehen. Wenig überraschend greifen auch bei hochbetagten Pflegefällen, die zunehmend funktionale Einschränkungen hinnehmen müssen, die familialen und professionelle Pflege häufiger ineinander.

Interessant hierbei ist, dass Kinder jeweils etwas früher pflegerisch eingreifen als ambulante Dienste. Eine Erklärung ist sicherlich die Zugangsbeschränkung zu öffentlich finanzierten und Versicherungsleistungen – meist sind nur Personen mit einer mehrfachen funktionalen Einschränkung anspruchsberechtigt. Zudem könnte auch eine Hemmschwelle bei der Inanspruchnahme von öffentlichen Leistungen bestehen. Die eigene Pflegebedürftigkeit wird als Makel wahrgenommen und möglicherweise weder sich selbst noch anderen eingestanden. Zudem sind Pflegekräfte immer Fremde, die in den Intimbereich eintreten, zu einem Zeitpunkt, wo körperliche und geistige Schwächen zunehmen und nicht mehr verborgen werden können. Die professionelle Unterstützung wird hinausgezögert bis der Bedarf sehr groß und eine Abhängigkeit gegeben ist. Erst dann werden Anträge an Versicherungen und Pflegedienste gestellt. Die vertrauten Kinder dagegen bieten bzw. leisten auch von sich aus und damit gegebenenfalls etwas früher die Pflege. Eine gleichzeitige Beteiligung von Kindern und Pflegediensten ist deshalb zumindest am Beginn einer Pflegebedürftigkeit eher ungewöhnlich. Personen in Partnerschaft werden vorwiegend und oft alleine vom Partner gepflegt, Kinder und Pflegekräfte sind entsprechend seltener involviert.

Tabelle 7.1: Pflegearrangements und ihre Einflussfaktoren

Angaben in Prozent	Keine Pflege	Durch Kind(er)	Pflegekräfte	Kind(er)/ Pflegekräfte
	Opportunitäts- und Bedürfnisstrukturen des Elternteils (Befragungsperson)			
Schwere körperliche Einschränkungen***	7.9	13.3	16.7	32.5
Alter (>=75 Jahre)***	31.4	49.6	58.4	70.0
Partner im Haushalt***	73.5	44.4	47.6	27.6
Haushaltseinkommen ausreichend**	59.9	53.3	69.1	52.5
Erbschaft > 50.00 Euro in 10 Jahren***	45.4	29.6	38.9	30.0
(P < 0.5)***	50.2	58.5	56.4	47.5
Weiß nicht***	4.4	11.9	4.7	22.5
Bildung**				
Niedrige	57.2	69.6	68.5	72.4
mittlere	28.4	23.0	19.4	22.6
Hoch	14.4	7.4	12.1	5.0
	Opportunitäts- und Bedürfnisstrukturen des Kindes			
Wohnentfernung zu Kindern <=25km***	83.2	95.6	91.3	97.5
Finanzielle Transfers an Kind(er)*	21.3	15.6	14.7	12.5
	Familiale Strukturen			
Geschlecht***				
Mann	45.3	21.5	27.3	0.1
Frau	54.7	78.5	72.7	0.9
Kinder***				
Tochter/Töchter	24.1	38.5	27.5	35.0
Sohn/Söhne	30.1	11.9	28.2	7.5
Tochter & Sohn	45.8	49.6	44.3	57.5
	Kulturell-kontextuelle Strukturen			
Staat verantwortlich für die Pflege***	47.2	28.0	28.0	33.3
Beobachtungen (Personen)	924	135	150	40

Datenbasis: SHARE 2004, release 2. Basis: Eltern ab 50 Jahren aus den Ländern Belgien, Dänemark, Deutschland, Italien, den Niederlanden, Österreich und Schweden. Eigene Berechnungen, gewichtet, n=1249. X^2- bzw. t-Test signifikant zum * < 0.10-, ** < 0.05-, *** < 0.01-Niveau.

Ein ausreichendes Haushaltseinkommen scheint dagegen Pflegearrangements mit professionellen Kräften zu begünstigten – was nicht überrascht, bedenkt man die mitunter hohen privaten Zuzahlungen für ambulante Pflegeangebote. In Bezug auf potenzielle Erbschaften bestätigt sich dieser Zusammenhang. Kinder scheinen vor allem dann einzuspringen, wenn kein Vermögen vorhanden ist. Niedrig gebildete erhalten eher Pflege von ihren Kindern oder Pflegediensten, möglicherweise, da sie im Alter eher bei schlechter Gesundheit sind. In den multivariaten Modellen wird dieser Zusammenhang überprüft.

Bei den Bedürfnisstrukturen der Kinder werden die bisherigen Befunde bestätigt. Sofern Kinder in der Nähe wohnen, erhalten Eltern auch eher Pflege von ihnen. Aber auch beim professionellen Pflegearrangement lebt eher ein Kind in der Nähe. Eltern leisten je nach Pflegearrangement zwar unterschiedlich häufig finanzielle Transfers an eines oder mehrere erwachsene Kinder. Ein klares Muster, z.B. Transfers als Motivation oder Entschädigung für die intergenerationale Pflege, lässt sich nicht finden.

Entscheidend sind dagegen die Familienstrukturen. Mit sechs von zehn Personen stellen Frauen die Mehrheit der Pflegebedürftigen. In der Gruppe der Personen ohne Pflege liegt ihr Anteil niedriger, in den intergenerationalen, professionellen und kooperativen Pflegearrangements hingegen höher. Frauen erhalten damit eher Pflegeleistungen von Kindern oder Fachkräften, während Männer ein höheres Risiko tragen, keine Pflege von diesen Personen zu erhalten. Allerdings darf hierbei nicht vergessen werden, dass Männer häufig und umfassend von der Partnerin versorgt werden. Eltern, die ausschließlich eine oder mehrere Töchter haben, werden häufiger in einem intergenerationalen Pflegearrangement versorgt. Haben Sie jedoch nur Söhne, dann ist sowohl das Risiko höher, dass sie keine Pflege erhalten, als auch die Wahrscheinlichkeit, dass sie von Pflegekräften betreut werden. Töchter und Söhne begünstigen wiederum intergenerationale Pflegearrangements, insbesondere mit einer zusätzlichen Unterstützung durch ambulante Pflegedienste.

Eltern, die die Pflegeverantwortung vorwiegend beim Staat sehen, fragen entsprechend häufig Pflegedienstleistungen nach. Die Kinder beteiligen sich zwar dennoch häufig an der Pflege, gleichzeitig ist jedoch auch das Risiko vergleichsweise hoch, dass Eltern nicht von ihren Kindern gepflegt werden, wenn sie es nicht von diesen erwarten. Schließlich belegen die Signifikanztests, dass sich die Pflegearrangements deutlich in ihrer sozio-demografischen Zusammensetzung unterscheiden, wenn auch nicht immer ein klares Muster erkennbar ist.

In Abbildung 7.2 wird die Verbreitung der Pflegearrangements in den einzelnen Ländern dargestellt. Dabei zeigen sich markante Unterschiede zwischen den Staaten – mit dem aus den vorangegangenen Analysen bekannten Muster: Die familienbasierten Pflegesysteme mit Italien als Vertreter des südeuropäischen Wohlfahrtsmodells sowie Deutschland und Österreich als Beispiele für die konservativen kontinentaleuropäischen Wohlfahrtsstaaten weisen eine deutlich höhere Bedeutung der familialen Pflege auf. Umgekehrt ist die professionelle Pflege in den servicebasierten Pflegesystemen wie den skandinavischen und eingeschränkt auch den Benelux-Ländern die tragende

Säule des Pflegesystems. Allerdings ist der „Versorgungsgrad" in den nordeuropäischen Ländern und Holland vergleichsweise gering und hat sich insbesondere in Schweden in den letzten Jahren auch verringert (z.B. Savla et al. 2008). Dabei darf allerdings nicht vergessen werden, dass hier erstens die Partnerpflege nicht erfasst und zweitens nur Personen in Privathaushalten berücksichtigt werden. Der hohe Institutionalisierungsgrad in den nordischen Staaten und den Niederlanden wird somit nicht berücksichtigt.

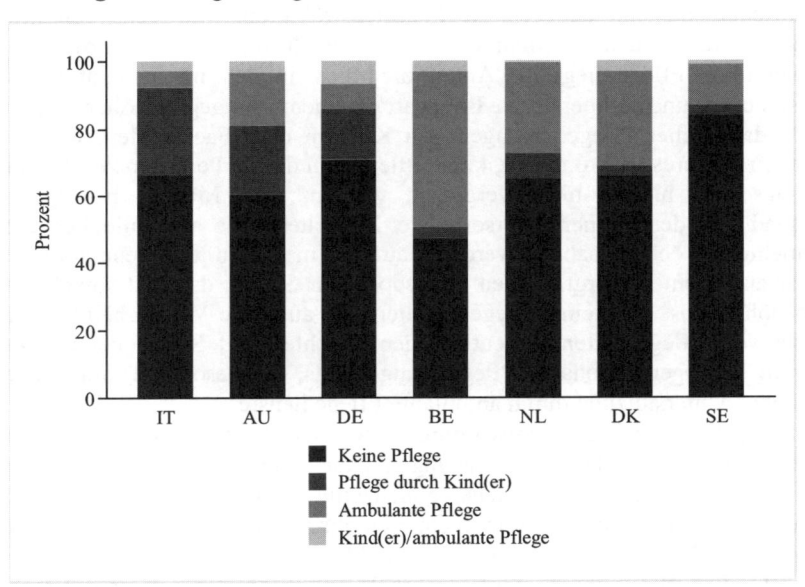

Abbildung 7.2: Pflegearrangements nach Land

Datenbasis: SHARE 2004, release 2. Basis: Eltern ab 50 Jahren aus den Ländern Belgien, Dänemark, Deutschland, Italien, den Niederlanden, Österreich und Schweden. Eigene Berechnungen, gewichtet, n=1532.

Auf der einen Seite zeigen sich demnach deutliche Unterschiede zwischen den Pflegearrangements, auf der anderen Seite zwischen den Ländern. Entsprechend der bisherigen Vorgehensweise soll nun geklärt werden, ob die Unterschiede in der Pflege auf individuelle und familiale Faktoren zurückzuführen sind oder ob kulturell-kontextuelle Strukturen darüber entscheiden, in welchen Pflegearrangements ältere Menschen gepflegt werden. Aufgrund der geringen und selektiven Länderauswahl ergeben sich jedoch Einschränkungen. Zum einen kann mit nur sieben Ländern keine Mehrebenenanalyse durchgeführt werden, auf die Berücksichtigung der bisher verwendeten Makroindikatoren muss also verzichtet werden. Zum anderen sind die Ergebnisse aufgrund der selektiven Stichprobe nur bedingt auf andere Länder übertragbar. Nichtsdestotrotz liefern die multinomialen logistischen Regressionsmodelle wertvolle Informationen über die Länder in der Stichprobe.

Die Analysen in Tabelle 7.2 belegen, dass Eltern erwartungsgemäß eher Pflege von Angehörigen und/oder Pflegekräften erhalten, wenn sie von mehreren funktionalen Einschränkungen betroffen sind. Wenn sie älter sind, können sie zudem vermehrt auf eine professionelle Unterstützung zählen, teilweise mit Mitwirkung der Kinder. Das Engagement der Kinder verändert sich hingegen nicht mit dem Alter. Wie die Deskription in Tabelle 7.1 gezeigt hat, ist dies jedoch weniger auf eine geringe Sensibilität der Kinder gegenüber der Verfassung und dem Bedarf der Eltern zurückzuführen. Vielmehr gewähren sie schon früher Hilfe als professionelle Pflegedienste. Personen in Partnerschaft erhalten bzw. benötigen sowohl von den Kindern als auch von den Pflegediensten seltener eine Unterstützung. Eine finanzielle Sicherheit scheint dagegen die Pflege durch Kinder und auch Pflegekräfte zu begünstigen. Fehlende Mittel stellen hingegen ein erhöhtes Risiko für eine pflegerische Unterversorgung dar. Geld ermöglicht damit nicht nur gesundheitsfördernde und vorbeugende Maßnahmen, es hilft auch beim Umgang mit altersbedingten Krankheiten und deren Folgen – fehlende finanzielle Mittel dürften damit die Lebensqualität im Alter erheblich beeinträchtigen.

Die Gewissheit über eine größere Erbschaft kann dagegen weder die Kinder zur Pflege motivieren, noch sprechen die Befunde dafür, dass ein vorhandenes Vermögen für die professionelle ambulante Pflege verwendet wird. Allerdings engagieren sich Kinder bei einer unsicheren Erbschaft häufiger in der Pflege, möglicherweise um die Kosten für ambulante Pflegeleistungen zu minimieren und so das Erbe zu erhalten. In Bezug auf das Bildungsmilieu finden sich ebenfalls keine signifikanten Unterschiede, zudem weisen die Effekte nicht in die erwartete Richtung. Personen mit hohen Bildungsabschlüssen beziehen nicht häufiger professionelle Pflegeleistungen. Allerdings ist hier nicht auszuschließen, dass es sich um einen Ländereffekt handelt, da die Bildungsabschlüsse in dieser Altersgruppe in Europa sehr ungleich verteilt sind: In Belgien und Schweden – Länder mit einer weiten Verbreitung ambulanter Dienstleistungen – haben nur vergleichsweise wenige Befragte einen sekundären oder tertiären Schulabschluss, in Deutschland ist deren Anteil hingegen vergleichsweise hoch.

Tabelle 7.2: Pflegearrangements: Multinomiale logistische Regressionsmodelle

Pflegearrangement (Pflege durch…)	Keine Pflege vs. Kind	Pflegekräfte vs. Kind	Kind/Pflegekräfte vs. Kind
	Opportunitäts- und Bedürfnisstrukturen des Elternteils (Befragungsperson)		
Schwere körperliche Einschränkungen	0.53***	0.88	1.26**
Alter in Jahren	0.99	1.04***	1.05**
Partner im Haushalt	3.10***	1.61	0.75
Haushaltseinkommen ausreichend	0.59**	1.02	0.80
Erbschaft > 50.000 Euro in 10 Jahren			
(P >0.5)	1.09	0.78	1.28
Weiß nicht	0.38**	0.20***	1.25
Bildung (Ref. niedrig)			
Mittel	0.87	0.81	1.11
Hoch	1.05	0.85	0.41
	Opportunitäts- und Bedürfnisstrukturen des Kindes/der Kinder		
Wohnentfernung zum Elternteil	1.55***	1.47***	1.30**
Finanzielle Transfers an Kind(er)	0.93	1.01	1.23
	Familiale Strukturen		
Mann	2.21***	1.23	0.43
Kinder (Ref. Tochter/Töchter)			
Sohn/Söhne	4.94***	3.12***	0.90
Tochter& Sohn	2.30***	1.46	1.63
	Kulturell-kontextuelle Strukturen		
Staat verantwortlich für die Pflege	1.14	1.47**	1.10
Schweden	4.86**	6.12**	1.11
Dänemark	2.44	10.17***	3.60**
Niederlande	0.94	4.39**	0.51
Belgien	2.00*	17.20***	3.53**
Deutschland		Referenz	
Österreich	0.57	1.56	0.69
Italien	0.41**	0.48	0.47
Beobachtungen (Personen)	1249		
-2 * log(Likelihood)	1973.1		
r² (McFadden)	0.27		

Datenbasis: SHARE 2004, release 2. Basis: Pflegebedürftige Eltern ab 50 Jahren. Eigene Berechnungen, ungewichtet. Multinomiale logistische Regressionen. Robuste Standardfehler, Relative Risk Ratios signifikant zum * < 0.10-, ** < 0.05-, *** < 0.01-Niveau.

Welche Anreize bestehen für die Kinder? Welche Möglichkeiten haben sie zur Elternpflege? Eine hohe Wohnentfernung erschwert die Pflege der Eltern, wobei mit zunehmender Entfernung die intergenerationale Pflege durch professionelle Pflege ergänzt oder ersetzt wird. Finanzielle Anreize oder Entschädigungen haben hierbei keinen signifikanten Einfluss. Allerdings deuten die Effekte auf den plausiblen Zusammenhang zwischen finanziellen Transfers an Kinder und Pflege an die Eltern und damit eine wechselseitige Unterstützung zwischen den Familiengenerationen hin (siehe hierzu Brandt et al. 2008).

Die Pflegearrangements werden zudem deutlich vom Geschlecht der Eltern und Kinder beeinflusst. Männer können nicht im gleichen Maße auf die Unterstützung von Kindern oder Pflegekräften zählen wie Frauen. Wie die vorangegangenen Analysen gezeigt haben, werden sie jedoch sehr häufig von ihrer Partnerin gepflegt, so dass nicht unbedingt auf eine pflegerische Unterversorgung von Männern geschlossen werden kann. Alleinlebende Männer sind jedoch einem erhöhten Risiko ausgesetzt, keine Pflege zu erhalten. Töchter engagieren sich stark in der intergenerationalen Pflege (vgl. Aronson 1992, Gröning 2007). Eltern von ausschließlich Söhnen tragen hingegen das höchste Risiko, keine Pflege zu erhalten. Weiter oben wurde bereits die Vermutung geäußert, dass Söhne eher auf die Unterstützung von Pflegekräften zurückgreifen bzw. die Pflege ganz abgeben, was hier bestätigt werden kann: Eltern von ausschließlich Söhnen erhalten nicht nur häufiger keine Pflege, sie befinden sich zudem eher in professionellen Pflegearrangements. Es spricht also einiges dafür, dass Eltern mit der Hilfe ihrer Söhne und unter Umständen auch in Mangel an Pflege auf die professionellen Angebote zurückgreifen.

Neben den individuellen und familialen Faktoren müssen auch die kulturellen Strukturen beachtet werden. Welchen Einfluss hat die Einstellung gegenüber der familialen und staatlichen Pflege auf das Pflegearrangement? Eltern, die die Pflegeverantwortung beim Staat sehen, befinden sich häufiger in professioneller Pflege. Sie akzeptieren die Betreuung durch Fremde, was einer Unterversorgung vorbeugen kann. Gleichzeitig werden die Befürworter einer staatlichen Pflegeverantwortung seltener nur von Kindern gepflegt. Eine Präferenz für die professionelle Verantwortung, Organisation und Durchführung der Pflege geht auch mit geringeren Anforderungen und Erwartungen gegenüber Angehörigen und Kindern einher, die ‚zu Gunsten' der ambulanten Pflege von ihrer Pflegeverpflichtung entlastet werden.

Diese Präferenz für die staatlich und öffentlich organisierte Altenpflege ist besonders in den nordischen und den sozial-demokratischen Ländern ausgeprägt. Im Hinblick auf die Pflege dürfte somit ein wesentlicher kultureller Unterschied zwischen den Ländern erfasst sein. Dennoch, nach wie vor bestehen Unterschiede zwischen den Ländern. Besonders in den nordischen Ländern, der

Niederlande und Belgien ist das professionelle Pflegearrangement weiterhin (viel) häufiger anzutreffen als in Deutschland. Allerdings kann daraus nicht selbstverständlich gefolgert werden, dass auch die Kooperation zwischen Kindern und Pflegekräften weit verbreitet ist. Insgesamt wird die gemischte Verantwortung in Ländern mit einem ausgebauten ambulanten Pflegesektor jedoch häufiger gelebt. In Italien können Eltern dagegen (vorwiegend) und eher auf die Unterstützung ihrer Kinder zählen als in Deutschland. Sieht man einmal von einer medizinischen Betreuung ab, ist eine Unterversorgung in Italien daher eher unwahrscheinlich – zumindest bei Eltern.

7.3 Kurzfazit

Welche Pflegearrangements prägen die Pflegelandschaft in den einzelnen Staaten? Welche individuellen und familialen Faktoren begünstigen ein familiales, welche ein professionelles Pflegearrangement? Zunächst zeigen die Befunde, dass professionelle Pflegearrangements in den nordischen und sozialdemokratischen Wohlfahrtsstaaten – servicebasierten Pflegesysteme – besonders verbreitet sind. Länder wie Deutschland und Österreich mit einem konservativen Wohlfahrtsmodell und insbesondere Italien als Vertreter des südeuropäischen Modells – familienbasierte Pflegesysteme – stützen und verlassen sich bei der Pflege älterer Menschen dagegen auf die Familie. Kooperative Pflegearrangements, in denen die familiale und die professionelle Pflege Hand in Hand gehen, finden sich tendenziell eher in den servicebasierten Pflegesystemen.

Zwischen den Pflegesystemen und -arrangements besteht damit ein enger Zusammenhang – dies folgt bereits aus der Definition und unterstreicht zudem die Verbindung von Pflege- und Wohlfahrtsstaatsforschung. Deutliche Muster ergeben sich jedoch auch, wenn man die individuellen Faktoren und Familienstrukturen in den Blick nimmt. Eltern werden dann eher von den Kindern oder Pflegekräften versorgt, wenn sie bei schlechter Gesundheit und alleinstehend sind, kurzum: wenn der (Netto-) Pflegebedarf hoch ist. Zudem zeigen die Befunde, dass Personen ohne ausreichend finanzielle Mittel ein hohes Risiko tragen, keine Pflege zu erhalten. Materielle Armut führt demnach unter Umständen zu einer gesundheitlichen und pflegerischen Unterversorgung, weshalb auch von einer Kumulation individueller Altersrisiken in den unteren Sozialschichten gesprochen werden muss.

Die Pflegearrangements werden zudem von den Kindern geprägt – Pflege ist eine familiale Angelegenheit, in der die Situation und Interessen der Eltern und Kinder ein Gewicht haben. Insgesamt orientieren sich Kinder zwar vorwiegend am Pflegebedarf der Eltern. Gleichzeitig haben sie jedoch einen verhältnismäßig starken Einfluss darauf, wie dieser gedeckt werden soll. Was auf den ersten Blick wie eine individuelle und situative Entscheidung aussieht, folgt wesentlich den traditionellen Geschlechterrollen: Während Töchter die Pflege vorwiegend selbst bzw. auch mit Unterstützung professioneller Pflegekräfte übernehmen, ziehen sich Söhne eher aus der Pflege zurück oder organisieren professionelle Pflegedienste.

8 Fazit

In Politik, Wissenschaft und Medien wird zunehmend von alternden Gesellschaften gesprochen, wobei der wachsende Anteil älterer Menschen an der Gesamtbevölkerung vor allem als Problem gesehen wird. Wie sollen die sozialen Sicherungssysteme finanziert werden, wenn immer weniger Menschen Beiträge leisten und immer mehr darauf angewiesen sind? Ähnlich kann und wird auch die Altenpflege gesehen. Wie soll die Pflege in Familie und Gesellschaft organisiert werden, wenn der Anteil der Pflegebedürftigen in Zukunft weiter steigt und gleichzeitig immer weniger (potenzielle) Pflegepersonen zur Verfügung stehen? Kurz: Wohin mit Oma? Lässt sich der bereits heute ausgerufene Pflegenotstand überhaupt noch abwenden? Ja, und von einem Pflegenotstand kann gegenwärtig auch nicht gesprochen werden, was die zahlreichen Befunde eindrucksvoll belegen.

Während jede zweite Person mit leichten funktionalen Einschränkungen auf die pflegerische Unterstützung durch Angehörige oder Pflegekräfte zählen kann, sind es vier von fünf Personen mit mittleren und schweren Beeinträchtigungen. Die Pflege in Familie und Gesellschaft ist also durchaus effizient. Sie wird dann geleistet, wenn sie benötigt wird. Umgekehrt erhält jeder Fünfte trotz mehrerer körperlicher Beeinträchtigungen keine Pflege. Zwar darf dabei nicht vergessen werden, dass ältere Menschen solange wie möglich selbständig leben möchten und teilweise auch Hilfe ausschlagen. Es ist jedoch nicht von der Hand zu weisen, dass viele Personen ohne die benötigte Pflege auskommen müssen – was gravierende Folgen für die Gesundheit und den Alterungsprozess haben kann. Die öffentliche Pflege ist eines der wenigen wohlfahrtsstaatlichen Programme, die in den letzten Jahren ausgebaut wurden. Die pflegerische Unterversorgung ist allerdings trotz dieser Anstrengungen noch nicht aus der Welt geschafft, sie besteht weiterhin fort. Entsprechend sollten sowohl das Pflegeangebot als auch die Unterstützung pflegender Angehöriger noch ausgeweitet werden, so dass alle Bedürftigen gemäß ihrer Präferenzen frühzeitig von Angehörigen und/oder Pflegekräften versorgt werden könnten.

Pflegesysteme

Die Befunde zeigen ausnahmslos, dass in Europa zwar ein vergleichbares Niveau der pflegerischen Versorgung erreicht wird. Die einzelnen Länder haben jedoch unterschiedliche Wege eingeschlagen, um auf die ‚alternde Gesellschaft' und den hohen Pflegebedarf zu reagieren. Die Organisation der Pflege lässt sich dabei auf die kulturelle und institutionelle Tradition eines Landes zurückführen, z.B. die Stellung der Familie, Religion und Kirche in einer Gesellschaft.

Auch heute lassen sich die Pflegesysteme anhand der institutionellen und kulturellen Strukturen einteilen. Anhand von vier Indikatoren – familiale, ambulante/stationäre Pflege, gesetzliche Verpflichtung und Einstellung gegenüber der staatlichen Pflegeverantwortung – können dabei zwei dominante Typen der gesellschaftlichen Organisation der Pflege unterschieden werden, wobei in der Realität auch Mischformen bestehen. In familienbasierten Pflegesystemen wird die Pflege vorwiegend von Angehörigen geleistet, zumeist (Ehe-) Frauen und erwachsenen Töchtern. Entsprechend ist die Pflege in der Familie eine Selbstverständlichkeit und wird auch erwartet. Es handelt sich dabei jedoch nicht nur um eine familiale Verpflichtung, denn die engen Angehörigen – mitunter auch Halbgeschwister und Enkelkinder – sind gesetzlich zur Finanzierung der Pflege bzw. zur Unterstützung verpflichtet. Gleichzeitig ist das Angebot an (staatlichen) ambulanten und stationären Pflegeleistungen gering. Sie werden meist nur dann bewilligt, wenn die Betroffenen kein Geld und keine Angehörigen mehr haben, die die Pflege finanzieren oder übernehmen könnten. Griechenland, Italien und Spanien sind gute Beispiele für ein familienbasiertes System, in abgeschwächter Form auch Deutschland und Österreich.

Servicebasierte Pflegesysteme zeichnen sich dagegen durch die flächendeckende Verfügbarkeit von professionellen Pflegediensten und geringe (gesetzliche) Verpflichtungen gegenüber Familienmitgliedern aus. Das Gros der Pflege wird von professionellen Pflegediensten übernommen, was auch der Präferenz der jüngeren und älteren Bevölkerung entspricht. Die Pflege des Partners ist zwar auch hier eine Selbstverständlichkeit, Kinder und andere Verwandte beteiligen sich jedoch vergleichsweise selten daran. Von den untersuchten Ländern zählen Dänemark, Schweden und die Niederlande zu den servicebasierten Pflegesystemen. Insgesamt kann die (west-) europäische Pflegelandschaft an einer Nord-Süd-Achse abgetragen werden, wobei die Verantwortung für die Pflege im Norden Europas vorwiegend beim Staat und im Süden bei der Familie liegt. Nicht alle Länder lassen sich jedoch in dieses Schema einordnen. In der Schweiz (und in Belgien) werden ähnlich häufig professionelle Dienstleistungen in Anspruch genommen wie in den skandinavischen Staaten, gleichzeitig wird die Pflegeverantwortung von den älteren Personen jedoch mehrheitlich bei der

Familie gesehen. Die Organisation der Pflege entspricht damit eher einem servicebasierten, die Einstellungen und Werte hingegen dem familienbasierten System. Insofern kann für Belgien und die Schweiz von einem Missverhältnis zwischen Institutionen und Kultur gesprochen werden. In Frankreich sind die Rollen zwischen Familie und Staat ebenfalls nicht klar verteilt. In allen anderen untersuchten Ländern sind die Pflegesysteme hingegen weitgehend konsistent und kulturelle und institutionelle Strukturen stehen in Einklang.

Pflegearrangements

Die Pflegesysteme sind durch unterschiedliche Pflegearrangements geprägt. Das familienbasierte System wird vorwiegend durch die rein familiale Pflege gestützt – etwa 80 Prozent der Pflegeempfänger werden ausschließlich von Angehörigen gepflegt, wobei dem ‚intergenerationalen Pflegearrangement' eine hohe Bedeutung zukommt. Im servicebasierten System ist das ‚professionelle Pflegearrangement' – nur ambulante oder stationäre Pflege – sehr weit verbreitet. Sieben von zehn Pflegeempfängern wählen dort dieses Pflegearrangement. Das ‚kooperative Pflegearrangement', in dem Angehörige und professionelle Pflegekräfte die Pflege gemeinsam leisten, ist in Europa noch nicht so häufig anzutreffen. Tendenziell weisen Länder mit einem umfassenden ambulanten Pflegeangebot die höchsten Raten auf – zwischen 10 und 20 Prozent. In Ländern wie Deutschland, wo die Pflegeversicherung explizit als Ergänzung zur familialen Pflege implementiert wurde, erreichen die ‚kooperativen Pflegearrangements' eine ähnliche Verbreitung.

Ob und wie man gepflegt wird, ist jedoch nicht allein eine Frage der Gesellschaft (kulturell-kontextuelle Strukturen), in der man lebt. Entscheidend sind zudem individuelle Bedürfnis- und Opportunitätsstrukturen und familiale Faktoren, von denen die wichtigsten kurz hervorgehoben werden sollen. Der Gesundheitszustand ist mit Sicherheit der bedeutendste Faktor. Schwer- und Schwerstpflegebedürftige können überwiegend auf eine Unterstützung zählen. Zum einen werden sie eher von den Kindern gepflegt, zum anderen erfüllen sie die Zugangsvoraussetzungen zu öffentlichen Pflegeprogrammen und beziehen entsprechend häufig diese Leistungen. Insbesondere bei sehr intensiven Pflegefällen kommt es zu einer Kooperation zwischen Angehörigen und ambulanten Pflegediensten. Weder die Familie noch die Pflegekräfte könnten alleine den Verbleib in der Wohnung und somit dem vertrauten Umfeld ermöglichen, ein Umzug ins Pflegeheim wäre unausweichlich.

In Partnerschaft lebende Personen werden in den meisten Fällen von der Partnerin oder dem Partner gepflegt, sie benötigen und erhalten daher seltener Pflegeleistungen von ihren Kindern und professionellen Anbietern. Diese

Unterstützung wird meist erst dann hinzugezogen, wenn der Bedarf steigt und die Pflege vom Partner nicht mehr alleine bewältigt werden kann. In den familialen Pflegesystemen sind professionelle Pflegedienste wenig verbreitet, weshalb vor allem Kinder die Pflege alleinlebender Eltern übernehmen.

Zudem zeigt sich, dass wohlhabende Eltern eher auf die Unterstützung durch Kinder zählen können, z.B. wenn sie eine höhere Erbschaft in Aussicht stellen. Dieser Erbschaftseffekt weist auf eine strategische Dimension des Pflegeverhaltens bzw. den pragmatischen Umgang mit moralischen Verpflichtungen hin. Die Kinder der Generation der über 50jährigen kommen besonders dann einer mehr oder weniger ausgeprägten Pflegeverpflichtung nach, wenn sie in Zukunft davon finanziell profitieren.

Ob Eltern auf die Unterstützung durch die Kinder zählen können, hängt zudem von der Wohnentfernung ab. Eine regelmäßige und intensive Pflege ist aus zeitlichen und finanziellen Gründen über weite Distanzen schlicht nicht möglich. Eine geringe Wohnentfernung erlaubt dagegen eine umfassende Unterstützung. In den servicebasierten Systemen Dänemark und Schweden wohnt etwa jedes zweite Kind bei oder in der Nähe der betagten Eltern, in den familienbasierten System sind es hingegen deutlich mehr als die Hälfte, in Südeuropa leben sogar vier von fünf Kindern im Umkreis von 25 km – was einerseits die Pflege erleichtert, andererseits aber auch eine Folge der Pflegeverpflichtung gegenüber Eltern ist. Denn Kinder nehmen häufig die pflegebedürftigen Eltern bei sich auf oder ziehen mitunter in deren Nähe, um die Pflege leisten zu können. Zudem weisen die Befunde mehrheitlich darauf hin, dass erwerbstätige Kinder über weniger Zeit für die Pflege verfügen und diese entsprechend seltener übernehmen. Vor diesem Hintergrund dürften eine steigende Erwerbsbeteiligung von Frauen sowie ein späterer Renteneintritt die Pflege durch Angehörige erschweren, so dass vermehrt professionelle Pflegedienste diese Aufgaben leisten müssen.

Weiter spielen familiale Faktoren eine Rolle. Eltern können eher auf die Unterstützung der Töchter zählen, die die Pflege entweder alleine übernehmen oder mit Pflegediensten kooperieren. Sofern Eltern nur Söhne haben, erhalten sie eher keine oder professionelle Pflege. Söhne pflegen also nicht selbst, dagegen unterstützen sie ihre Eltern gegebenenfalls bei der Organisation der Pflege.

Nicht zuletzt hängt das (gewählte) Pflegearrangement von den Einstellungen ab. Wenn die Pflegeverantwortung beim Staat und nicht bei der Familie gesehen wird, werden häufiger professionelle Dienste in Anspruch genommen, das intergenerationale Pflegearrangement ist hingegen seltener anzutreffen. Da keine diesbezüglichen Erwartungen an die Kinder gestellt werden, steigt gleichzeitig auch das Risiko, keine Pflege zu erhalten.

Pflegearrangements und soziale Ungleichheit

Die pflegerische Versorgung hängt wesentlich von individuellen und familialen Faktoren ab, Pflegearrangements spiegeln damit auch Lebensläufe und die soziale Ungleichheit in einer Gesellschaft wider. Besonders deutlich zeigt sich dies bei altersbedingten Risiken wie einem schlechten Gesundheitszustand und einer ungenügenden finanziellen Absicherung. Zwar werden Eltern eher von ihren Kindern oder ambulant gepflegt, wenn sie mit erheblichen gesundheitlichen Einschränkungen leben müssen – eine Zugangsvoraussetzung für die meisten staatlichen Pflegeprogramme. Personen ohne ausreichend finanzielle Mittel sind jedoch besonders gefährdet, keine Pflege zu erhalten. Zum einen können sie nicht in gleichem Maße auf die Unterstützung der Kinder zählen wie besser situierte Senioren. Zum anderen fehlt ihnen schlicht das Geld, um eine (zusätzliche) professionelle Pflege zu bezahlen. Wohlhabende Eltern verfügen dagegen über die Ressourcen, um professionelle Pflegekräfte zu entlohnen oder Söhne und Töchter zur Pflege zu motivieren. Geld ermöglicht damit nicht nur gesundheitsfördernde und vorbeugende Maßnahmen, es hilft auch beim Umgang mit altersbedingten Krankheiten und deren Folgen – Armut kann demnach zu einer gesundheitlichen und pflegerischen Unterversorgung führen und damit die Lebensqualität im Alter erheblich beeinträchtigen, weshalb auch von einer Kumulation individueller Altersrisiken in den ärmeren Sozialschichten gesprochen werden muss.

Intergenerationale Pflege und Geschlecht

Wie die Befunde zeigen, hat das Geschlecht einen starken Einfluss auf das Pflegearrangement. Söhne und Töchter unterscheiden sich wesentlich in ihrem Pflegeverhalten, wobei Söhne eher auf die externe Hilfe zurückgreifen bzw. die Pflege professionellen Diensten übertragen. Töchter engagieren sich hingegen selbst in der Pflege – und zwar weitgehend unabhängig von der beruflichen und familialen Situation. Neben dem Geschlecht der Kinder ist auch das der Eltern entscheidend, wobei Mütter sehr viel häufiger auf die Unterstützung der Kinder zählen können als Väter. Insgesamt kann demnach von einer mehrfach femininen Prägung der intergenerationalen Pflege gesprochen werden. Mütter erhalten eher Pflege von den Kindern und Töchter leisten sie.

Aufgrund der geringeren Lebenserwartung und des gegenüber der Frau meist höheren Alters werden Männer früher pflegebedürftig und von der Partnerin gepflegt. Eine Partnerschaft stellt für Männer deshalb eine Art familiale Pflegeversicherung dar. Umgekehrt trifft das nicht zu – sicher ein Grund, weshalb Frauen im Alter seltener eine neue Partnerschaft eingehen,

Männer hingegen häufiger. Allerdings können sich Mütter auf die pflegerische Unterstützung von insbesondere Töchtern praktisch verlassen. Väter können dagegen nicht im gleichen Umfang auf die Pflege der Kinder zählen und von Söhnen werden sie fast nie gepflegt.

Soziologie der Pflege, der Familie und des Wohlfahrtsstaates – und Politik

Was kann man – als Soziologe – daraus lernen? Die Befunde zeigen eindrucksvoll, dass die (intergenerationale) Pflege nur unter Berücksichtigung der individuellen und familialen Bedürfnis- und Opportunitätsstrukturen sowie der kulturellen-kontextuellen Faktoren zu fassen ist. Jenseits der Einzelbefunde erweist sich die Verbindung von Pflegeforschung, Familiensoziologie und der Soziologie des Wohlfahrtsstaates damit als notwendig und fruchtbar. Wie im vorliegenden Beispiel sollte die Untersuchung der familialen Pflege deshalb möglichst auch die gesellschaftliche Organisation der Pflege in den Blick nehmen, namentlich die institutionellen Rahmenbedingungen und die geltenden Normen in einer Gesellschaft.

Der Nutzen dieser Arbeit beschränkt sich jedoch nicht allein auf die Soziologie. Im Gegenteil, die Einblicke in die familiale und gesellschaftliche Organisation der Pflege sind auch von Bedeutung für die lokale, regionale und nationale Politik in den sogenannten alternden Gesellschaften. Zum einen wirkt sich die öffentliche bzw. öffentlich finanzierte Pflege auf die familiale und intergenerationale Pflege aus, was bei einer Ausweitung oder Kürzung von Pflegeprogrammen entsprechend berücksichtigt werden muss. Zum anderen muss die Bedeutung von Normen und Werten für die Politik hervorgehoben werden. Wie das Beispiel der deutschen Pflegeversicherung zeigt, hat die Möglichkeit des Bezugs von Sachleistungen bisher nur einen geringen Effekt auf die familiale Pflege – nicht zuletzt, da die Pflege durch Partner und Kinder einen hohen gesellschaftlichen Wert hat und die normativen Verpflichtungen zwischen Eltern und Kindern groß sind. Selbst ein radikaler Umbau der Pflegesysteme muss deshalb nicht zum gewünschten Ergebnis führen, wenn die Pflegekultur vernachlässigt wird. Schließlich liefern die Einzelbefunde wichtige Hinweise, welche sozialen Schichten und Gruppen besonders von einer pflegerischen Unterversorgung betroffen und entsprechend auf eine zusätzliche Unterstützung angewiesen sind, namentlich: Eltern aus einkommensschwachen Schichten.

Insgesamt zeigen die Befunde, dass ein Ausbau der professionellen, und hier insbesondere der ambulanten Pflege notwendig ist, um aktuelle Defizite in der Versorgung mit Pflegeleistungen zu beheben und mit dem steigenden Pflegebedarf in Folge der demografischen Alterung Schritt halten zu können. Ambulante Pflegeleistungen entlasten die Angehörigen, entschärfen den Konflikt zwischen Erwerbs- und Familienarbeit und erlauben den älteren Menschen den längeren Verbleib in ihrem vertrauten Umfeld.

Ein Rückzug des Staates aus der Pflege, wie er sich derzeit in den skandinavischen Staaten – den heutigen Musterschülern – abzeichnet, hätte hingegen gravierende Folgen für die Pflegebedürftigen und ihre Angehörigen. Einerseits erfordern die demografische Alterung und sozialpolitische Reformen eine stärkere und auch längere Teilnahme am Arbeitsmarkt, was insbesondere für Frauen gilt, die gleichzeitig auch den größten Teil der Pflegearbeit leisten. Andererseits müssen sich Erwerbstätige zunehmend den Flexibilitätsanforderungen des Arbeitsmarktes anpassen. Die umfassende Pflege von älteren Angehörigen kann so leicht eine physische und psychische Überforderung darstellen oder bei der Aufgabe der Erwerbsarbeit ohne eine entsprechende sozialstaatliche Unterstützung in eine neue Armutsfalle münden. Nicht zuletzt muss auf die wirtschaftlichen Folgen hingewiesen werden, wenn hochqualifizierte Arbeitnehmer und Angestellte dem Arbeitsmarkt fern bleiben (müssen), um die häusliche Pflege zu übernehmen. Ein Ausbau der staatlichen Unterstützung der Pflegebedürftigen und die Entlastung pflegender Angehöriger sind damit dringend notwendig, um sowohl einen herben Einschnitt der Lebensqualität der Betroffenen und ihrer Familien als auch makroökonomische Einbußen zu vermeiden.

Bei der Wahl der Mittel ist jedoch durchaus Vorsicht geboten, denn institutionelle Lösungen haben durchaus auch unerwünschte Nebeneffekte. Pflegegelder, die von den Betroffenen und ihren Familien weitgehend selbstbestimmt eingesetzt werden können, werden zunehmend für die Pflege durch illegale Migranten aus Niedriglohnländern verwendet. Diese Entwicklung zeichnet sich insbesondere für Länder ab, in denen die Familie die tragende Säule des Pflegesystems ist und professionelle Pflegeangebote nicht bedarfsdeckend sowie recht teuer sind, um nur einige zu nennen: Deutschland, Italien und Österreich. Aus einer ökonomischen Perspektive kann die Beschäftigung von Pflegemigranten zwar durchaus sinnvoll sein, sowohl für die Pflegeempfänger, ihre Familien und die gesamte Gesellschaft, als auch für die Migranten selbst; ein wichtiger Grund für den „Erfolg" dieses Pflegearrangements.

Geld ist jedoch nicht alles. So müssen erstens erhebliche Bedenken geäußert werden, ob unter diesen Bedingungen eine hohe Qualität der Pflege gewährleistet und auch kontrolliert werden kann. Dies gilt insbesondere für medizinisch anspruchsvolle Anwendungen, die nur von ausgebildeten Fachkräften durchgeführt werden dürfen. Zudem sind die Arbeitsbedingungen der Migranten auch mit dem Verweis auf die im Vergleich zum Entsendeland höheren Löhne keinesfalls zu rechtfertigen bzw. zu entschuldigen. Der Ausbau der Pflegesysteme auf Basis von überlangen Arbeitszeiten, einer fehlenden

Absicherungen von Risiken und ohne Rechtssicherheit kann und darf daher keine Option darstellen. Hinzu kommen noch die Folgen für die Heimatländer der vorwiegend weiblichen Migranten, denn hier reißt der „care drain" große Lücken, sowohl in der Erziehung von Kindern als auch in der Pflege älterer Menschen.

Vor diesem Hintergrund sind Sachleistungen durchaus den Geldleistungen vorzuziehen; die Qualität der Pflege sowie die Arbeitsbedingungen der Pflegekräfte können so eher kontrolliert und auch verbessert werden. Dennoch, Geldleistungen haben daneben durchaus ihre Berechtigung, z.B. wenn Angehörige die Pflege übernehmen wollen und hierbei finanzielle Unterstützung benötigen. Um ein weiteres Anwachsen des illegalen Arbeitsmarktes in der Pflege zu verhindern, muss die Verwendung von Geldleistungen jedoch kontrolliert werden. Ein gutes Beispiel hierfür ist das Pflegebudget in den Niederlanden, über dessen Verwendung von den Pflegeempfängern bzw. ihren Angehörigen Rechenschaft abgelegt werden muss.

Literaturverzeichnis

Aboderin, Isabella (2005): 'Conditionality' and 'Limits' of Filial Obligation. Conceptual Levers for Developing a Better Understanding of the Motivational Basis and Societal Shifts or Patterns in Old Age Family Support. Working Paper WP205. Oxford: Oxford Institute of Ageing.

Alber, Jens und Ulrich Köhler (Hrsg.) (2004): Health and Care in an Enlarged Europe. Luxembourg: Office for Official Publications of the European Communities.

Anderson, Robert (2004): Working Carers in the European Union. S. 95-113 in: Sarah Harper (Hrsg.): Families in Ageing Societies. A Multi-Disciplinary Approach. Oxford: Oxford University Press.

Arber, Sara und Jay Ginn (1990): The Meaning of Informal Care – Gender and the Contribution to Elderly People, Ageing & Society 10: 429-454.

Arber, Sara und Jay Ginn (1995): Gender Differences in the Relationship between Paid Employment and Informal Care, Work, Employment and Society 9: 445-471.

Aronson, Jane (1990): Women's Perspective on Informal Care of the Elderly: Public Ideology and Personal Experience of Giving and Receiving Care, Ageing and Society 10: 61-84.

Aronson, Jane (1992): Women's Sense of Responsibility for the Care of Old People: "But Who Else is Going to Do It?" Gender and Society 6: 8-29.

Arts, Wil und John Gelissen (2002): Three Worlds of Welfare Capitalism or More? A State-of-the-art Report, Journal of European Social Policy 12: 137-158.

Attias-Donfut, Claudine (2001): The Dynamics of Elderly Support: The Transmission of Solidarity Patterns between Generations, Zeitschrift für Gerontologie und Geriatrie 34: 9-15.

Attias-Donfut, Claudine, Jim Ogg und François-Charles Wolff (2005): European Patterns of Intergenerational Financial and Time Transfers, European Journal of Ageing 2: 161-173.

Attias-Donfut, Claudine und François-Charles Wolff (2000): Complementarity Between Private and Public Transfers. S. 47-68 in: Sara Arber und Claudine Attias-Donfut (Hrsg.): The Myth of Generational Conflict: The Family and State in Ageing Societies. London: Routledge.

Backes, Gertrud, Martina Wolfinger und Ludwig Amrhein (2008): Geschlechterungleichheiten in der Pflege. S. 132-153 in: Ulrich Bauer und Andreas Büscher (Hrsg.): Soziale Ungleichheit und Pflege – Beiträge sozialwissenschaftlich orientierter Pflegeforschung. Wiesbaden: VS Verlag für Sozialwissenschaften.

Bahle, Thomas (1995): Familienpolitik in Westeuropa. Ursprünge und Wandel im internationalen Vergleich. Frankfurt a. M., New York: Campus.

Barbagli, Marzio (1997): Family and Kinship in Italy. S. 33-48 in: Marianne Gullestad und Martine Segalen (Hrsg.): Family and Kinship in Europe. London, Washington: Pinter.
Becker, Gary S. (1981): A Treatise on the Family. Cambridge, Mass.: Harvard University Press.
Becker, Gary S. (1995a): Human Capital, Effort, and the Sexual Division of Labor. S. 434-460 in: Ramón Febrero und Pedro S. Schwartz (Hrsg.): The Essence of Becker. Stanford: Hoover Institution Press.
Becker, Gary S. (1995b): A Theory of the Allocation of Time. S. 91-120 in: Ramón Febrero und Pedro S. Schwartz (Hrsg.): The Essence of Becker. Stanford: Hoover Institution Press.
Becker, Gary S. und Kevin M. Murphy (1988): The Family and the State, Journal of Law and Economics 31: 1-18.
Behning, Ute (2005): Changing Long-term Care Regimes: A Six-country Comparison of Directions and Effects. S. 73-91 in: Birgit Pfau-Effinger und Birgit Geissler (Hrsg.): Care and Social Integration in European Societies. Bristol: Policy Press.
Behrens, Johann (2008): Ökonomisches, soziales und kulturelles 'Kapital' und die soziale Ungleichheit in der Pflege. S. 180-211 in: Ulrich Bauer und Andreas Büscher (Hrsg.): Soziale Ungleichheit und Pflege – Beiträge sozialwissenschaftlich orientierter Pflegeforschung. Wiesbaden: VS Verlag für Sozialwissenschaften.
Bender, Donald (1994): Betreuung von hilfs- oder pflegebedürftigen Angehörigen in Mehrgenerationenfamilien. S. 223-248 in: Walter Bien (Hrsg.): Eigeninteresse oder Solidarität: Beziehungen in modernen Mehrgenerationenfamilien. Opladen: Leske + Budrich.
Bengtson, Vern L. und Sandi S. Schrader (1982): Parent-Child Relations. S. 115-185 in: David J. Mangen und Warren A. Peterson (Hrsg.): Research Instruments in Social Gerontology. Minneapolis: University of Minnesota Press.
Berger-Schmitt, Regina (2003): Betreuung und Pflege alter Menschen in den Ländern der Europäischen Union – Perspektiven zur Rolle familialer Netzwerke. In: Jutta Allmendinger (Hrsg.): Entstaatlichung und Soziale Sicherheit. Verhandlungen des 31. Kongresses der Deutschen Gesellschaft für Soziologie in Leipzig 2002. Opladen: Leske + Budrich. [CD-ROM].
Bernheim, Douglas B., Andrei Shleifer und Lawrence H. Summers (1985): The Strategic Bequest Motive, Journal of Political Economy 93: 1045-1076.
Bertone, Chiara (2003): Claims for Child Care as Struggles over Needs: Comparing Italian and Danish Women's Organizations, Social Politics 10: 229-255.
Bettio, Francesca und Janneke Plantenga (2004): Comparing Care Regimes in Europe, Feminist Economics 10: 85-113.
Bimbi, Franca (2000): The Family Paradigm in the Italian Welfare State (1947-1996). S. 72-88 in: Maria José Gonzàlez, Teresa Jurado und Manuela Naldini (Hrsg.): Gender Inequalities in Southern Europe. Women, Work and Welfare in the 1990s. London: Frank Cass.
Björnberg, Ulla und Hans Ekbrand 2007. Financial and Practical Support in Swedish Families⁻ Normative Guidelines and Practice. Vortrag auf der Konferenz Interim

Meeting "Beyond "the" Nuclear Family: Families as Webs of Relationships", ESA Research Network "Sociology of Family and Intimate Lives" in Lausanne, Schweiz.

Blackman, Tim (2000): Defining Responsibility of Care: Approaches to the Care of Older People in Six European Countries, International Journal of Social Welfare 9: 181-190.

Blau, Peter M. (1968): Social Exchange. S. 452-458 in: David L. Sills (Hrsg.): International Encyclopedia of the Social Sciences. New York, London: Macmillan.

Blinkert, Baldo (2005): Pflege und soziale Unsicherheit – Pflege und „soziale Milieus". S. 141-156 in: Klaus R. Schroeter und Thomas Rosenthal (Hrsg.): Soziologie der Pflege – Grundlagen, Wissensbestände und Perspektiven. Weinheim, München: Juventa.

Blinkert, Baldo und Thomas Klie (2004): Gesellschaftlicher Wandel und demografische Veränderungen als Herausforderungen für die Sicherstellung der Versorgung pflegebedürftiger Menschen, Sozialer Fortschritt 53: 319-325.

Blinkert, Baldo und Thomas Klie (2008): Die Versorgungssitutation pflegebedürftiger Menschen vor dem Hintergrund von Bedarf und Chancen. S. 238-255 in: Ulrich Bauer und Andreas Büscher (Hrsg.): Soziale Ungleichheit und Pflege – Beiträge sozialwissenschaftlich orientierter Pflegeforschung. Wiesbaden: VS Verlag für Sozialwissenschaften.

BMFSFJ (2002): Vierter Bericht zur Lage der älteren Generation: Risiken, Lebensqualität und Versorgung Hochaltriger unter besonderer Berücksichtigung demenzieller Erkrankungen. http://www.bmfsfj.de/. Zugriff: 08.10.2007.

BMFSFJ (2006a): Erster Bericht des Bundesministeriums für Familie, Senioren, Frauen und Jugend über die Situation der Heime und die Betreuung der Bewohnerinnen und Bewohner. http://www.bmfsfj.de/. Zugriff: 07.09.2007.

BMFSFJ (Hrsg.) (2006b): Familie zwischen Flexibilität und Verlässlichkeit – Perspektiven für eine lebenslaufbezogene Familienpolitik. Siebter Familienbericht. Berlin: Bundesministerium für Familie, Senioren, Frauen und Jugend, verfasst von Jutta Allmendinger, Hans Bertram, Wassilios E. Fthenakis, Helga Krüger, Uta Meier-Gräwe, C. Katharina Spieß und Marc Szydlik.

Bode, Ingo (2008). The Culture of Welfare Markets. The International Recasting of Pension and Care Systems. New York, London: Routledge.

Bonsang, Eric (2007): How Do Middle-aged Children Allocate Time and Money Transfers to their Older Parents in Europe? Empirica 34: 171-188.

Borchers, Andreas (1997): Die Sandwich-Generation. Ihre zeitlichen und finanziellen Leistungen und Belastungen. Frankfurt a. M.: Campus.

Börsch-Supan, Axel, Agar Brugiavini, Hendrik Jürges, Johan Mackenbach, Johannes Siegrist und Guglielmo Weber (Hrsg.) (2005a): Health, Ageing and Retirement in Europe First Results from the Survey of Health, Ageing and Retirement in Europe. Mannheim: MEA.

Börsch-Supan, Axel, Karsten Hank und Hendrik Jürges (2005b): A New Comprehensive and International View on Ageing: The Survey of Health, Ageing and Retirement in Europe. Mannheim: University of Mannheim.

Börsch-Supan, Axel und Hendrik Jürges (Hrsg.) (2005): Health, Ageing and Retirement in Europe – Methodology. Mannheim: Mannheim Research Institute for the Economics of Ageing.
Brake, Anna und Peter Büchner (2007): Großeltern in Familien. S. 199-219 in: Jutta Ecarius (Hrsg.): Handbuch Familie. Wiesbaden: VS Verlag für Sozialwissenschaften.
Brandt, Martina, Christian Deindl, Klaus Haberkern und Marc Szydlik (2008): Reziprozität zwischen erwachsenen Generationen: Familiale Transfers im Lebenslauf, Zeitschrift für Gerontologie und Geriatrie 41: 374-381.
Brandt, Martina und Klaus Haberkern (2008): Hilfe und Pflege zwischen Generationen in Europa. S. 4944-4950 in: Karl-Siegbert Rehberg (Hrsg.): Die Natur der Gesellschaft. Verhandlungen des 33. Kongresses der Deutschen Gesellschaft für Soziologie in Kassel 2006. Frankfurt a. M., New York: Campus.
Brandt, Martina, Klaus Haberkern und Marc Szydlik (2009): Intergenerational Help and Care in Europe, European Sociological Review, doi: 10.1093/esr/jcn076.
Brandt, Martina und Marc Szydlik (2008): Soziale Dienste und Hilfe zwischen Generationen in Europa, Zeitschrift für Soziologie 37: 301-320.
Brody, Elaine (1985): Parent Care as a Normative Family Stress, The Gerontologist 25: 19-29.
Brody, Elaine, Christine Hoffmann, Morton H. Kleban und Claire B. Schoonover (1989): Caregiving Daughters and Their Local Siblings: Perceptions, Strains, and Interactions, The Gerontologist 29: 529-538.
Callegaro, Lisa und Giacomo Pasini (2007): Social Interaction Effects in an Inter-Generational Model of Informal Caregiving. Venice: Economics Departement, University of Venice.
Campbell, Lori D. und Anne Martin Matthews (2003): The Gendered Nature of Men's Filial Care, Journal of Gerontology: Social Sciences 58B: S350-S358.
Cantor, Marjorie H. (1979): Neighbors and Friends: An Overlooked Resource in the Informal Support System, Research on Aging 1: 434-463.
Cantor, Marjorie H. (1992): Families and Caregiving in an Aging Society, Generations 16: 67-70.
Chappell, Neena L. und Audrey Blandford (1991): Informal and Formal Care: Exploring the Complementarity, Ageing & Society 11: 299-317.
Christ, Thierry (2006): Fürsorge – 19. und 20. Jahrhundert. Historisches Lexikon der Schweiz. Zugriff: 09.08.2007.
Christiansen, Niels F. und Klaus Petersen (2001): The Dynamics of Social Solidarity: The Danish Welfare State, 1900-2000, Scandinavian Journal of History 26: 177-196.
Coleman, James S. (1995): Grundlagen der Sozialtheorie. Oldenbourg: Scientia Nova.
Connidis, Ingrid A. (2001): Family Ties & Aging. Thousand Oaks, London, New Delhi: SAGE Publications.
Costa-Font, Joan und Concepció Patxot (2005): The Design of the Long-term Care System in Spain: Policy and Financial Constraints, Social Policy and Society 4: 11-20.
Cox, Donald und Oded Stark (1994): Intergenerational Transfers and the Demonstration Effect. http://fmwww.bc.edu/EC-P/WP329.pdf. Zugriff: 15.09.2007.

Crompton, Rosemary und Clare Lyonette (2006): Some Issues in Cross-national Comparative Research Methods: A Comparison of Attitudes to Promotion, and Women's Employment, in Britain and Portugal, Work, Employment and Society 20: 403–414.
Csonka, Agi und Joachim L. Boll (2000): Home Care in Denmark. Kopenhagen: The Danish National Institute of Social Research.
Da Roit, Barbara (2007): Changing Intergenerational Solidarities within Families in a Mediterranean Welfare State: Elderly Care in Italy, Current Sociology 55: 251-269.
Daatland, Svein O. (2001): Ageing, Families and Welfare Systems: Comparative Perspectives, Zeitschrift für Gerontologie und Geriatrie 34: 16-20.
Daatland, Svein O. und Katharina Herlofson (2003a): Families and Welfare States: Substitution or Complementarity. S. 281-305 in: Ariela Lowenstein und Jim Ogg (Hrsg.): OASIS: Old Age and Autonomy – The Role of Service Systems and Intergenerational Family Solidarity. The Final Report. Haifa: University of Haifa.
Daatland, Svein O. und Katharina Herlofson (2003b): Norms and Ideals about Elder Care in a European Comparative Perspective. S. 125-163 in: Ariela Lowenstein und Jim Ogg (Hrsg.): OASIS: Old Age and Autonomy – The Role of Service Systems and Intergenerational Family Solidarity. The Final Report. Haifa: University of Haifa.
Daatland, Svein O. und Ariela Lowenstein (2005): Intergenerational Solidarity and the Family-Welfare State Balance, European Journal of Ageing 2: 174-182.
Dallinger, Ursula (1998): Der Konflikt zwischen familiärer Pflege und Beruf als handlungstheoretisches Problem, Zeitschrift für Soziologie 27: 94-112.
Dallinger, Ursula und Hildegard Theobald (2008): Pflege und Ungleichheit: Ungleiche Citizenship rights im internationalen Vergleich. S. 78-103 in: Ulrich Bauer und Andreas Büscher (Hrsg.): Soziale Ungleichheit und Pflege – Beiträge sozialwissenschaftlich orientierter Pflegeforschung. Wiesbaden: VS Verlag für Sozialwissenschaften.
Daly, Mary und Jane Lewis (2000): The Concept of Social Care and the Analysis of Contemporary Welfare States, British Journal of Sociology 51: 281-298.
Der Spiegel (2005): Titel: "Wohin mit Oma?" Pflege-Notstand in Deutschland, Nr. 19/2005. Hamburg.
Dittmann, Jörg (2008): Deutsche zweifeln an der Qualität und Erschwinglichkeit stationärer Pflege – Einstellungen zur Pflege in Deutschland und Europa, Informationsdienst Soziale Indikatoren 40: 1-6.
Dressel, Paula L. und Ann Clark (1990): A Critical Look at Family Care, Journal of Marriage and Family 52: 769-782.
Egerszegi-Obrist, Christine (2006): Herausforderung Pflegefinanzierung, Managed Care: 23-25.
Esping-Andersen, Gøsta (1990): The Three Worlds of Welfare Capitalism. Cambridge: Polity Press.
Esping-Andersen, Gøsta (1999): Social Foundations of Postindustrial Countries. Oxford: Oxford University Press.
European Commission (Hrsg.) (2007): Health and Long-term Care in the European Union. Special Eurobarometer 283. Brussels.
Eurostat (2003). http://epp.eurostat.cec.eu.int/. Zugriff: 10.12.2005.

Fast, Janet, Norah Keating, Pam Otfinowski und Linda Derksen (2004): Characteristics of Family/Friend Care Networks of Frail Seniors, Canadian Journal on Aging 23: 5-19.
Ferrara, Maurizio (1998): The Four 'Social Europes': Between Universalism and Selectivism. S. 79-96 in: Martin Rhodes und Yves Mény (Hrsg.): Future of European Welfare: A New Social Contract? London: MacMillan.
Ferring, Dieter und Ingalill Rahm Hallberg (2004): Report No. 3: Comparative Report on Physical Health and Functional Status. Ageing Well: A European Study of Adult Well-Being" (ESAW). http://www.bangor.ac.uk/esaw/summaries.htm. Zugriff: 14.06.2007.
Finch, Janet (1989): Family Obligations and Social Change. Cambridge: Polity Press.
Finch, Janet und Jennifer Mason (1990): Filial Obligations and Kin Support for Elderly People, Ageing & Society 10: 151-175.
Finch, Janet und Jennifer Mason (1993): Negotiating Family Responsibilities. London: Routledge.
Fine, Michael und Caroline Glendinning (2005): Dependence, Independence or Interdependence? Revisiting the Concepts of 'Care' and 'Dependency', Ageing & Society 25: 601-621.
Flaquer, Lluís (2000): Is There a Southern European Model of Family Support? S. 15-33 in: Thomas Bahle und Astrid Pfenning (Hrsg.): Families and Family Policies in Europe Comparative Perspectives. Frankfurt a. M.: Peter Lang.
Gallagher, Sally K. (1994): Doing Their Share: Comparing Patterns of Help Given by Older and Younger Adults, Journal of Marriage and Family 56: 567-578.
Gauthier, Anne H. (1996): The State and the Family a Comparative Analysis of Family Policies in Industrialized Countries. Oxford: Clarendon Press.
Gauthier, Anne H. (2000): The Promises of Comparative Research (Working Paper No. 16). Essex: European Panel Analysis Group.
Geerlings, Sandra W., Anne Magriet Pot, Jos W. R. Twisk und Dorly J. H. Deeg (2005): Predicting Transitions in the Use of Informal and Professional Care by Older Adults, Ageing and Society 25: 111-130.
Gerstel, Naomi und Sally K. Gallagher (1994): Caring for Kith and Kin: Gender, Employment, and the Privatization of Care, Social Problems 41: 519-539.
Gerstel, Naomi und Sally K. Gallagher (2001): Men's Caregiving – Gender and the Contingent Character of Care, Gender and Society 15: 197-217.
Glaser, Karen, Cecilia Tomassini und Emily Grundy (2004): Revisiting Convergence and Divergence: Support for Older People in Europe, European Journal of Ageing 1: 64-72.
Goldscheider, Frances K. und Leora Lawton (1998): Family Experiences and the Erosion of Support for Intergenerational Coresidence, Journal of Marriage and Family 60: 623-632.
Goodin, Robert E. (1988): Reasons for Welfare – The Political Theory of the Welfare State. Princeton: Princeton University Press.
Görgen, Thomas und Barbara Nägele (2005): Nahraumgewalt gegen alte Menschen – Folgerungen aus der wissenschaftlichen Begleitung eines Modellprojekts, Zeitschrift für Gerontologie und Geriatrie 38: 4-9.

Gori, Cristiano (2000): Solidarity in Italy's Policies towards the Frail Elderly: A Value at Stake, International Journal of Social Welfare 9: 261-269.
Graham, Hilary (1983): Caring: a Labour of Love. S. 13-30 in: Janet Finch und Dulcie Groves (Hrsg.): A Labour of Love: Women, Work and Caring. London: Routledge & Kegan Paul.
Graß, Hildegard (2006): Gefahren für alte Menschen in der Pflege: Landespräventionsrat Nordrhein-Westfalen.
Gräßel, Elmar (2000): Warum pflegen Angehörige? Ein Pflegemodell für die häusliche Pflege im höheren Lebensalter, Zeitschrift für Gerontopsychologie & -psychiatrie 13: 85-94.
Greve, Bent (2000): Family Policy in the Nordic Countries. S. 90-103 in: Astrid Pfenning und Thomas Bahle (Hrsg.): Families and Family Policies in Europe. Frankfurt a. M.: Peter Lang.
Greve, Bent (2007): What Characterise the Nordic Welfare State Model, Journal of Social Sciences 3: 43-51.
Gröning, Katharina (2007): Generative Solidarität, filiale Verbundenheit und Individualisierung über die Suche nach Lebensstilen mit dem Problem der Pflege für die Generation der Hochaltrigen umzugehen. S. 211-230 in: Ursula Pasero, Gertrud Backes und Klaus R. Schroeter (Hrsg.): Altern in Gesellschaft: Ageing – Diversity – Inclusion. Wiesbaden: VS Verlag für Sozialwissenschaften.
Grundy, Emily und John C. Henretta (2006): Between Elderly Parents and Adult Children: A New Look at the Intergenerational Care Provided by the 'Sandwich Generation', Ageing & Society 26: 707-722.
Guo, Guang und Hongxin Zhao (2000): Multilevel Modeling for Binary Data, Annual Review of Sociology 26: 441-462.
Haberkern, Klaus (2007): Zeitverwendung und Arbeitsteilung in Paarhaushalten, Zeitschrift für Familienforschung 19: 159-185.
Haberkern, Klaus und Marc Szydlik (2008): Pflege der Eltern – Ein europäischer Vergleich, Kölner Zeitschrift für Soziologie und Sozialpsychologie 60: 78-101.
Hank, Karsten (2007): Proximity and Contacts between Older Parents and their Children: A European Comparison, Journal of Marriage and Family 69: 157-173.
Harkness, Janet (2005): SHARE Translation Procedures and Translation Assessment. S. 24-27 in: Axel Börsch-Supan und Hendrik Jürges (Hrsg.): The Survey of Health, Aging, and Retirement in Europe – Methodology. Mannheim: Mannheim Research Institute for the Economics of Aging (MEA).
Hashimoto, Akiko, Hal L. Kendig und Larry C. Coppard (1992): Family Support to the Elderly in International Perspective. S. 293-308 in: Hal L. Kendig, Akiko Hashimoto und Larry C. Coppard (Hrsg.): Family Support for the Elderly – The International Experience. Oxford: Oxford University Press.
Hebert, Randy S., Holly G. Prigerson, Richard Schulz und Robert M. Arnold (2006): Preparing Caregivers for the Death of a Loved One: A Theoretical Framework and Suggestions for Future Research, Journal of Palliative Medicine 9: 1164-1171.
Hollstein, Betina (2005): Reziprozität in familialen Generationenbeziehungen. S. 187-209 in: Frank Adloff und Steffen Mau (Hrsg.): Vom Geben und Nehmen – Zur Soziologie der Reziprozität. Frankfurt a. M., New York: Campus.

Hollstein, Betina und Gina Bria (1998): Reziprozität in Eltern-Kind-Beziehungen? Theoretische Überlegungen und empirische Evidenz, Berliner Journal für Soziologie 8: 7-22.
Höpflinger, François (1999): Generationenfrage – Konzepte, theoretische Ansätze und Betrachtungen zu Generationenbeziehungen in späteren Lebensphasen. Lausanne: Edition Réalités Sociales.
Höpflinger, François (2000): Auswirkungen weiblicher Langlebigkeit auf Lebensformen und Generationenbeziehungen. S. 61-74 in: Pasqualina Perrig-Chiello und François Höpflinger (Hrsg.): Jenseits des Zenits ̄ Frauen und Männer in der zweiten Lebenshälfte. Bern et al.: Haupt.
Höpflinger, François (2005): Pflege und das Generationenproblem. Pflegesituationen und intergenerationelle Zusammenhänge. S. 157-175 in: Klaus R. Schroeter und Thomas Rosenthal (Hrsg.): Soziologie der Pflege ̄ Grundlagen, Wissensbestände und Perspektiven. Weinheim, München: Juventa.
Höpflinger, François (2007): Zur Geschichte des Alters in der Schweiz. http://mypage.bluewin.ch/hoepf/fhtop/fhalter1A.html. Zugriff: 06.08.2007.
Höpflinger, François und Valérie Hugentobler (2003): Pflegebedürftigkeit in der Schweiz. Prognosen und Szenarien für das 21. Jahrhundert. Bern et al.: Hans Huber.
Höpflinger, François und Valérie Hugentobler (2005): Familiale, ambulante und stationäre Pflege im Alter ̄ Perspektiven für die Schweiz. Bern: Huber.
Hox, Joop (1995): Applied Multilevel Analysis. Amsterdam: TT-Publikaties.
Hugentobler, Valerié (2003): Intergenerationale Familienbeziehungen und Pflegebedürftigkeit im Alter. S. 151-165 in: Caritas Schweiz (Hrsg.): Gesundheit – Eine soziale Frage. Luzern: Caritas.
Hugman, Richard (1994): Ageing and the Care of Older People in Europe. New York: St. Martin's Press.
Iacovou, Maria (2000): The Living Arrangements of Elderly Europeans, ISER working papers 2000-09. Essex: Institute for Social and Economic Research.
Ingersoll-Dayton, Berit, Margaret B. Neal, Ha Jung-Hwa und Leslie B. Hammer (2003): Redressing Inequity in Parent Care among Siblings, Journal of Marriage and Family 65: 201-212.
Irmak, Kenan H. (1998): Anstaltsfürsorge für "Alterssieche" von Weimar bis Bonn (1924-1961), Zeitschrift für Gerontologie und Geriatrie 31: 438-447.
Jabsen, Annika und Hans-Peter Blossfeld (2008): Die Auswirkungen häuslicher Pflege auf die Arbeitsteilung in der Familie, Zeitschrift für Familienforschung 20: 293-321.
Jegermalm, Magnus (2006): Informal Care in Sweden: A Typology of Care and Caregivers, International Journal of Social Welfare 15: 332-343.
Jensen, Carsten (2008): Worlds of Welfare Services and Transfers, Journal of European Social Policy 18: 151-162.
Jentzsch, Nikola (2004): Die Betreuung und Pflege alter Menschen durch Angehörige – Befunde zur Bedeutung der Familie für die Gesellschaft aus „ökonomischer" Perspektive, Dissertation. Katholische Universität Echstätt-Ingolstadt. http://www.opus-bayern.de/ku-eichstaett/volltexte/2004/25/. Zugriff: 06.07.2008.

Johansson, Lennarth, Gerdt Sundström und Linda B. Hassing (2003): State Provision Down, Offspring's Up: The Revers Substitution of Old-Age Care in Sweden, Ageing & Society 23: 269-280.
Jungbauer-Gans, Monika (2006): Soziale und kulturelle Einflüsse auf Krankheit und Gesundheit: theoretische Überlegungen, Kölner Zeitschrift für Soziologie und Sozialpsychologie 46: 86-108.
Kalmijn, Matthijs und Chiara Saraceno (2008): A Comparative Perspective on Intergenerational Support. Responsiveness to Parental Needs in Individualistic and Familialistic Countries, European Societies 10: 479-508.
Katz, Ruth, Svein O. Daatland, Ariela Lowenstein, María-Teresa Bazo, Iciar Ancizu, Katharina Herlofson, David Mehlhausen-Hassoen und Dana Prilutzki (2003): Family Norms and Preferences in Intergenerational Relations: A Comparative Perspective. S. 305-326 in: Vern L. Bengtson und Ariela Lowenstein (Hrsg.): Global Aging and Challenges to Families. New York: Aldine de Gruyter.
Kautto, Mikko und Jon Kvist (2002): Parallel Trends, Persistent Diversity: Nordic Welfare States in the European and Global Context, Global Social Policy 2: 189-208.
Keith, Carolyn (1995): Family Caregiving Systems: Models, Resources, and Values, Journal of Marriage and Family 57: 179-189.
Kildal, Nanna (2003): The Welfare State: Three Normative Tensions. Working Paper 9-2003. Stein Rokkan Centre for Social Studies, Bergen University Research Foundation.
Klein Ikkink, Karen, Theo van Tilburg und Kees Knipscheer (1999): Perceived Instrumental Support Exchanges in Relationships between Elderly Parents and Their Adult Children: Normative and Structural Explanations, Journal of Marriage and Family 61: 831-844.
Klein, Thomas (1998): Der Heimeintritt alter Menschen und Chancen seiner Vermeidung Ergebnisse einer Repräsentativerhebung in den Einrichtungen der stationären Altenhilfe, Zeitschrift für Gerontologie und Geriatrie 31: 407-416.
Klevmarken, N. Anders, Bengt Swensson und Patrik Hesselius (2005): The SHARE Sampling Procedures and Calibrated Designs Weights. S. 28-69 in: Axel Börsch-Supan und Hendrik Jürges (Hrsg.): The Survey of Health, Aging, and Retirement in Europe – Methodology. Mannheim: Mannheim Research Institute for the Economics of Aging.
Klie, Thomas (1998): Pflege im sozialen Wandel – Wirkungen der Pflegeversicherung auf die Situation Pflegebedürftiger, Zeitschrift für Gerontologie und Geriatrie 31: 387-391.
Knudsen, Lisbeth (1997): Denmark: The Land of the Vanishing Housewife. S. 12-48 in: Franz-Xaver Kaufmann, Anton C. Kuijsten, Hans-Joachim Schulze und Klaus Peter Strohmeier (Hrsg.): Family Life and Family Policies in Europe Structures and Trends in the 1980s. Oxford: Clarendon Press.
Koch-Nielsen, Inger (1996): Family Obligations in Denmark. 96:3. Kopenhagen: The Danish National Institute of Social Research.
Kohli, Martin (1999): Private and Public Transfers between Generations: Linking the Family and the State, European Societies 1: 81-104.

Kremer, Monique (2005): How Welfare States Care – Culture, Gender and Citizenship in Europe, Dissertation. Universiteit Utrecht. http://igitur-archive.library.uu.nl/dissertations /2005-1116-200003/full.pdf. Zugriff: 25.06.2007.

Künemund, Harald (2006): Changing Welfare States and the "Sandwich Generation" – Increasing Burden for the Next Generation? International Journal of Ageing and Later Life 1: 11-30.

Künemund, Harald und Betina Hollstein (2005): Soziale Beziehungen und Unterstützungsnetzwerke. S. 212-276 in: Martin Kohli und Harald Künemund (Hrsg.): Die zweite Lebenshälfte – Gesellschaftliche Lage und Partizipation im Spiegel des Alters-Survey. Wiesbaden: VS Verlag für Sozialwissenschaften.

Künemund, Harald und Martin Rein (1999): There is More to Receiving Than Needing: Theoretical Arguments and Empirical Explorations of Crowding In and Crowding Out, Ageing and Society 19: 93-121.

Kvist, Jon (1999): Welfare Reform in the Nordic Countries in the 1990s: Using Fuzzy-Set Theory to Assess Conformity to Ideal Types, Journal of European Social Policy 9: 231-252.

Lampert, Thomas (2005): Schichtspezifische Unterschiede im Gesundheitszustand und Gesundheitsverhalten. Blaue Reihe 2005-04. Berlin: Beliner Zentrum Public Health.

Lamura, Giovanni, Francesca Polverini und Maria G. Melchiorre 2006. Migrant Care Workers in Long-term Care: Lessons from the Italian Case. Vortrag auf der Konferenz AcademyHealth – Annual Research Meeting 2006 in Seattle, USA.

Lang, Frieder R. (2005): Die Gestaltung sozialer Netzwerke im Lebenslauf. S. 42-63 in: Ulrich Otto und Petra Bauer (Hrsg.): Mit Netzwerken professionell zusammenarbeiten. Bd. 2: Soziale Netzwerke in Lebenslauf- und Lebenslagenperspektive. Tübingen: dgvt-Verlag.

Lauterbach, Wolfgang (1995): Die gemeinsame Lebenszeit von Familiengenerationen, Zeitschrift für Soziologie 24: 22-41.

Lawton, Leora, Merril Silverstein und Vern L. Bengtson (1994): Affection, Social Contact, and Geographic Distance between Adult Children and Their Parents, Journal of Marriage and Family 56: 57-68.

Leeson, George (1998): Das dänische Wohlfahrtsmodell in bezug auf die Pflege älterer MenschenEine kritische Analyse. S. 175-190 in: Gerhard Naegele und Monika Reichert (Hrsg.): Vereinbarkeit von Erwerbstätigkeit nationale und internationale Perpektiven. Hannover: Vincentz.

Leeson, George (2004): EUROFAMCARE – National Background Report for Denmark. The EUROFAMCARE Consortium. http://www.uke.uni-hamburg.de/extern/eurofamcare -de/publikationen.php. Zugriff: 04.05.2007.

Leitner, Sigrid 2003a. The Caring Function of the Family: Belgium in Comparative Perspective. Vortrag auf der Konferenz ESPAnet conference "Changing European Societies – The Role of Social Policy" in Kopenhagen.

Leitner, Sigrid (2003b): Varieties of Familialism – The Caring Function of the Family in Comparative Perspective, European Societies 5: 353-375.

Leuba, Audrey und Céline Tritten (2006): Betreuung von pflegebedürftigen Betagten durch ihre Kinder: Übersicht über einige Gesetzesbestimmungen. S. 103-115 in: Eidgenössische Koordinationskommission für Familienfragen (Hrsg.): Pflegen, betreuen und bezahlen – Familien in späteren Lebensphasen. Bern: Eidgenössische Koordinationskommission für Familienfragen.

Lewis, Jane (Hrsg.) (1998): Gender, Social Care and Welfare State Restructuring in Europe. Ashgate: Aldershot.

Lingsom, Susan (1997): The Substitution Issue. Care Policies and Their Consequences for Family Care, NOVA Rapport 6/1997. Oslo: Norwegian Social Research.

Lippl, Bodo (2003): Sozialer Wandel, wohlfahrtsstaatliche Arrangements und Gerechtigkeitsäußerungen im internationalen Vergleich – Analysen in postkommunistischen und westlich-kapitalistischen Ländern, Dissertation. Humboldt-Universität zu Berlin. http://edoc.hu-berlin.de/dissertationen/lippl-bodo-2003-09-23/HTML/front.html. Zugriff: 08.07.2008.

Litwak, Eugene (1985): Helping the Elderly: Complementary Roles of Informal Networks and Formal Systems. New York: Guilford Press.

Litwak, Eugene, Merril Silverstein, Vern L. Bengtson und Ynez Wilson Hirst (2003): Theories about Families, Organizations and Social Supports. S. 27-53 in: Vern L. Bengtson und Ariela Lowenstein (Hrsg.): Global Aging and Challenges to Families. New York: Aldine de Gruyter.

Livi Bacci, Massimo (1999): A Concise History of World Population. Oxford: Blackwell.

Livi Bacci, Massimo (2001): Too Few Children and Too Much Family, Daedalus 130: 139-155.

Lowenstein, Ariela und Jim Ogg (Hrsg.) (2003): OASIS: Old Age and Autonomy – The Role of Service Systems and Intergenerational Family Solidarity. The Final Report. Haifa: University of Haifa.

Lucas, Barbara und Olivier Giraud (2006): Beziehungen zwischen Staat und Familie bei der Betreuung unterstützungsbedürftiger Personen, Soziale Sicherheit: 238-241.

Lundsgaard, Jens (2006): Choice and Long-term Care in OECD Countries: Care Outcomes, Employment and Fiscal Sustainability, European Societies 8: 361-383.

Lüscher, Kurt und Karl Pillemer (1998): Intergenerational Ambivalence: A New Approach to the Study of Parent-Child Relations in Later Life, Journal of Marriage and Family 60: 413-425.

Lyon, Dawn (2006): The Organization of Care Work in Italy: Gender and Migrant Labor in the New Economy, Indiana Journal of Global Legal Studies 13: 207-224.

Marbach, Jan (1994a): Der Einfluss von Kindern und Wohnentfernung auf die Beziehungen zwischen Eltern und Großeltern: Eine Prüfung des quasi-experimentellen Designs der Mehrgenerationenstudie. S. 77-111 in: Walter Bien (Hrsg.): Eigeninteresse oder Solidarität – Beziehungen in modernen Mehrgenerationenfamilien. Opladen: Leske + Budrich.

Marbach, Jan (1994b): Tauschbeziehungen zwischen Generationen: Kommunikation, Dienstleistungen und finanzielle Unterstützung. S. 163-196 in: Walter Bien (Hrsg.): Eigeninteresse oder Solidarität – Beziehungen in modernen Mehrgenerationenfamilien. Opladen: Leske + Budrich.

Martin Matthews, Anne und Lori D. Campbell (1995): Gender Roles, Employment and Informal Care. S. 129-143 in: Sara Arber und Jay Ginn (Hrsg.): Connecting Gender and Ageing – A Sociological Approach. Buckingham: Open University Press.

Martin, Claude, Armelle Debroise und Blanche Le Bihan (2001): WP3 Care Arrangements in Multi-career Families. SOCCARE Project National Report: France.
Matthews, Sarah H. und Tena Tarler Rosner (1988): Shared Filial Responsibility: The Family as the Primary Caregiver, Journal of Marriage and Family 50: 185-195.
McGraw, Lori A. und Alexis J. Walker (2004): Negotiating Care: Ties between Aging Mothers and Their Caregiving Daughters, The Journals of Gerontology Series B: Psychological Sciences and Social Sciences 59: S324-S332.
Mestheneos, Elizabeth und Judy Triantafillou (2006): Supporting Family Carers of Older People in Europe – The Pan-European Background Report. Münster: LIT Verlag.
Meyer, Martha (2006): Pflegende Angehörige in Deutschland – Ein Überblick über den derzeitigen Stand und zukünftige Entwicklungen. Hamburg: LIT Verlag.
Mika, Tatjana und Michael Stegmann (2008): Voluntary Care-Giving in the Life-Course of Women in Eastern and Western Germany. Paper präsentiert auf der Konferenz Transforming care in Kopenhagen, 26-28. Juni 2008.
Millar, Jane und Andrea Warman (1996): Family Obligations in Europe. London: Family Policy Studies Centre.
Mills, Melinda, Gerhard G. van de Bunt und Jeanne de Bruijn (2006): Comparative Research – Persistent Problems and Promising Solutions, International Sociology 21: 619-631.
MISSOC (2006a): Individual Country Report: Germany. European Commission. http://ec.europa.eu/employment_social/social_protection/docs/de_healthreply_de.pdf. Zugriff: 20.07.2006.
MISSOC (2006b): INFO 02/2006 – Long-term Care in Europe. European Commission. http://ec.europa.eu/employment_social/social_protection/missoc_info_en.htm. Zugriff: 20.07.2006.
MISSOC (2006c): Soziale Sicherheit in den Mitgliedstaaten der Europäischen Union, im Europäischen Wirtschaftsraum und in der Schweiz – Teil 1: Belgien, Tschechsiche Republik, Dänemark, Deutschlaund und Estland. http://ec.europa.eu/employment social/missoc/2006/tables_part_1_de.pdf. Zugriff: 20.07.2006.
Morel, Nathalie 2006. From Subsidiarity to "Free Choice": Child- and Elderly-Care Policy Reforms in France, Germany, Belgium and the Netherlands. Vortrag auf der Konferenz "A Long Good Bye to Bismarck? The Politics of Welfare Reforms in Continental Europe" in Harvard.
Motel-Klingebiel, Andreas und Clemens Tesch-Römer (2006): Familie im Wohlfahrtsstaat – zwischen Verdrängung und gemischter Verantwortung, Zeitschrift für Familienforschung 18: 290-314.
Motel-Klingebiel, Andreas, Clemens Tesch-Römer und Hans-Joachim von Kondratowitz (2005): Welfare States Do not Crowd out the Family: Evidence for Mixed Responsibility from Comparative Analyses, Ageing & Society 25: 863-882.
Naldini, Manuela (2000): The Family in the Mediterranean Welfare State. London: Frank Cass.
Neidhardt, Friedhelm (1986): Kultur und Gesellschaft – Einige Anmerkungen zum Sonderheft. S. 10-18 in: Friedhelm Neidhardt, M. Rainer Lepsius und Johannes Weiss (Hrsg.): Kultur und Gesellschaft. Opladen: Westdeutscher Verlag.

Nørgaard, Asbjørn Sonne (2000): Party Politics and the Organization of the Danish Welfare State, 1890-1920: The Bourgeois Roots of the Modern Welfare State, Scandinavian Political Studies 23: 183-215.
O'Reilly, Jacqueline (1996): Theoretical Considerations in Cross-National Employment Research, Sociological Research Online 1.
OECD (2005): Health at a Glance – OECD Indicators, 2005 Edition. Paris: OECD.
OECD (2007a). http://www.oecd.org. Zugriff: 26.06.2007.
OECD (2007b): Pensions at a Glance Public Policies across OECD Countries 2007 Edition. Paris: OECD.
Ogg, Jim und Sylvie Renault (2006): The Support of Parents in Old Age by Those Born During 1945-1954: A European Perspective, Ageing & Society 26: 723-743.
Parrott, Tonya M. und Vern L. Bengtson (1999): The Effects of Earlier Intergenerational Affection, Normative Expectations, and Family Conflict on Contemporary Exchanges of Help and Support, Research on Aging 21: 73-105.
Peuckert, Rüdiger (2005): Familienformen im sozialen Wandel. Wiesbaden: VS Verlag für Sozialwissenschaften.
Pfau-Effinger, Birgit (2005): Culture and Welfare State Policies: Reflections on a Complex Interrelation, Journal of Social Policy 34: 3-20.
Pillemer, Karl und J. Jill Suitor (2006): Making Choices: A Within-Family Study of Caregiver Selection, The Gerontologist 46: 439-448.
Pinnelli, Antonella (2001): Determinants of Fertility in Europe: New Family Forms, Context and Individual Characteristics. S. 47-101 in: Antonella Pinnelli, Hans-Joachim Hoffmann-Nowotny und Beat Fux (Hrsg.): Fertility and New Types of Households and Family Formation in Europe, Population Studies No.35. Strasbourg: Council of Europe.
Pinquart, Martin und Silvia Sörensen (2005): Belastungen pflegender Angehöriger. Einflussfaktoren und Interventionsansätze. S. 617-637 in: Ulrich Otto und Petra Bauer (Hrsg.): Mit Netzwerken professionell zusammenarbeiten. Band I: Soziale Netzwerke in Lebenslauf- und Lebenslagenperspektive. Tübingen: dgvt-Verlag.
Polverini, Francesca, Andrea Principi, Cristian Balducci, Maria G. Melchiorre, Sabrina Quattrini, Marie V. Gianelli und Giovanni Lamura (2004): EUROFAMCARE – National Background Report for Italy. The EUROFAMCARE Consortium. http://www.uke.uni-hamburg.de/extern/eurofamcare/publikationen.php?abs=2. Zugriff: 14.07.2007.
Pötzsch, Olga und Bettina Sommer (2003): Bevölkerung Deutschlands bis 2050 – Ergebnisse der 10. koordinierten Bevölkerungsvorausberechnung. Wiesbaden: Statistisches Bundesamt.
Prisching, Manfred (1996): Bilder des Wohlfahrtsstaates. Marburg: Metropolis.
Pyke, Karen (1999): The Micropolitics of Care in Relationships between Aging Parents and Adult Children: Individualism, Collectivism, and Power, Journal of Marriage and Family 61: 661-672.
Pyke, Karen D. und Vern L. Bengtson (1996): Caring More or Less: Individualistic and Collectivist Systems of Family Care, Journal of Marriage and Family 58: 379-392.

Qureshi, Hazel (1996): Obligations and Support within Families. S. 100-119 in: Alan Walker (Hrsg.): The New Generational Contract. Intergenerational Relations, Old Age and Welfare. London, Pennsylvania: UCL Press.
Qureshi, Hazel und Alan Walker (1989): The Caring Relationship – Elderly People and Their Families. Houndmills, London: Macmillan.
Ragin, Charles C. (1987): The Comparative Method – Moving Beyond Qualitative and Quantitative Strategies. Berkley; Los Angeles; London: University of California Press.
Ragin, Charles C. (2006): How to Lure Analytic Social Sciences Out of the Doldrums: Some Lessons from Comparative Research, International Sociology 21: 633-646.
Rauch, Dietmar (2007): Is There Really a Scandinavian Social Service Model? Acta Sociologica 50: 249-269.
Reher, David S. (1998): Family Ties in Western Europe: Persistent Contrasts, Population and Development Review 24: 203-234.
Richards, Leslie N., Vern L. Bengtson und Richard Miller (1989): The Generation in the Middle: Perceptions of Changes in Adults' Intergenerational Relationships. S. 341-366 in: Kurt Kreppner und Richard M. Lerner (Hrsg.): Family Systems and Life-Span Development. Hilsdale, New Jersey: Lawrence Erlbaum Associates.
Robinson, Julie, Phyllis Moen und Donna Dempster-McClain (1995): Women's Caregiving: Changing Profiles and Pathways, Journals of Gerontology Series B: Psychological Sciences and Social Sciences 50: S362-S373.
Röckl-Wiedmann, Irmgard, Nicole Meyer, Richela Fischer, Birgit Laubereau, Rolf Weitkunat und Karl Überla (2002): Schichtspezifische Inanspruchnahme medizinischer Leistungen und Vorsorgeverhalten in Bayern: Ergebnisse einer repräsentativen Bevölkerungsbefragung, Sozial- und Präventivmedizin 47: 307-317.
Rosenthal, Carolyn J., Lynda Hayward, Anne Martin Matthews und Margaret Denton (2004): Help to Older Parents and Parents-in-Law: Does Paid Employment Constrain Women's Helping Behaviour? Canadian Journal on Aging 23: S97-S112.
Rossi, Alice und Peter Rossi (1990): Of Human Bonding: Parent-Child Relations across the Life Course. New York: De Gruyter.
Rostgaard, Tine und Torben Fridberg (1998): Caring for Children and Older People. A Comparison of European Policies and Practices. Kopenhagen: Danish National Institute of Social Research.
Sartor, Nicola, Carlo Azzarri, Maria Cozzolino, Carlo Declich, Veronica Polin und Alberto Roveda (2007): Intragenerational Distribution Across Families: What Do Generational Accounts Tell Us? http://www.ds.unifi.it/ricerca/interessi/demografia/ bassafecondita/verona/pubblicazioni/ Sartor02.pdf. Zugriff: 17.06.2007.
Savla, Jyoti, Adam Davey, Gerdt Sundström, Steven H. Zarit und Bo Malmberg (2008): Home Help Services in Sweden: Responsiveness to Changing Demographics and Needs, European Journal of Ageing 5: 47-55.
Schneekloth, Ulrich (2006): Hilfe und Pflegebedürftige in Alteneinrichtungen – Schnellbericht zur Repräsentativerhebung im Forschungsprojekt „Möglichkeiten und Grenzen selbständiger Lebensführung in Einrichtungen" (MuG IV). München: TNS Infratest.

Schneekloth, Ulrich und Ingo Leven (2003): Hilfe- und Pflegebedürftige in Privathaushalten in Deutschland 2002. Schnellbericht. Erste Ergebnisse der Repräsentativerhebung im Rahmen des Forschungsprojekts „Möglichkeiten und Grenzen einer selbständigen Lebensführung hilfe- und pflegebedürftiger Menschen in privaten Haushalten" (MuG 3). München: Infratest Sozialforschung.

Schneekloth, Ulrich und Udo Müller (Hrsg.) (2000): Wirkungen der Pflegeversicherung. Baden-Baden: Nomos.

Schneekloth, Ulrich und Hans Werner Wahl (2005): Möglichkeiten und Grenzen selbständiger Lebensführung in privaten Haushalten (MuG III). Repräsentativbefunde und Vertiefungsstudien zu häuslichen Pflegearrangements, Demenz und professionellen Versorgungsangeboten. München.

Schneider, Thorsten, Sonja Drobnic und Hans-Peter Blossfeld (2001): Pflegebedürftige Personen im Haushalt und das Erwerbsverhalten verheirateter Frauen, Zeitschrift für Soziologie 30: 362-383.

Schulz, Erika (2000): Migration und Arbeitskräfteangebot in Deutschland bis 2050. Wochenbericht des DIW Berlin, 48/00.

Schupp, Jürgen und Harald Künemund (2004): Private Versorgung und Betreuung von Pflegebedürftigen in Deutschland, Wochenbericht des DIW Berlin, 20/04.

Schütze, Yvonne (1989): Pflicht und Neigung: Intergenerationale Beziehungen zwischen Erwachsenen und ihren alten Eltern Ergebnisse einer Pilotstudie, Zeitschrift für Familienforschung 1: 72-102.

Schwarz, Beate, Gisela Trommsdorff, Isabelle Albert und Boris Mayer (2005): Adult Parent-Child Relationships: Relationship Quality, Support, and Reciprocity, Applied Psychology 54: 396-417.

Silverstein, Merril, Tonya M. Parrott und Vern L. Bengtson (1995): Factors that Predispose Middle-Aged Sons and Daughters to Provide Social Support to Older Parents, Journal of Marriage and Family 57: 465-475.

Snijders, Tom A. B. und Roel J. Bosker (2002): Multilevel Analysis. An Introduction to Basic and Advanced Multilevel Modeling. London: SAGE Publications.

Snijders, Tom und David A. Kenny (1999): The Social Relations Model for Family Data: A Multilevel Approach, Personal Relationships 6: 471-486.

Spiess, C. Katharina und A. Ulrike Schneider (2003): Interactions between Care-Giving and Paid Work Hours among European Midlife Women, 1994 to 1996, Ageing and Society 23: 41-68.

Spitze, Glenna und John Logan (1990): Sons, Daughters, and Intergenerational Social Support, Journal of Marriage and Family 52: 420-430.

Statistische Ämter des Bundes und der Länder (Hrsg.) (2008): Demografischer Wandel in Deutschland, Heft 2. Wiesbaden: Statistisches Bundesamt.

Statistisches Bundesamt (2003): Pflegestatistik 2001: Pflege im Rahmen der Pflegeversicherung – Deutschlandergebnisse. Bonn: Statistisches Bundesamt.

Statistisches Bundesamt (2007): Pflegestatistik 2005: Pflege im Rahmen der Pflegeversicherung – Deutschlandergebnisse. Wiesbaden: Statistisches Bundesamt.

Stein, Catherine H., Virginia A. Wemmerus, Marcia Ward, Michelle E. Gaines, Andrew L. Freeberg und Thomas C. Jewell (1998): "Because They're My Parents": An

Intergenerational Study of Felt Obligation and Parental Caregiving, Journal of Marriage and Family 60: 611-622.

Stoller, Eleanor Palo (1983): Parental Caregiving by Adult Children, Journal of Marriage and the Family 45: 851-858.

Stoller, Eleanor Paolo, Lorna Earl Forster und Tamara Sutin Duniho (1992): Systems of Parent Care Within Sibling Networks, Research on Aging 14: 28-49.

Stone, Robyn I. und Peter Kemper (1989): Spouses and Children of Disabled Elders: How Large a Constituency for Long-term Care Reform? Milbank Quarterly 67: 485-506.

Sundström, Gerdt, Bo Malmberg und Lennarth Johansson (2006): Balancing Family and State Care: Neither, either or both? The Case of Sweden, Ageing & Society 26: 767-782.

Sussman, Marvin B. (1991): Reflections on Intergenerational and Kin Connections. S. 3-9 in: Susan K. Pfeifer und Marvin B. Sussman (Hrsg.): Families: Intergenerational and Generational Connections. New York: Haworth.

Szydlik, Marc (1995): Die Enge der Beziehungen zwischen erwachsenen Kindern und ihren Eltern und umgekehrt, Zeitschrift für Soziologie 24: 75-94.

Szydlik, Marc (2000): Lebenslange Solidarität? Generationenbeziehungen zwischen erwachsenen Kindern und Eltern. Opladen: Leske + Budrich.

Szydlik, Marc (2004): Inheritance and Inequality: Theoretical Reasoning and Empirical Evidence, European Sociological Review 20: 31-45.

Szydlik, Marc (2008): Intergenerational Solidarity and Conflict, Journal of Comparative Family Studies 39: 97-114.

Theobald, Hildegard (2005): Social Exclusion and Care for the Elderly – Theoretical Concepts and Changing Realities in European Welfare States. Discussion Paper SP I 2005-301. Berlin: WZB.

Trifiletti, Rossana (2007). Paid and Unpaid Caregivers in Italy: How to Reconstitute Damaged Networks. Vortrag auf der Konferenz Interim Meeting "Beyond "the" Nuclear Family: Families as Webs of Relationships", ESA Research Network "Sociology of Family and Intimate Lives" in Lausanne, Schweiz.

Ungerson, Clare (1987): Policy is PersonalSex, Gender, and Informal Care. London: Tavistock.

Ungerson, Clare (2005): Gender, Labour Markets and Care Work in five European Countries. S. 49-71 in: Birgit Pfau-Effinger und Birgit Geissler (Hrsg.): Care and Social Integration in European Societies. Bristol: Policy Press.

Visser, Geraldine, Marianne Klinkenberg, Marjolein Broese van Groenou, Dick Willems, Cees P. M. Knipscheer und Dorly Deeg (2004): The End of Life: Informal Care for Dying Older People and its Relationship to Place of Death, Palliative Medicine 18: 468-477.

Wadsworth, Michael und Mel Bartley (2006): Social Inequality, Family Structure and Health in the Life Course, Kölner Zeitschrift für Soziologie und Sozialpsychologie Sonderheft 46: 125-143.

Walker, Alan (1996): Intergenerational Relations and the Provision of Welfare. S. 10-36 in: Alan Walker (Hrsg.): The New Generational Contract. Intergenerational Relations, Old Age and Welfare. London: UCL Press.

Walker, Alexis J., Clara C. Pratt und Linda Eddy (1995): Informal Caregiving to Aging Family Members: A Critical Review, Family Relations 44: 402-411.
Walker, Alexis J., Clara C. Pratt und Nancy Chun Oppy (1992): Perceived Reciprocity in Family Caregiving, Family Relations 41: 82-85.
Wolfe, Alan (1989): Whose Keeper? Social Sciences and Moral Obligation. Berkeley, Los Angeles: University of California Press.
Zeman, Peter (2005a): Altenpflegearrangements: Vernetzung der Netzwerke. S. 315-333 in: Petra Bauer und Ulrich Otto (Hrsg.): Mit Netzwerken professionell zusammenarbeiten. Band II: Institutionelle Netzwerke in Steuerungs- und Kooperationsperspektive. Tübingen: dgvt-Verlag.
Zeman, Peter (2005b): Pflege in familialer Lebenswelt. S. 247-262 in: Klaus R. Schroeter und Thomas Rosenthal (Hrsg.): Soziologie der Pflege – Grundlagen, Wissensbestände und Perspektiven. Weinheim, München: Juventa.
Zogg, Claudio (2005): Jede Pflege hat ihren Preis, Vorsorge Spezial: 18-19.